格致
丛书

本著作受贵州省规划办重大委托项目
"贵州省地方政府治理能力研究"（黔社科规划［2015］14号）资助

贵州地方政府
治理能力研究

The Governance Capacity of
Local Government in Guizhou

靳永翥 等 著

社会科学文献出版社
SOCIAL SCIENCES ACADEMIC PRESS (CHINA)

总　序

黄其松

今日之中国，已处于从站起来、富起来到强起来的新时代。今日之中国，人民热爱生活，对美好生活充满向往，期盼有更好的教育、更稳定的工作、更满意的收入、更可靠的社会保障、更高水平的医疗卫生服务、更舒适的居住条件、更优美的环境。如何建设富强中国、美丽中国、健康中国、平安中国？古人云：治大国若烹小鲜。然而，今日中国规模之巨、转型之艰、困难之大，恐怕难以以"烹小鲜"的理念与技艺来应对。因此，如何在顶层设计与底层实践、高层智慧与基层创新之间走出中国治理的道路、提炼出中国治理的模式、发展出中国治理的理论，成为当下中国的官员与学人共同的责任与使命。

我们这群生活在偏远之隅——贵州的读书人、教书匠，大抵可以称得上兹纳涅茨基在《知识人的社会角色》里所说的"学者"。所谓学者，不仅承担知识与义明的传承与创新，也负有不可推卸的社会责任。我们虽处江湖之远却心有庙堂，希望能用记录我们所学、所思的文字参与这个伟大的新时代，为国家治理现代化做出微薄的贡献。为此，贵州大学公共管理学院联合贵州省欠发达地区政府治理体系和治理能力现代化协同创新中心，共同资助出版"格致"系列学术丛书。"格致"源于贵州大学公共管理学院"格物，以明事理；致行，以济天下"的院训。因此，本丛书关注实践，即地方政府治理生动实践的经验反思与学理分析，也关注理论，即政治学与公共管理理论的发展与创新。学术乃天下之公器，希望学界同人对本丛书不吝赐教，以期共同推动知识创造与学术发展。

目录
CONTENTS

第一章

导　论[*]

第一节　选题背景与研究价值

一　研究背景

（一）现实背景

自 20 世纪 70 年代以来，传统的政府管理模式和政府能力日益受到冲击与挑战，有关治理的理论和政府治理的实践层出不穷，关于政府治理能力的研究开始逐步取代关于政府管理能力的研究，治理范式因而成为政府职能与作用方面的主导研究范式。"治理"的概念自世界银行于 1989 年在相关报告中提出之后，很快成为公共管理学的基本范畴，并在社会科学领域被广泛运用。2013 年党的十八届三中全会将完善和发展中国特色社会主义制度，推进国家治理体系和治理能力现代化作为全面深化改革的总目标，治理体系和治理能力现代化被广泛认为是我们党继提出工业、农业、国防、

---

* 基金项目：第三批贵州省协同创新中心项目"欠发达地区政府治理体系和治理能力现代化协同创新中心"、2015 年贵州省"欠发达地区政府治理体系和治理能力现代化"协同创新中心第一批招标课题。

科技这"四个现代化"之后的"第五个现代化"。在经济全球化背景下，国家竞争本质上是国家治理能力的竞争。其中，地方政府治理能力，尤其是就省级政府来说，上连中央政府，下接基层政府，是国家治理能力的重要构成内容。2017年党的十九大用八个"明确"论述了习近平新时代中国特色社会主义思想，其中明确全面深化改革的总目标是完善和发展中国特色社会主义制度、推进国家治理体系和治理能力现代化，这也为新时代的国家治理提供了理论指导和改革方向。决胜全面建成小康社会，奋力夺取新时代中国特色社会主义伟大胜利，需要建立国家治理体系、实现治理能力现代化作为实现国家政治统治的基石，省级政府的治理内容与民众切身利益息息相关，治理能力的好坏直接关系到社会经济与文化发展和政治稳定。一方面，贵州省政府的治理能力面临着其他省份同样的一般性问题；另一方面，贵州作为西部地区经济欠发达的不沿海、不沿江、不沿边的省份，集内陆省区、民族地区、大石山区于一体，生态环境脆弱，物流交通闭塞，经济发展滞后，社会矛盾突出，有着区别于其他省份的特殊性。近年来，贵州先后发生了2008年的"瓮安事件"、2011年的安顺西秀区"7·26"事件、2011年的黔西"8·11"群体性打砸事件等，社会治理难度日趋增大，客观上迫切需要对贵州省级政府治理能力进行研究。

（二）理论背景

20世纪90年代早期兴起的治理理论日益为各国学者所关注。治理理论提倡多元主体共治，但并不是各主体的简单相加，而是各主体在实践中形成一种机制。同时，公共事务的多样性、复杂性和动态性将治理的地方性优势体现出来，而地方政府治理的可持续性在很大程度上与社会角色相关，且功能取决于地方政府做了什么以及政府吸引和保留社会基础的能力。这些社会基础构成了社会自我组织机制、解决问题的能力。那些能够对现代社会产生长远影响的本源型传统，构成现代社会发展的基础性制度，是现代社会的历史起点和给定条件，社会治理需要从传统中挖掘资源。地方治理伴随着治理理论被引入中国，由于缺乏研究的历史传统基础，并未真正找到符合中国特色的治理模式，对符合中国本土化的治理理论创制和具体地方实践运动考察的研究报告也极少，存在不少研究的空白地带，理论开拓意义重大。

中国需要将引进来的治理理论进行本土化，中国的改革需要结合本土化行政生态，批判吸收西方优秀的理论成果。我们知道，治理理论以其强大的理论解释力和运用实践性被广泛借鉴和运用，它有助于不同国家、各级政府和各类组织制定良好的政策制度体系，健全其治理体系。随着中国行政生态的不断变迁，改革进程的不断升华，国内学术界也逐渐意识到了传统的以"政社合一"为主要特征的国家治理模式，在快速变革的社会条件下已经出现了适应性下滑等不良问题。我们需要努力探寻符合自身国情的社会主义建设道路。政府治理作为国家治理的核心，其现代化程度对推进国家治理现代化具有十分重要的意义。在政府治理过程中，对政府治理"总体规划"的"顶层设计"呼声渐高。然而，当前社会结构和社会矛盾多样化，加之地区发展极不平衡，使得政府治理面对的社会经济环境差异化，要求政府治理合理化、高效化，顶层设计更需要符合逻辑，即符合国情和人民愿望，符合社会发展实际需求。在中国，发达地区与欠发达地区发展的差异很大。就欠发达地区而言，相应的政府治理必须因地制宜。

伴随着治理、善治等理论的引入，以及更具实际意义和具体化的地方治理理论的引入，"治理"的适应性也越来越引起人们的关注。为了全面推动对中国公共治理领域的改革，在充分借鉴治理理论及实践经验的基础之上，开展富有成效的治理本土化研究，毋庸置疑是更为有益的。

二 研究价值

（一）实践价值

研究地方政府治理，是实现治理能力现代化的需要。党的十八届三中全会提出的全面深化改革的总目标中就有"推进国家治理体系和治理能力现代化"。中国把国家治理体系和治理能力与现代化目标联系起来，揭示了现代化与国家治理存在密切的内在联系。国家治理离不开现代化，地方政府治理属于国家治理的一部分，更离不开现代化。地方治理的现代化是国家治理体系和治理能力现代化的重要组成部分。因此，地方政府只有不断增强治理能力，创新治理模式与方式，才能适应社会经济变化的新形势，推动整个国家治理的现代转型。地方政府治理能力现代化的提升是一个长期的过程，需要地方政府不断在实践中探索和完善，才能不断提高治理能力，促进中国经济建设、政治建设、文化建设、社会建设、生态文明建设更好发展。因此，研究贵州地方政府治理能力，对于加快推动贵州地方政府治理体系和治理能力现代化具有重要的实践指导意义。

（二）理论价值

研究地方政府治理，是理论研究拓展的需要。地方政府治理是治理理论适应全球化和分权化趋势下社会利益主体多元化的公共管理生态环境，与地方行政改革和公共事务管理模式创新相结合的理论产物。中国学者在20世纪末才开始密切关注地方政府治理理论研究。这些学者主要是结合中国的国情和具体情况，通过学习和引入国外治理理论，结合中国地方政府治理的创新案例进行总结和研究，在一定程度上取得了一些理论成果。总体而言，中国的地方政府治理能力研究很多来源于国外的理论和经验，很多学者提出了中国地方政府治理能力的具体提升措施，也有学者总结了某些地方政府治理能力提升实践中的经验做法，但并没有形成系统的中国特色地方政府治理能力研究体系。因此，本课题希望在既有研究成果的基础上，结合中国国情和贵州实际，通过理性的思考和讨论，深入研究和探讨贵州地方政府治理能力的相关问题，以期不断丰富和完善地方政府治理理论，进一步拓展地方政府治理能力研究的视角。

第二节　文献回顾、问题提出与研究设计

一　文献回顾

（一）治理的内涵与特征研究

20 世纪 90 年代早期兴起的治理理论日益为各国学者所关注。但在地方治理的实践中，它仍是一个有些模糊不清的概念，出现了公民治理、公共治理、政府治理、社会治理等诸多术语，它是地方治理的研究起点，对治理理论认识不清就无法深入探讨地方治理。同时，中国学者在引入国外的治理理论时，还存在某种误解。因此，有必要对治理的概念做一个初步的阐释。

在西方，"治理"（governance）一词来源于拉丁文和古希腊语，意为引导、控制和操纵，主要用于与国家公共事务相关的管理活动和政治活动。治理理论的主要创始人之一罗西瑙（James N. Rosenau）认为，治理是指一系列活动领域里的管理机制，是一种由共同目标支持的活动，这些活动的管理主体不一定是政府，也不需要依靠国家强制力来实现。[①] 治理理论的另一位代表人物罗茨（R. Rhodes）认为，治理有六种不同的定义，即作为最小政府管理活动的治理、作为公司管理的治理、作为新公共管理的治理、作为善治的治理、作为社会控制体系的治理、作为自组织网络的治理。[②] 1995 年，联合国全球治理委员会发表了题为《我们的全球伙伴关系》研究报告，这个报告提出：治理是各种公共或者私人机构管理其共同事务方式的总和，它是一个让相关利益主体对它们之间相互冲突或利益矛盾进行协

---

① Rosenau, James N., and Ernst-Otto Czempiel, (eds.), : *Governance without Government*: *Order and Change in World Politics*, Cambridge: Cambridge University Press, 1992, p. 13.
② 罗茨：《新治理：没有政府的管理》，《政治学研究》1996 年第 4 期。

调，并采取联合行动的持续过程。① 它有四个特征：治理不是一整套规则，也不是一种活动，而是一个过程；治理过程的基础不是控制，而是协调；治理既涉及公共部门，也包括私人部门；治理不是一种正式的制度，而是持续的互动。

在国内，治理经历了一个不断演进的过程。最初，治理的含义主要是治国理政，后又用于治理黄河、治理淮河等自然环境整治活动。改革开放后，治理的内涵进一步扩大和充实，从环境治理、公司治理到社会治安综合治理、社会治理，再到党的十八大报告多次强调"治理国家"和"国家治理"，直至十八届三中全会提出"国家治理体系和治理能力现代化"，治理概念的地位不断提升、内涵不断丰富。与西方的治理概念不同，党的十八届三中全会提出的治理，是指在党的领导和政府主导下，政府、社会和市场等多元主体共同协商协作，不断增进公共福祉的动态过程。这一新内涵是对治理理论的扬弃，既汲取了治理理论的合理内核，又尊重中国传统、富有时代特色，体现了全球治理思维与中国传统的治理意涵在当代中国的有机契合，体现了中国共产党和中国政府融会中西、贯通古今、与时俱进的理论自觉与理论自信，将对中国社会主义现代化建设产生深远影响。

（二）地方治理的概念研究

地方治理的兴起，实质上是地方政府不断调整自身的职能以适应社会经济条件不断变化的反映，是对其自身角色的重新认识。在延续至今的新公共管理运动中，地方政府与中央政府关系走向分权化，而分权也成为地方治理的基础（Fumihiko Saito）。② 在这种纵向权力结构的逐步调整过程中，地方政府已不再是作为经济"增长的机器"（Richard C. Box），地方政府的

---

① 全球治理委员会：《我们的全球伙伴关系》，伦敦：牛津大学出版社，1995，第23页。

② Saito, Fumihiko. *Decentralization and Local Governance: Introduction and Overview. Foundations for Local Governance.* Physica-Verlag HD, 2008, pp. 1 – 24.

地位和作用不断加强，这为地方治理创新创造了条件。① 传统的地方政府概念已经难以描述或解释这一新的地方体制，西方学者以地方治理的概念加以补充，并将该演变过程称为"从地方政府到地方治理"。②

伴随着 20 世纪 80 年代新公共管理运动的成功展开以及后公共行政精神的广泛传播，地方政府在基层的作用日益凸显，因此在经济发达的西欧和北美，研究地方治理文献的数量增长非常迅速。有学者这样定义地方治理："地方治理参与者之间交互作用，以此影响公共政策的结果。"③ 所以，地方治理是由各种结构和过程的相互影响及其他连接参与者的网络机制所构成的。在各个参与者之间并没有严格的等级界限，比如，中央政府的愿望不一定凌驾于地方政府之上，因为这种影响发挥作用的方式经常是微妙的并且有可能破坏由立法确定的等级关系。

地方治理的概念不但界定了传统行政模式下中央与地方的关系，界定了地方政府与社会的关系，更表明了在现代治理视角下中央与地方的分工关系。地方政府的角色被重新定位，也就是说，地方政府将不再是地方事务的唯一主导者，而更多地要考虑多元利益主体的利益诉求。这种利益诉求的实现有赖于地方政府的分权和授权，扩大地方政府的决策范围，地方治理能够提供自上而下的政府体系所缺乏的社会力量。

（三）地方政府治理及其模式研究

政府治理是一个发展中的概念，还没有统一的界定。张国庆（2000）认为，政府治理是指在市场经济条件下政府对公共事务的治理。马运瑞从中国政府现实出发，认为中国政府治理是在中国共产党中央委员会的领导

---

① Box, Richard C., *Citizen Governance*: *Leading AmericanCommunities into the 21st Century*. Sage Publications, 1998.

② Leach, Robert, and J. Percy-Smith. *Local governance in Britain*. Palgrave, 2001.

③ Agranoff, Robert, and M. Mcguire, *Collaborative Public Management*: *New Strategies for Local Governments*. Georgetown University Press, 2004; Bovaird, T., Loeffler E., *The Public Governance Implications of User Co-production of Public Services*: *A Case Study of Public Services in Carrick*, UK. 2007

之下，国家立法机关、行政以及司法机关紧密配合，高举以宪治国的大旗，以市场经济为基础，大力发展和规范市民社会，选择科学的治国工具，确定正确的治国目标，采取有力的管理措施，正确认识和处理政府与市场、政府与社会和政府与公民关系，构建社会主义和谐社会的过程。[①] 张成福认为，政府治理包括两层含义：首先，它意味着政府对人们行使属于社会的权力。政府代表社会施政，从社会获取权力，以促使全体社会成员履行自己的社会义务并使他们服从法律。其次，它也意味着政府及其公职人员切实履行社会契约规定的条件，即保障社会利益、促进社会公共意志的实现。[②] 从对政府治理概念的界定来看，杨冠琼从政府创新角度展开分析，认为政府治理的模式是政府治理理念、治理结构和运作方式与过程所构成的三位一体的有机框架或网络。[③] 黄德发在此基础上进一步认为，政府治理模式的核心内容是治理理念、治理结构、治理机制和治理目标四个组成部分。[④] 汪玉凯、杜治洲认为，政府治理模式是政府行使政治、经济、和行政的权力，对社会事务实施管理的一套制度、机制、程序与方式。[⑤] 张立荣（2007）也提出相似的概念，认为政府治理范式是政府治理社会公共事务所建立的组织架构及其运行规则体系。[⑥]

　　政府治理模式包括价值取向、目标、结构与机制等要素，学者们对这些方面都有所研究。政府治理价值取向是政府治理模式的重要内容之一。张康之认为，应该树立服务型政府理念。[⑦] 有学者从治理理论出发，认为政府治理理念应该包括民主、参与、多中心。还有学者则从构建社会主义和

---

① 马运瑞：《中国政府治理模式研究》，郑州大学出版社，2007，第173页。
② 张成福：《公共管理：现时代的挑战》，《中国行政管理》2000年第5期。
③ 杨冠琼：《经济全球化与发达国家的政府治理范式创新运动》，《北京行政学院学报》2000年第2期。
④ 黄德发：《政府治理范式的制度选择》，广东人民出版社，2005，第183页。
⑤ 汪玉凯、杜治洲：《电子政务对中美两国政府治理模式影响的比较》，《中国行政管理》2004年第3期。
⑥ 张立荣、冷向明：《当代中国政府治理范式的变迁机理与革新进路》，《华中师范大学学报》（人文社会科学版）2007年第2期。
⑦ 张康之：《公共行政中的哲学与伦理》，中国人民大学出版社，2004，第239页。

谐社会出发，认为政府治理理念包括公平正义、可持续发展等。杨晓棠、韩明涛认为，从统治到治理，从善政走向善治，是当代政府治理变革的基本趋势，而追求社会和谐与善治，始终是我国治理变革的基本目标。① 政府治理结构与机制是政府治理模式的核心与基础。付永、曾菊新从地方政府治理的角度出发，分析了地方政府治理结构与区域经济发展的内在关系，认为地方政府治理结构优化的关键是政府。② 唐娟运用国家和社会关系理论作为总的分析框架，探讨政府治理结构变迁过程及结构要素之间的相互关系，其中主要分析政府职能边界及治理工具的设计与选择。③ 娄成武、张建伟在分析当代地方政府角色与职能转变的基础上，提出地方政府治理的三种模式：传统官僚模式、市场模式和政策网络模式，但是，三种模式之间并不是互相排斥的，现代政府应该适当调整三种治理模式的分配结构，建立适应地区经济与社会发展的混合治理形态。④ 张立荣、冷向明以麦肯锡7－S系统思维模型为框架，探讨当代中国政府治理范式变革的进展和取向，并认为经济体制、社会结构、政治时局诸多因素共同促进政府治理范式变迁：构建"政府主导—官民协同"的多中心社会公共事务治理范式，是在可预见的未来中国政府治理范式革新的目标取向。⑤

（四）地方政府治理能力的研究

地方政府治理能力是地方治理中的一个核心概念，与国家治理现代化紧密相连。目前，学术界关于地方政府治理能力的概念众说纷纭。施雪华认为，政府治理能力就是政府为了维护自己的统治，管理社会公共事务，

---

① 杨晓棠、韩明涛：《和谐社会目标之下的政府治理》，《山东大学学报》（哲学社会科学版）2006 年第 5 期。

② 付永、曾菊新：《地方政府治理结构与区域经济发展》，《经济体制改革》2005 年第 2 期。

③ 唐娟：《政府治理论：公共物品供给模式及其变迁考察》，中国社会科学出版社，2006，第 139 页。

④ 娄成武、张建伟：《从地方政府到地方治理——地方治理之内涵与模式研究》，《中国行政管理》2007 年第 7 期。

⑤ 张立荣、冷向明：《当代中国政府治理范式的变迁机理与革新进路》，《华中师范大学学报》（人文社会科学版）2007 年第 2 期。

提供公共服务以满足大众需要，平衡并化解社会矛盾，促进社会稳定发展的潜在的和现有的力量和能量的总和。[①] 易学志从善治的要素出发，归纳了中国政府治理能力基本要素框架，包括政府获得合法性能力、法治能力、回应能力、透明能力、承担责任能力和效管理能力。[②] 郭蕊、麻宝斌认为，全球化把地方政府推到了竞争与合作的前台，地方政府的治理能力是一个综合体系，包括系统思考、制度创新、公共服务、电子治理、沟通协调和危机应对能力等。[③] 以上关于政府治理能力的界定更多的是就执政绩效而言的，没有考虑到政府作为国家政权机构的一部分和地方政府内在的规定性特点，毕竟行政机构不是执政党本身，地方政府治理能力虽然与党的执政能力密切相关，但终究不能像执政党那样起领导力作用，地方政府具有管辖的区域性、权力的授权性、职能的双重性等特点，也不能像中央政府那样具有代表国家主权的地位，因此政府治理能力更多地体现在治理的绩效和质量上、制度和政策的执行力上，与治理的操作手段联系紧密。从纵向来看，地方政府能力是政府在履职过程中运用政策解决地方社会实际问题的能力；从横向来看，地方政府能力是政府发挥自身功能、在处理地方社会的各种问题时所体现出来的能力。因此，不能把地方政府能力等同于地方政府职能。一般而言，地方政府职能解决的是政府"要做什么"或"怎么做"的问题，而地方政府能力要解决的是政府"能做什么"和"会做什么"的问题。

地方政府治理能力应从政府职能履行效果层面来考察。党的十八届三中全会通过的《中共中央关于全面深化改革若干重大问题的决定》（以下简称《决定》）指出："政府的职责和作用主要是保持宏观经济稳定，加强和优化公共服务，保障公平竞争，加强市场监管，弥补市场失灵。"[④] 因此，

---

① 施雪华：《政府综合治理能力论》，《浙江社会科学》1995 年第 5 期。
② 易学志：《善治视野下政府治理能力基本要素探析》，《辽宁行政学院学报》2009 年第 4 期。
③ 郭蕊、麻宝斌：《全球化时代地方政府治理能力分析》，《长白学刊》2009 年第 4 期。
④ 中共中央文献研究室编《十八大以来重要文献选编》（上卷），中央文献出版社，2014，第 514 页。

地方政府治理能力体现在地方政府承担公共管理和公共服务的效能上，即促进地方经济社会发展、提供公共产品和服务、保障社会公平、实施社会治理等方面的绩效。按照党的十八大和十八届三中全会发挥市场在资源配置中决定性作用的精神，政府改革的总体要求是"转变政府职能，深化行政体制改革，创新行政管理方式，增强政府公信力和执行力，建设法治政府和服务型政府"。①要实现这一目标，就必须按照市场经济的要求，破除权力拜物教意识，树立以人为本的理念，理顺政府与企业、政府与市场、政府与社会、集权与分权的关系，通过政企分开、政资分开、政事分开、政社分开，在政府职能、组织结构和管理方式上进行制度、体制和机制的创新。可以说，政府职能转变的过程也就是政府还权于社会、还权于企业和还权于市场的过程，是中央向地方放权的过程，是把市场治理和社会治理纳入国家治理的过程，这种分权化的改革契合了完善地方政府治理能力的战略目标，因此转变政府职能也就成为提高政府治理水平的重要抓手。

二 问题提出与研究设计

县级政府作为直接服务企业和直接服务公众的基层政府，是省级政府治理能力的重要构成部分。本课题组以县级政府治理能力为中心议题，选择具有代表性的若干县域进行实地调研和问卷调查，能够获得关于贵州省县级政府治理能力的第一手材料和数据，同时，课题组先后购买了国内外有关治理能力方面的专著十多部，从而获得文献资料方面的突破。此外，治理问题本身是一个涉及政府、企业、社会组织以及公众等不同主体的复杂问题，需要交叉使用多种理论进行分析和解释，本课题通过引入多中心理论、利益相关者理论、博弈论，来剖析治理过程中不同主体之间的利益博弈，信息不对称以及治理的有效性等问题，研究方法科学合理，能够对该课题予以有效的支持。从问题选择来看，贵州政府治理能力研究既涉及

---

① 中共中央文献研究室编《十八大以来重要文献选编》（上卷），中央文献出版社，2014，第519~520页。

省级政府治理的一般问题，也涉及欠发达地区的省级政府治理的特殊问题，具有很强的典型性。

（一）本课题拟解决的关键性问题

省级政府治理能力是通过市州和县级政府治理能力来体现的。尽管从国家层面来看，官方已将治理的内容概括为政治、经济、文化、社会和生态五个方面的内容，但由于决策权限、立法权限、土地指标以及税收权限不同，不同层级的地方政府在治理能力方面的侧重点是不同的。如何构建体现市州政府治理能力的指标体系，以及体现县级政府治理能力的指标体系，是本课题的关键性问题。

（二）本课题拟解决的重点难点问题

由传统的管理向治理演化，意味着由单向双向、由单一主体向多中心演化。对省级政府而言，要提高治理能力，就需要充分发挥企业、社会组织以及公众的主观能动性，从而克服彼此之间的失灵问题（包括政府失灵、市场失灵以及道德失灵等）。因此，如何利用博弈理论、委托—代理理论解决不同主体之间的合作问题，是本课题的重点和难点。此外，一般的评价所使用的模型大多分为主观赋权或客观赋权两种，然而单一的赋权模型有着自身难以克服的不足，因此，如何提高对贵州省治理能力的评价精度与合理性，也是本课题的研究难点所在。

第三节　研究思路与研究方法

一　研究视角

省级政府处于中央政府和地级政府之间，在区域经济调控、要素资源配置、产业结构调整、城乡发展统筹等方面占有异常重要地位，发挥着非常重要的作用。当前关于治理能力研究的文献大多是集中在国家层面，较少有针对省级政府的治理能力研究，因此，本课题的研究视角独到，尤其是针对欠发达地区省级政府治理能力研究具有重要意义。本课题综合应用政治学、公共管理学、经济学、社会学、统计学等多学科理论，一方面通过问卷调查和实地调研，收集贵州省在治理能力方面的第一手数据和材料；另一方面，从基本保障能力、宏观调控能力、财政能力、基层自治能力、危机处置能力等维度构建测度贵州政府治理能力的综合评价指标体系，然后基于层次分析法（主观赋权）和主成分分析法（客观赋权）两类不同的赋权思路，提出基于博弈论组合赋权的新的评价方法，对贵州政府治理能力进行评价和内涵分析，深度剖析贵州各市州政府之间治理能力的差异性，从而提高综合评价的精度和有效性，可以为贵州乃至其他省份提供地方政府治理能力评价的方法借鉴。因此，本研究具有较强的理论意义。

二 研究路径

本研究以马克思主义关于社会发展和国家治理理论为指导，采用文献法，合理借鉴国内外关于政府治理和政府能力的相关理论，对核心概念进行界定，对基本理论进行建构，然后主要运用问卷调查收集数据，运用综合评价、博弈分析和定性与定量相结合的方法，对贵州省市州（县级）政府治理现状进行分析，构建贵州省市州（县级）政府治理能力指标体系，建构基于博弈论组合赋权的市州（县级）政府治理能力并进行综合评价，分析贵州省社会管理水平和公共服务能力，并在此基础上，基于典型样本考察贵州社会治理机制创新实践及其在提升政府治理能力方面的成效表现，并就目前贵州社会治理机制存在的问题及根源进行分析，最后提出相应的对策建议。

三 研究方法与技术路线

（一）研究方法

1. 问卷调查法

选择 5 个不同类型的县，如少数民族自治县、国家级贫困县、连片特困地区所辖县等不同类型的县为基地进行实地调研和问卷调查。由课题负责人牵头，与当地县政府进行密切配合，结合相关子课题的具体研究要求进行数据观测、调查，获得相关资料。

2. 综合评价法

本课题试图通过构建刻画市州政府治理能力的指标体系，通过引入相应的评价模型，对贵州9个市州政府的治理能力进行评价，找出市州政府治理能力的差异性以及形成这种差异性的原因，从而为后续提升和优化贵州政府治理能力提供参考依据。

3. 定性和定量相结合

定性研究又称为质性研究或者质化研究，是指通过发掘问题、理解事件现象、分析人类的行为与观点以及回答提问来获取敏锐的洞察力。定性研究是关于事物属性、本质及发展规律的研究，其具体目的是深入研究特定对象的具体特征或行为，进一步探讨其产生的原因。定性研究通过分析无序信息探寻"为什么"，而不是"怎么办"，这些信息包括历史记录、会谈记录脚本和录音、注释、反馈表、照片以及视频等。与定量研究不同，它并不仅仅依靠统计数据或数字来得出结论，它也有像扎根理论、人种学等一类正式的研究方法。一般而言，定量研究是指确定事物某方面量的规定性的科学研究，就是将问题与现象用数量来表示，进而去分析、考验、解释，从而获得意义的研究方法和过程。定量，就是以数字化符号为基础去测量。定量研究根据研究对象的特征按某种标准进行量的比较，以测定对象的特征数值，或求出某些因素之间的量的变化规律。为实现研究目标，本课题组将定性研究与定量研究有机结合起来。定性方面的研究主要解释，作为西部民族地区和欠发达地区省份的贵州，其地方政府治理能力具体现实状况如何，以及什么原因导致了这种状况。基于问卷或访谈，对影响贵州省地方政府能力的具体因素进行根源探究，并分析地方政府是如何进行社会治理创新的。定量方面的研究主要基于具体指标体系并依托收集的数据进行地方政府能力高低的评价，并且分析地方政府社会治理的创新行动在多大程度上改善了治理绩效。

（二）技术路线

本课题的研究技术路线如图 1-1 所示。

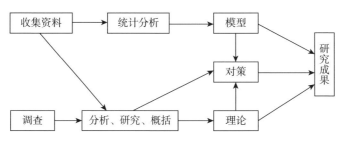

图 1-1　本课题的研究技术路线

第四节　核心概念与理论基础

一　核心概念

（一）地方政府

所谓地方政府（Local Government），是指管理一个国家行政区事务的政府组织的总称，全称为地方人民政府。在中国，地方政府是相对于中央人民政府（国务院）而言的各级人民政府。中国《宪法》第 95 条规定："省、直辖市、县、市、市辖区、乡、民族乡、镇设立人民代表大会和人民政府。"

（二）地方治理

地方治理则是将治理理论分析框架应用于地方层面而产生的，是在一定的贴近公民生活的地理空间内，由地方公共部门、社会组织、企业和社会志愿者组成网络治理主体，提供公共服务和管理公共事务的过程。

（三）地方治理能力

地方治理的效果如何、地方治理行为的水平和质量如何，则主要取决于地方治理能力。地方治理能力是指由地方公共部门、社会组织、企业和社会志愿者等组成的网络治理主体，在提供公共服务、治理地方公共事务、实现公共利益等方面所具有的潜在的或现实的能量和力量，是地方治理的质量和水平的综合反映，是对地方治理模式有效性、科学性和稳定性的评价和度量。较高的地方治理能力意味着地方各个治理主体之间具有较好的合作能力、对经济社会运行具有较好的调节能力，能够有效地规避政府失灵、市场失灵和"志愿失灵"，能提高社会成员的总体福利水平。

二 理论基础

（一）"治理"与"善治"

治理和善治理论是 21 世纪国际社会科学的前沿理论之一，它所提倡的一些价值日益具有普遍性。经济市场化和政治民主化，已经成为当今世界的潮流。经济全球化和世界多极化，也在曲折中向前发展。治理和善治理论正是这种世界性潮流和发展趋势的产物，它反映了 20 世纪 70 年代以来西方发达国家政治治理和行政管理的新趋势，反映了发展中国家成功实现经济和社会发展所需要的政治条件，反映了后冷战时代世界多极化的趋势和人们对建立新的国际政治经济秩序的愿景。为了顺应新的世界性潮流和趋势，治理和善治理论家们提出了新的政治治理模式和衡量治理成效的规范性标准。他们认为，新的政治治理结构应当是多中心、自主、分工合作、互为补充的治理结构，私人经济部门和以民间组织为主体的第三部门在新的治理结构中发挥着日益重要的作用。所谓善治就是政府和民间组织、公共部门和私人部门之间的合作管理和伙伴关系，以促进社会公共利益的最大化。① 衡量善治的标准包括合法性、法治、透明性、责任性、回应性、参与、有效、稳定、廉洁、公正等。② 治理和善治理论自 90 年代以来影响不

---

① 俞可平：《治理与善治》，社会科学文献出版社，2000，第 51 页。
② 俞可平：《治理与善治》，社会科学文献出版社，2000，第 72 页。

断增大，正在变成国际社会科学界的流行话语，同时它也为众多的国际组织以及发达国家和发展中国家的官员与民众所普遍接受和广泛使用，从而成为一种时髦用语。这一理论本身为我们提供了可资利用的学术资源和理论武器。改革开放以来，我们不仅在经济和社会发展方面取得了举世瞩目的成就，而且在政治发展方面同样取得了一系列成就，这些成就与治理和善治理论所倡导的理念不谋而合。

（二）国家治理体系和治理能力现代化

党的十八届三中全会通过的《中共中央关于全面深化改革若干重大问题的决定》把完善和发展中国特色社会主义制度、推进国家治理体系和治理能力现代化，确定为全面深化改革的总目标。在学习和贯彻《中共中央关于全面深化改革若干重大问题的决定》的过程中，我们更加认识到全面深化改革必须高举中国特色社会主义伟大旗帜，以马克思列宁主义、毛泽东思想、邓小平理论、"三个代表"重要思想、科学发展观为指导，老祖宗不能丢，大道理必须讲。有学者称，"治理"是新词新意，表述了社会转型的新信息；也有学者认为，从"管理"到"治理"，意味着方向的全面调整。早在20世纪90年代，党的十四大报告就提出"治理"，党的十六大、十七大、十八大相继提出党领导人民治理国家和坚持依法治国，党的十八届三中全会提出国家治理体系和治理能力现代化，生动地体现了马克思主义同中国实际结合，走中国特色社会主义道路，与时俱进、不断创新的历史进程，根本不存在离开这条历史必由之路的"社会转型"和"方向全面调整"问题。

在马克思主义语词中，治理就是共产党领导下的治国理政，是"政治统治"与"国家管理"的简称，它的理论根据，不能不溯源到马克思列宁主义的国家理论。恩格斯说："国家是社会在一定发展阶段上的产物；国家是承认：这个社会陷入了不可解决的自我矛盾，分裂为不可调和的对立面而又无力摆脱这些对立面。而为了使这些对立面，这些经济利益互相冲突的阶级，不致在无谓的斗争中把自己和社会消灭，就需要有一种表面上凌驾于社会之上的力量，这种力量应当缓和冲突，把冲突保持在'秩序'的范围以内；这种从社会中产生但又自居于社会之上并且日益同社会相异化的力量，就是国家。"①

当前理论界对"国家治理"概念的认识和研究比较复杂，既受西方"治理理论"的影响，又有中国本土的话语。要坚持以马克思主义关于国家的基本理论为指导，从全面深化改革的总目标的高度来认识和把握"推进国家治理体系和治理能力现代化"，为我们增强中国特色社会主义道路自信、理论自信和制度自信，促进全面深化改革，坚持和发展中国特色社会主义提供理论指导。

（三）学习型组织理论

20 世纪 70 年代末 80 年代初，日本经济对美国经济的冲击引发了美国学者对于美日管理差异的思考和研究，形成了文化管理的理论。80 年代末90 年代初，美国经济进入了快速增长时期，与此同时日本经济没能跟上创新发展的步伐，陷入了多年的萧条期。在这一时期，美国本土也有很多优秀的企业未能及时跟上高科技发展的步伐，没能适应环境的变化，很快退出了历史舞台。麻省理工学院学者彼得·圣吉和他的研究伙伴们在跟踪调研中发现了一组惊人的数字：70 年代的 500 强企业排行榜中的企业，到了80 年代已有 1/3 销声匿迹了。这一现象使彼得·圣吉深入思考这样一个问题：组织生存与发展成功的关键因素是什么？他的研究发现，组织变革、创新能力是组织发展和成功的关键。为什么大多数变革都失败了，或者没有达到预期的效果呢？著名咨询机构对这些问题的回答是，无论是全面质量管理还是企业再造，关心的都是企业的局部问题，都是进行局部的改变和治理，没有认识到复杂问题之间的联系。

彼得·圣吉和麻省理工学院的工作伙伴们，与企业界合作，用数年时间，孜孜不倦地致力于将系统动力学与组织学、创造原理、认知科学、群

---

① 《马克思恩格斯文集》第 4 卷，人民出版社，2009，第 189 页。

体深度对话和模拟演练游戏相结合，最终创立了一种使个人与组织凝聚为一体，个体在组织中获得成长、感受生命意义的组织理论。这种组织能及时应对环境的变化，与时俱进，充满活力，彼得·圣吉把这种组织称为"学习型组织"。

1990 年，彼得·圣吉的《第五项修炼——学习型组织的艺术与实践》出版，推动人们刻苦修炼、学习和掌握新的系统思维方法。此书出版后反响强烈，连续 3 年荣登全美最畅销书榜首，被《哈佛商业评论》评为过去 75 年里最具影响力的管理类图书，荣获世界企业学会最高荣誉——开拓者奖，还被誉为 21 世纪的管理圣经、20 世纪屈指可数的几本管理经典之一、世界上影响最深远的管理书籍之一。他本人也被称为继彼得·德鲁克之后最具影响力的管理大师。近年来，已有 1/3 的全球 500 强企业、20 家美国排名前 25 位的企业应用彼得·圣吉的管理方法和工具，建立起学习型组织。

学习型组织理论的适用范围非常广泛：小到一个学校和企业，大到一个城市和国家。学习型组织存在的形式多样，包括学习型企业、学习型城市、学习型政党、学习型政府、学习型社会、创新型国家等。党和国家高度重视学习型组织建设。2002 年，建设学习型社会被写进党的十六大报告，当时的提法是"形成全民学习、终身学习的学习型社会，促进人的全面发展"①，这一条同时被作为衡量小康社会的重要标准。

第五节　研究内容与预期目标

一　研究内容

通过深入系统的文献调研，同时经课题组充分讨论，本项目主要由以下四个子课题组成。

---

① 中共中央文献研究室编：《十六大以来重要文献选编》（上卷），中央文献出版社，2005，第 15 页。

（一）贵州省县级政府治理基本现状调查研究

本子课题以"实地调研—资料分析—结果评估"为研究思路，严格界定县级政府治理的内涵并厘清县级政府治理结构，选取贵州省若干典型的县级政府治理实践进行深入的实地调查，根据调查资料对贵州省县级政府治理现状进行分析，包括贵州省县级政府治理的特征、效果及存在的主要问题。在此基础上，深入探讨贵州省县级政府治理的制约因素，包括治理体系的制约因素、治理能力的制约因素。最后，着重对贵州省县级政府治理问题及政府治理的"顶层设计"进行分析和探讨，以期进一步提升贵州省县级政府治理能力。

（二）基于组合赋权的贵州省9个市州政府治理能力综合评价研究

本子课题以政治治理的合法性、公开透明性、廉洁自律能力、回应能力、危机处置能力、法律制度规范为分析框架，对贵州9个地市州政府治理能力进行描述性统计分析。在广泛阅读相关文献的基础上，结合贵州地市州政府治理的实际，从基本保障能力、宏观调控能力、财政能力、基层自治能力、危机处置能力5个维度构建测度贵州9个地市州政府治理能力的综合评价指标体系。综合应用层次分析法（主观赋权）和主成分分析法（客观赋权）两类不同评价方法，从组合赋权的角度出发，构建新的组合评价模型，对贵州9个地市州的政府治理能力进行实证分析。在此基础上，从财政资金、人力资源、制度建设、机制创新、公信力建设以及区域合作等方面提出具有针对性和操作性的提升路径和对策建议。

（三）贵州省县乡两级政府服务体系与服务能力建设研究

本子课题把县级两级政府服务体系与服务能力亦分为三种类型：满足公民公共服务需求的服务体系与服务能力、满足日常性需求的服务体系与服务能力和满足突发性需求的服务体系与服务能力。第一类服务体系通常称为公共部门，第二类服务体系指窗口服务或办证中心等，第三类服务体系通常是指救援救灾类部门。在本子课题内，第三类服务体系除了应对公民的突发性需求，还承担某些上级政府临时指派的任务。本子课题的另一基础性研究内容是调查掌握县、乡两级政府施政所依凭的资源，即各种政治、经济、社会和文化治理资源。需要特别指出的是，民族性治理资源是本课题重点关注的内容。本子课题研究的重点内容就是在上述基础上展开——探讨影响县乡两级政府服务体系与服务能力现代化的因素，并提出推进贵州省县域治理体系和治理能力现代化的政策建议。

（四）贵州省社会治理创新促进地方政府治理能力提升研究

本子课题以马克思主义关于社会发展和国家治理理论为指导，充分吸纳借鉴中外关于社会治理的优秀理论成果，从一般性理论分析和理论模型构建入手，借助对贵州省地方政府治理能力的抽样调查，运用个案分析和数量统计分析等方法，通过质性研究与量化研究方法有机结合，理清问题及其根源，并提出如何创新贵州省社会治理机制的对策建议及预期目标，以不断提升贵州省地方政府治理能力。

二 预期目标

（一）预期理论创新

本课题理论创新的预期目标主要体现在以下几个方面：第一，全面了解和把握贵州省县级政府治理基本现状。第二，客观、科学评价贵州省9个市州政府治理能力。第三，全面了解和把握贵州省县乡两级政府服务体系与服务能力建设现状。第四，正确揭示社会传统在贵州农村社会现代治理中的作用机制。第五，构建贵州省社会治理创新促进继承政府治理能力提升机制。

（二）预期实践应用

本项目的预期成果在实践应用方面主要体现在三个方面：一是能够为贵州提供一条自下而上的基层政府治理能力提升行动路线图；二是能够为贵州地方政府治理能力评估提供一套具有良好信度和效度的评估指标体系；

三是为贵州地方政府走向现代治理，提升治理能力，提供具有可操作性、科学性、规范性的机制设计。

（三）预期服务决策

本项目的预期成果包括四个子课题研究报告，分别为"贵州省县级政府治理基本现状调查研究""贵州省 9 个市州政府治理能力评价研究""贵州省基层政府服务体系与服务能力建设研究""贵州省社会治理创新促进地方政府治理能力提升研究"，这些研究成果在一定程度上对有关决策部门推进贵州省地方政府治理体系和治理能力现代化，可以提供强有力的公共决策参考。

第二章

贵州省县级政府治理基本
现状调查研究

第一节 引言

郡县治，天下安。郡县是中国历史上最稳定和最重要的地方政府。古有"皇权不下县"之说，这表明县在历史上是国家与民间社会的分界线，是沟通国家与社会的关键层级。直到今天，县制也是中国行政体制的基层枢纽，所有涉及基层民众的公共政策最终都通过县级政府来执行。① 可以说，县级政府在中国政治稳定和经济繁荣以及社会管理、农村发展方面发挥着无可替代的作用，是中国政府体系和政治体制中的关键一环。

20 世纪 90 年代中后期，中国农业生产和农村经济发展缓慢，农民不仅收入低，更享受不到应有的社会公共服务，农民对基层政府的政治信任下降，政民关系空前紧张，冲突事件数量逐渐攀升。其间，虽然政府意识到农业和农村工作的重要性，但就实际工作来说，政府服务效果却不尽如人

---

① 王敬尧：《县级治理能力的制度基础：一个分析框架的尝试》，《政治学研究》2009 年第3 期。

意。特别是 90 年代中后期，政府不仅不能解决农民负担过重问题，而且在农民流动就业上设置障碍，农民处于内外交困的境地。由此，基层政府治理问题引发国内外大量专家学者的关注和研究。2002 年党的十六大以后，中央政府提出"工业反哺农业，城市反哺农村"的方针，坚持"多予少取放活"的政策取向。一方面，给农村有力的经济支持。这种支持包括采取若干有力的措施发展农业生产，增加农民收入，如取消农业税、直接补贴粮食生产等，也包括在发展农村教育、医疗卫生等方面增加投入。这些措施不仅显著地加快了农村经济发展，而且有效地促进了经济和社会的协调发展。另一方面，高度重视保护和实现农民权利，如取消限制农民流动就业的若干规定，以及采取严厉措施处理征地过程中对农民利益的侵害等。党的十八大以来，习近平总书记高度重视"三农"工作，农业农村经济发展呈现出了"六个新"——粮食生产能力登上新台阶，农业供给侧结构性改革打开新局面，农业现代化建设迈出新步伐，农村改革展开新布局，农业绿色发展有了新进展，农民收入实现新提升。

但是，政策导向转变和支农惠农措施的增加，并不表示"三农"问题已得到根本解决。从"三农"问题产生的角度来看，除了政策性因素外，过去若干年乃至当前农村出现的严重问题，基层政府在其中扮演了重要角色。"三农"问题的尖锐性主要是通过基层政府和农民的冲突展现出来的。从功能上看，构成中国基层政府的是县（市）和乡（镇）两级政府，这两级政府的运行是密切结合在一起的。中国 1982 年废除"政社合一"的人民公社制度后，建立了乡镇政府，并努力将乡镇政府打造成共和国的基层政权。但是，在运行约 20 年后，乡级政权逐渐被"乡财县管"等方式所虚化。乡级政府自主性逐渐丧失，越来越成为县级政府的派出机构，被认为是徒有"政府"之名而无"执政"之力的弱政府。[①] 究其原因，大致有三

---

① 赵树凯：《县乡政府治理的危机与变革——事权分配和互动模式的结构性调整》，《学术前沿》2014 年第 11 期。

个。一是乡级政府机构在行政管理和社会治理上与村民自治冲突，在经济管理上往往与农民的市场经济主体地位发生矛盾，其处境十分尴尬。二是乡级政府在实际操作中的越俎代庖致使机构日益膨胀，运行成本高昂，成为直接压在农民头上的沉重负担，在2001年的农村税费改革中不得不大大精简，以致其功能弱化。三是信息化社会缩短了政府管理半径，"新公共管理运动"要求政府提高行政效率，于是，"扁平化"管理模式成为现代政府管理的必然选择，政府机构精简和压缩行政层次的改革呼之欲出，乡级政权的虚化甚至取消在所难免。在现阶段的城市化和小城镇建设中，"镇"的地位和作用凸显。可以预见的是：经济实力较强的镇可能成长为"市"与县并列，没有发展前景的镇则回到"乡"的行列。

相对于乡镇这一层级不完备的政府，县级政府则是一级又稳定又完备的政府，在政治体制改革方面更具有"典型、标本"的作用。此外，随着乡镇政府地位及其治理乡村社会能力的下降，基层社会的矛盾开始涌向县级政府。县级政府开始替代乡镇政府成为中央和基层、国家和社会、城市和乡村、传统和现代的"接点"，在基层治理中扮演着越来越重要的角色。[1]这些现实，进一步促使主张政治民主化改革的学者不再将希望寄托于徒具虚名的乡镇政府，而纷纷将县级政府作为中国政治改革的"突破口"。因此，解剖县级政府治理将会是一个好的视角，有助于探讨破题之策略。事实上，相对于乡镇政府的研究，专门以县级政府为对象的研究无论是在政策研究部门还是在学界，都显得较为单薄。我们目前对县级政府的运行特点、运行逻辑以及县级治理的特点和模式都缺乏全面而客观的了解。在此现实下，仅凭满腔热情的改革情怀可能是不够的，还需要那种"解剖麻雀"的精神，对县级治理进行全面而细致的分析。[2]

[1]　徐勇：《"接点政治"：农村群体性事件的县域分析——一个分析框架及以若干个案为例》，《华中师范大学学报》（人文社会科学版）2009年第6期。
[2]　欧阳静：《县级政府研究的路径分析》，《天津行政学院学报》2015年第5期。

第二节　县级政府治理的内涵与结构

一　县级政府治理的基本内涵

（一）　政府治理

"政府治理"概念源自西方20世纪70年代兴起的新公共管理运动，其基本含义强调政府的企业化和政府管理的市场化，尤其主张实现政府管理网络化和扁平化。经过多年流变，西方的新公共管理分化形成多种学术流派，从多中心治理、网络化治理，到协同性政府治理，再到整体性政府治理①，虽然学者们无法提供一个全面性的定义，但政府治理社会的核心问题一直没变：政府治理的权力分配、政府与社会的冲突、政府与市场的冲突、政府与社会组织运行的协同。这些核心问题与其所处的环境相互适应，体现了西方社会政治经济矛盾对于政府管理方式和机制变革的要求。因此，将西方政府治理理论引入中国，置于中国政治话语和语境下，政府治理概念应该是一个与中国国情相适应的概念。② 因此，辨析政府治理概念，探讨政府治理的内涵与结构，还须从更高层次的国家治理概念开始梳理。如何理解国家治理的概念？大致可以从两个层面来探讨。第一个层面，即从国家的性质角度分析治理的社会属性。改革开放以来，中国共产党人逐步明确，国家治理的总体战略是党的领导、人民当家作主和依法治国有机结合。党的十六大以来，在党的文献中持续出现的"党领导人民有效治理国家"，就是国家治理战略和根本要求在国家治理意义上的典型体现和凝练表达。根据中国共产党人对于马克思主义国家理论的运用和治理国家的政治实践，尤其是根据改革开放和21世纪以来中国共产党人的"国家治理"理论运用

---

① 曾维和：《当代西方政府治理的理论化系谱——整体政府改革时代政府治理模式创新解析及启示》，《湖北师范学院学报》2010年第1期。
② 包国宪、郎玫：《治理、政府治理概念的演变与发展》，《兰州大学学报》2009年第2期。

和政治实践可知，国家治理的基本含义就是在中国特色社会主义道路的既定方向上，在中国特色社会主义理论的话语语境和话语系统中，在中国特色社会主义制度的完善和发展的改革意义上，中国共产党领导人民科学、民主、依法和有效地治国理政。① 第二个层面，即从治理的技术层面展开，主要涉及治理的主体、相关制度及治理的内容。换句话说，就是研究国家治理体系、国家治理能力。国家治理体系指涵盖了政党、政府、市场、社会等多元治理主体在社会经济生活各个领域和环节中围绕权力配置、利益协调、职能界定等方面所进行的治理理念、制度、体制及具体政策的规划、制定与实施。国家治理能力则表现为国家治理体系各个组成部分在实践中的关系调整及其所产生的实际效果。② 在当前中国所处阶段，各种结构性矛盾和问题纷纷显露，经济发展方式、利益格局、社会系统、生活方式、价值观念等需要进行深层次的结构性变革。这种结构性变革，需要通过推进国家治理体系和治理能力现代化才能实现。

基于中国的国家性质，在各个治理主体中，政党指引国家发展方向，政府作为国家治理的主要执行者对社会经济生活实施管理，这就是本研究探讨的政府治理。因此，对于政府治理的理解，首先体现在作为治理主体的政府体系，也就是我们常说的行政体系。政府作为国家治理的执行机构，其运作机制是推进党的领导、人民当家作主和依法治国有机结合和深化实现的重要纽带和实施枢纽，是中国共产党领导现代化建设，推进经济社会文化发展的治权体系，也是承接、遵循和实施人民主权、实现人民民主和国家有效治理的执行机制。与此同时，行政体系又是在政府治理意义上落实依法治国方略，达成依法治国依法执政依法行政共同推进、法治国家法治政府法治社会一起建设重要任务的运行平台。由此可见，中国的行政体

---

① 王浦劬：《国家治理、政府治理和社会治理的含义及其相互关系》，《国家行政学院学报》2014 年第 3 期。

② 魏晓文：《论国家治理体系现代化与治理能力现代化的相互促进》，《政治学研究》2014 年第 2 期。

系是执政党与人民、国家与社会、民主与法治辩证互动的联结点，是处理各种利益关系、明确权责的各项规章制度的总和。其次，体现在政府治理能力上，就是指政府针对治理内容所取得的实际效果。在中国共产党人治国理政的话语和理论意义上，"政府治理"是指在中国共产党领导下，国家行政体制和治权体系遵循人民民主专政的国体规定性，基于党和人民根本利益的一致性，维护社会秩序和安全，供给多种制度规则和基本公共服务，实现和发展公共利益。按照这一基本含义，中国的政府治理通常包含三个方面的内容。一是政府作为社会管理主体，在党委领导、政府负责、社会协同、公众参与和法治保障的基本格局下，对社会公共事务进行的管理活动。二是政府对经济活动和市场活动的治理，这是政府治理的重要内容。政府作为市场经济中的"有形之手"，通过转变政府职能、健全宏观调控，为有利于市场经济健康运行，更好地发挥政府的作用，进行经济和市场治理活动。三是政府通过对自身的内部管理，优化政府组织结构，改进政府运行方式和流程，强化政府的治理能力，从而使政府全面正确履行职能，提高政府行政管理的科学性、民主性和有效性。党的十八届三中全会提出："科学的宏观调控，有效的政府治理，是发挥社会主义市场经济体制优势的内在要求。"[1] 综上，本研究所指的政府治理既包含了政府治理体系，又包含了政府治理能力。政府治理体系指政府围绕着权力配置、利益协调、职能界定等方面所进行的制度、体制、结构及具体政策的规划、制定与实施。政府治理能力则表现为政府治理体系各个组成部分在社会治理中的关系调整及其所产生的实际效果。

（二）县级政府

自中国封建制度建立以来，尤其是在秦始皇统一中国之后，县真正实现制度化。在随后的两千多年里，无论实行"二级制"还是"三级制"，县

---

① 中共中央文献研究室编《十八大以来重要文献选编》（上卷），中央文献出版社，2014，第519~520页。

制作为最完整的基层地方行政设置，从未发生任何变化。其他级次地方政权在不同的朝代则处于变动与不定之中，如汉、魏晋、隋出现过的"州""郡"、唐辽时的"道"、宋金时的"路"、明清时的"府"等地方行政级次先后被淘汰。纵观历史，"县"作为中国行政机构中最完整的基层地方政权，在国家行政管理的制度安排中，却从未被废止或中断过，一直沿袭至今，其名称也保持了数千年不变的稳定性。据不完全统计，中国现今的县名，仍有 59 个与秦代使用的名称完全相同。① 时至今日，国之地名不同至县，人之籍贯至县，凸显了县在当前中国国家治理中的重要性。②

《中华人民共和国宪法》第三十条明确规定："全国分为省、自治区、直辖市；省、自治区分为自治州、县、自治县、市；县、自治县分为乡、民族乡、镇。"可见，县级政府作为地方政府仍然具有十分重要的地位。法律明确，中国地方政府只有省（自治区、直辖市）、县两级，乡、民族乡、镇是县下的"虚级"。直至改革开放之初，中国地方政区也一直实行省（自治区、直辖市）、县两级制。虽然曾经设置过行政大区，但很快被撤销。改革开放之初，为了实现国家"四个现代化"的发展，1982 年中共中央 51 号文件发出了改革地区体制、实行市管县体制的指示，以城市化促进现代化，在全国掀起市管县体制改革浪潮，希望通过"市管县"实现"市带县"，加快城市化进程，凡具备条件的地方都实行了市管县改革，因此，在省、县之间又多了一级实体政府——地级市。随着改革开放的深入，在市场机制作用下，特别是区域经济的发展，行政治理环境和手段的变化，因层级过多、权力路线和信息传递路线延长而导致的问题日益显现。首先，影响行政管理高效运转。实行市管县体制后，地区一级政权由过去的虚设变为实置，从而在省与县之间多出一个环节。凡是县向省请示的工作，无论是政策性的还是业务性的，包括那些可以直接与省沟通的工作，都要通过市里的审查和推荐，形成"效率漏斗"，大大降低了行政效率。中央和省都已完

① 刘君德：《中国行政区划的理论与实践》，华东师范大学出版社，1996，第 80 页。
② 叶子荣、郑浩生：《县制：中国行政管理体制运行的基础》，《天府新论》2012 年第 6 期。

全下放的部分审批权限却被市里截留，处在经济建设第一线的县域权力渐小，责任重大，责权利不对等。市县争利严重，影响县域经济发展。市管县后，县要接受市的领导，但市和县始终分别是各自区域利益的主体代表，承担着不同的责任，享受着各自的经济利益。从各地情况来看，在工作上市把县当成自己的附属行政单位，要求县的经济发展从属于市区经济发展的需要，从而引发两个利益主体的冲突。市里在财税分成、基建投资、项目上马等方面优先考虑市区。"市压县、市刮县、市吃县"的问题的确存在，有些市在与县争利的过程中，不惜运用行政手段强行解决，县只能服从。由于市区经济控制力小，不足以带动县域经济的发展。有一些地级市经济实力偏小，在这种情况下，市比较多地只顾自己的发展，把资源、要素和精力比较多地放在发展市区经济上，甚至从下面"抽血"，从而无力扶持县域经济发展，更无力顾及大部分农村的发展，使得区域经济发展失衡，"三农"问题难以解决。

鉴于"市管县"的弊端，中国从 1992 年开始，在中央政府的支持下，浙江、河北、江苏、河南、安徽、广东、湖北、江西、吉林等省份陆续推行了以"强县扩权"为主要内容的改革试点，对经济发展较快的县市进行了扩权，把地级市的经济管理权限直接下放给一些重点县。县级政府作为与社会公众、企业最接近的一级政府，成为地方公共产品的直接提供者和地方资源的具体配置者。

交通、通信、计算机网络等保障手段的快速发展，以及电子政务的推广，为"省直管县"的扁平化管理提供了技术支持。在经济的持续高速增长下，县域累积了雄厚的财力，中央适时推出"新农村建设""基本公共服务均等化""统筹城乡协调发展"等一系列新举措并配以专项财力保障，激发县域社会经济发展活力，为"省直管县"的改革奠定了良好的基础。20多个省份的试点证明，"省直管县"改革减少了行政环节，行政成本降低了，行政效率提高了，提升了县域经济自身发展的能力。实践证明，"县"作为国家治理基层行政机构的制度安排，不仅是中国数千年来人类社会活

动的结晶，而且是现实国家治理中的最佳选择，县级行政机构基础性地位
牢不可破。①

　　在明确了县级政府的重要地位后，我们再来看关于政府的界定。关于
"政府"这个词语的定义，一直没有定论。在综合各类关于政府的界定的基
础上，本研究从广义说和狭义说两个层面进行分析。广义说的政府，泛指
一切国家政权机关，如立法机关、司法机关、行政机关以及一切公共机关。
具有代表性的是英国《大众百科全书》的定义："由政治单元在其管辖的范
围内制定规则和进行资源分配的机构。政府的功能是：（1）立法；（2）司
法；（3）执行、行政管理。"② 狭义说的政府，则专指一个国家的中央政府
和地方的行政机关。《辞海》的界定为："政府，即国家行政机关，国家机
构的组成部分。"③ 通常，政府既包括中央政府，也包括地方政府。《美国百
科全书》的解释是："政府指管理团体和国家的机构及其活动。通常它指的
是诸如英国或日本这些民族国家或其分支如省、市地方政府的组织机构及
法定程序。就这一方面而言，政府对已经确认为某一民族国家中成员的各
项事务进行管理。由此可见，政府就是一个国家或社会的代理机构。"④ 也
有学者将政府分为五个主要层次：一是指制定规则，为居民提供服务的机
构，这是最广义的政府；二是指治理国家或社区的政治机构，这是次广义
的政府；三是泛指一切国家政权机关，如国家的立法机关、行政机关、司
法机关和其他一切公共机关，都称为政府，这是广义的政府；四是指一个
国家的中央和地方的行政机关，这是狭义的政府；五是指中央行政机关的
核心部分，即内阁各部，这是最狭义的政府。⑤《中华人民共和国宪法》指
出，"人民政府"就是指执行立法机关意志的各级行政单位，其以人民一语
冠在政府之前，应有政府是执行人民意志的考虑。本研究主要是在狭义政

① 叶子荣、郑浩生：《县制：中国行政管理体制运行的基础》，《天府新论》2012 年第 6 期。
② 辛向阳：《新政府论》，中国工人出版社，1994，第 3 页。
③《辞海》，上海辞书出版社，1979，第 1465 页。
④ 转引自徐争游等《中央政府的职能和组织结构》，华夏出版社，1994，第 203 页。
⑤ 刘中连：《当代中国县级政府管理研究》，苏州大学博士学位论文，2006。

府的相关定义中进行阐释，或专指一个国家的中央与地方的政权来进行施政的机关。但是，在行文过程中，又不可避免地涉及广义上的诸多政府的相关定义。

与政府概念相呼应，县级政府也有广义和狭义之分：广义上的县级政府应是特指承担和行使与其政权相符合的职权的各个机构，在此它不但涵盖了当下人们所共知的包括县委、县级人大、县政府和县政协这"四大班子"，而且统括有行使司法权力的县级法院与县级检察院这两个组织单位。狭义的县级政府只是代表行使县级行政权力的机关，也就是县政府。本研究以狭义概念为基准，即县一级的国家行政机关。

二　县级政府治理的研究框架

习近平总书记指出，全面深化改革的"总目标就是完善和发展中国特色社会主义制度，推进国家治理体系和治理能力现代化"。[①] 可以说，国家治理体系和治理能力是一个国家制度和制度执行能力的集中体现。没有有效的治理能力，再好的制度和制度体系也难以发挥作用。国家治理体系和治理能力是一个相辅相成的有机整体。有了好的国家治理体系才能提高治理能力，有了好的国家治理能力才能充分发挥国家治理体系的效能。作为治理体系的核心内容的制度，其作用具有根本性、全局性、长远性。循此逻辑，本课题组针对县级政府治理的研究也从这两个层面切入：其一，县级政府治理体系研究；其二，县级政府对社会公共事务及经济发展相关事务治理效果的研究，即关于县级政府治理能力的研究。

（一）县级政府治理体系

政府治理体系应是指以政府作为治理主体，处理各种利益关系、明确权责的各项规章制度的总和。其中有几个重要问题需要回答："治理主体是谁？""与其他治理主体之间关系如何？""如何保障治理结构有效运转"。事

---

① 《习近平谈治国理政》，外文出版社，2014，第101页。

实上，"政府治理"已经体现了治理主体，但是我们在这里之所以强调，主要是为了引出对行政执行的主体的关注。众所周知，作为治理主体的政府只是一个宽泛的集合名词，具体工作最终都要由相应合理配置的机构中的人来完成。其中一个极其重要的因素必须引起关注，即治理主体的素质，特别是行政官员的素质。已有的经验和教训提醒我们，仅以官员的素质来看，纵使有最完备的国家治理体系，如果官员素质低下，国家的治理能力也必定不强，社会也不可能有理想的善治。要提高官员的素质，就要对官员进行教育和培训，更重要的是要有一套民主的选拔机制，将优秀的公民遴选出来，授予他们权力，并且以制度对官员的权力进行制约。综上，本研究主要从两个部分入手考察县级政治治理体系。由于主体范围已有限制，县级政府治理体系的执行主体是指县级政府。这里所指的县级政府相对来说是一个较为宽泛的概念，政府部门各项工作最终都要由人来执行和完成，其中行政领导对于执行质量及方向能产生决定性的作用，故政府组织机构及行政领导就是本研究所指治理体系的主体，组织机构设置以及领导的素质、构成等在一定程度上会对治理能力产生重要影响。关于制度体系的探讨主要从保证县级政府有效运转的政府决策相关制度及权力运行机制方面着手。

（二）县级政府治理能力

目前，关于政府治理能力的研究颇丰，但国内外学界对其概念尚无明确和统一的界定，不同的阐释来自学者不同的研究角度。施雪华认为，"政府综合治理能力"是指"处于特定的历史、社会和自然环境中的政府，维护自己的政治统治，管理社会事务，服务大众需要，平衡社会矛盾，促进社会稳定发展的所有潜在的或现实的能量或力量的有机整体"。[①] 胡鞍钢、魏星在《治理能力与社会机会》一文中认为："治理能力反映的是政府治理行为的水平和质量，是对政府治理模式稳定性、有效性和合法性的直观度

---

① 施雪华：《政府综合治理能力论》，《浙江社会科学》1995 年第 5 期。

量；较高的治理能力意味着政府对经济社会运行具有较强的调节能力，能够较好地规避市场失灵，提高社会成员的总体福利水平。"[1] 周根才指出，政府治理能力指的是一个政府运用合适的治理工具和技术策略去引导、控制、规范、协调和平衡各方社会主体间的社会生活过程的能力。[2] 王敬尧从县级财政入手，根据公共服务的供给与需求，提出县级治理能力由财政能力、服务能力和应急能力构成。[3] 综合前人的研究进一步分析，"治理能力"至少包括两层含义：一是能力结构内容，即明确政府治理内容以确定能力结构内容；二是能力状态，即明确能力发展趋向及效果。从县级政府治理能力研究角度来看，有学者认为，以县域政府为主体的基层治理能力更强调处理具体公共政策、公共事务的执行能力和回应能力。也有学者从有形资源和无形资源的角度区分了政府所需的各种治理能力。总的来说，目前大多数研究集中于能力内涵及结构的阐释，即便对能力状态有所分析，也只是提出县级政府治理能力达到理想状态的目标和理论分析，少有对县级政府治理能力现状的把握和研究。本研究倾向于从实际效果考察县级政府在现有状态下治理能力的状况，力图从实证中找到阻碍或者促进县级政府治理的因素。党的十九大报告指出："中国特色社会主义进入新时代，我国社会主要矛盾已经转化为人民日益增长的美好生活需要和不平衡不充分的发展之间的矛盾。"[4] 中国稳定解决了十几亿人的温饱问题，总体上实现小康，不久将全面建成小康社会。人民的美好生活需要日益广泛，不仅对物质文化生活提出了更高要求，而且在民主、法治、公平、正义、安全、环境等方面的要求日益增长。同时，中国社会生产力水平总体上显著提高，社会生产能力在很多方面进入世界前列，更加突出的问题是发展不平衡不

---

① 胡鞍钢、魏星：《治理能力与社会机会》，《河北学刊》2009 年第 1 期。

② 周根才：《走向软治理——基层政府治理能力建构》，《学术界》2014 年第 10 期。

③ 王敬尧：《县级治理能力的制度基础：一个分析框架的尝试》，《政治学研究》2009 年第 3期。

④ 习近平：《决胜全面建成小康社会　夺取新时代中国特色社会主义伟大胜利——在中国共产党第十九次全国代表大会上的报告》，人民出版社，2017，第 11 页。

充分，这已经成为满足人民日益增长的美好生活需要的主要制约因素。党的十九大报告进一步强调："必须认识到，我国社会主要矛盾的变化是关系全局的历史性变化，对党和国家工作提出了许多新要求。我们要在继续推动发展的基础上，着力解决好发展不平衡不充分问题，大力提升发展质量和效益，更好满足人民在经济、政治、文化、社会、生态等方面日益增长的需要，更好推动人的全面发展、社会全面进步。"① 因此，结合党的十八大、十九大对推进中国社会主义事业现代化和实现中华民族伟大复兴而做出总体布局的要求，本书所指的政府治理能力就是指政府针对经济、政治、社会文化、生态文明治理所取得的实际效果。因此，对县级政府治理能力的考察主要从社会经济生活五大领域——经济领域、政治领域、社会领域、文化领域、生态领域出发，探究县级政府治理能力的状况。

第三节 构建贵州省县级政府治理的测量指标体系

一 测量指标选择的依据与原则

首先，测量指标的选择要有针对性。已有的关于政府治理现代化的测度指标体系对象要么是国家，要么是一般意义上的政府。针对性是指要从县级政府的法定职权范围实际出发来遴选和设计指标，只有这样才能真实反映县级政府治理的实际情况。其次，测量指标的选择要有可度量性。可度量性指的是，无论是主观指标还是客观指标都有相关数据资料支撑，而且这些数据资料具有可获得性，须是公开的且易于处理的，从而使测量体系具有可操作性。最后，测量指标体系要具有科学性。科学性体现在不仅考察县级政府治理的结果指标，还考察县级政府治理投入与过程指标，并

---

① 习近平：《决胜全面建成小康社会 夺取新时代中国特色社会主义伟大胜利——在中国共产党第十九次全国代表大会上的报告》，人民出版社，2017，第 11～12 页。

将客观指标与主观指标相结合。

二 贵州省县级政府治理的测量指标体系

当前中国正处于社会转型期，一方面经济快速增长、生产效率不断提高、人民生活水平得到较大改善；另一方面，环境污染与退化、资源浪费、利益（地区、行业与阶层）冲突、收入两极分化、腐败，以及国际贸易摩擦等问题不断出现，影响着人民的生存与国家的可持续发展，考验着政府的公共治理能力。尤其是以贵州为典型的欠发达地区，自然环境恶劣，生态系统脆弱，经济落后，同时贵州省内县域特征差异大、经济发展也极不平衡。全省 88 个县，经济发展最强的县与经济发展最弱的县差距甚大。为了研究的科学性，在全省范围根据经济发展较好、较弱，民族自治、非民族地区，人口规模大小遴选出三个县作为研究的对象，以保证研究的可靠性。

县级政府治理应该更关注"生存与发展"的主题，前者关注对生存环境的治理，比如自然环境的可持续性、矿产资源可持续利用、人类文化保护等；后者主要应体现人的发展与社会进步，如参与、自由、民主及机会公平、透明度、潜能的释放等。即政府治理中不仅要追求经济目标，还要追求包括教育和健康在内的生活质量的实质提高，增强发展的协调性；追求包括保护自然资源和生态环境在内的可持续发展，建设生态文明，形成节约能源和保护生态环境的产业结构、增长方式和消费模式；追求平等的发展，使社会发展的成果逐步由单向、低层次的共享走向多元、高层次的共享；追求民主的发展，公民能够以各种方式，广泛地参与关系自己切身利益的决策，更好体现人民权益和社会公平正义。考察县级政府治理水平就应该以这些为主要内容，并体现在具体的指标体系中。

评价指标是考察政府治理状况的核心，是政府治理评价能否达到预期目的的关键，因而受到国内外理论界和实践界的广泛关注，学者们纷纷提炼出各自的指标体系，为科学、合理地评价公共治理水平奠定了基础。我们通过总结现实中各种评价指标的优缺点，并结合贵州县级政府实际情况，围绕上述当前政府治理的内容，选择国内学者唐天伟、曹清华、郑争文的政府治理能力现代化的指标体系①作为本研究的调查指标体系的参考，并根据实际情况做了一定的修改。该指标体系包含 2 个一级指标，即县级政府治理体系状况和县级政府治理能力状况，7 个二级指标，包括行政体制、行政人员素质（主要是行政领导素质）、经济治理状况、政治治理状况、社会治理状况、文化治理状况和生态治理状况，21 个三级指标（见表 2 - 1）。

表 2 - 1　贵州省县级政府治理状况测量指标体系

一级指标	二级指标	三级指标
县级政府治理体系状况	行政体制	组织机构设计［岗位人员配置合理、职能清晰、小政府（机构精简）］、决策体制（重大决策听证率）、权力运行机制（责权利结合程度、公职人员的自主性）、权力机构（政府与企业、社会公众关系）
	行政人员素质	主要行政领导学历结构（本科以上学历者占比）、专业结构（专业与本职岗位的匹配率）、年龄结构（老中青人数比）、人力资源开发（参加与本职岗位有关的培训进修情况、培训效果）
县级政府治理能力状况	经济治理状况	经济发展（GDP 增长率、三次产业占比、地方财政收入）、经济效益（人均 GDP、万元 GDP 能耗降低率）、人民生活（人均可支配收入）市场机制（市场发育与景气情况、企业和民众对市场秩序的满意度）
	政治治理状况	公共安全（刑事案件发案率、治安案件发案率、群体性事件发生率、公共安全应急体系状况、居民安全感）、政治清明（"三公"消费、工作作风、腐败指数）
	社会治理状况	劳动与社会保障（社会保险覆盖率、低保、服务设施数、年新增就业岗位数、失业率）、社会参与（社会组织的发育程度、媒体监督的有效性、政府购买社会组织服务占公共服务总支出比、居民的满意程度）、社会公平（一站式服务普及率、居民的公平感、女干部比例）
	文化治理状况	公共文化基础设施（公共文化支出占地方财政收入比）、科技教育（科技、教育经费占地方 GDP 比重、万人发明专利申请量）
	生态治理状况	环境治理［三废（废气、废水、废物）处理达标率、环保投资经费占财政支出比］、生态建设（森林覆盖率、人均公共绿地面积）

① 唐天伟、曹清华、郑争文：《地方政府治理现代化的内涵、特征及其测度指标体系》，《中国行政管理》2014 年第 10 期。

三 测量指标体系诠释

政府治理体系和治理能力是一个相辅相成的有机整体，政府治理体系是指以政府作为治理主体，处理各种利益关系、明确权责的各项规章制度的总和。明晰政府治理体系的目的主要是解决"治理主体是谁？""与其他治理主体之间关系如何？""如何保障治理结构有效运转？"等问题。政府治理能力则是关乎在治理主体治理下取得的实际效果。好的政府治理体系有助于提高治理能力，好的政府治理能力则能充分促进政府治理体系更加完善。作为治理体系的核心内容的制度，其作用具有根本行、全局性、长远性，但是没有有效的治理能力，再好的制度和制度体系也难发挥作用。循此逻辑，本研究针对县级政府治理的研究也从这两个层面切入：一是县级政府治理体系研究；二是县级政府治理能力的研究。关于县级政府治理体系状况的测量指标，包括县级政府行政体制、行政人员素质共2个二级测量指标。县级行政体制作为政府发挥治理职能的载体，反映着县级政府规范与有效履行其职能的状况，具体通过权力机构、组织机构设计、决策体制和权力运行机制共4个三级指标来反映。行政人员素质指标主要考察县级政府主要领导人的执政素质，并从专业结构、学历结构、年龄结构以及人力资源开发4个三级指标来衡量。关于县级政府治理能力状况的测量指标是体现县级政府治理过程与结果的指标，主要按照"五位一体"治理职能，设计经济治理、政治治理、社会治理、文化治理与生态治理5个二级指标。政府的经济治理主要是政府从社会经济生活宏观的角度，履行对国民经济进行全局性规划、协调、服务、监督的职能和功能。简单来说包括资源配置、收入分配、宏观调控等方面的治理。政治治理是指政府为维护国家及人民利益，对外保护国家安全，对内维持社会秩序的职能。具体来说包括维持国家内部社会秩序、镇压叛国和危害社会安全的活动、保障人民的政治权利和生命财产安全、维护宪法和法律尊严，还包括推进国家政权完善和民主政治发展的治理。社会治理指政府为保证社会公平、缩小地区发展差距和个人收入差距，运用各种手段来调节社会分配、组织社会保障，以提高社会整体福利水平等方面的治理。文化治理指政府为满足人民日益增长的文化生活的需要，依法对文化事业所实施的管理，具体包括对科学技术、教育、文化事业等方面的治理。生态治理指政府通过各种手段，对因经济发展、人口膨胀等因素所造成的环境恶化、自然资源破坏等进行恢复、治理、监督、控制，从而促进经济的可持续发展而采取的治理手段。结合贵州省县级政府的实际情况，根据政府相关治理的内容，在5个二级指标下选取了相应的13个三级指标来说明情况。综上，县级政府治理状况测量指标体系基本框架的7个二级指标，体现了县级政府对于法治、民主、责任、效率、有限、合作、协调等政府治理的重要价值与理念的贯彻和落实，引领着县级政府治理朝着现代化的方向发展。

第四节　贵州省县级政府治理现状分析

贵州省是中国西南地区的三大省份之一，简称"黔"或"贵"，东邻湖南省、南接广西壮族自治区、西南毗邻云南省、西北与四川省接壤、北面与重庆市相邻。在刚刚过去的2017年，贵州交出了一份亮眼的成绩单，前三季度全省地区生产总值增长10.1%，增速位居全国第1位，连续27个季度保持在全国前3位，预计全年增长10%以上，总量达到1.35万亿元、人均达到3.8万元。大扶贫、大数据、大生态三大战略行动强势推进，国家级试验区加快建设，旅游经济彰显绝佳"气质"。在新经济的舞台上，贵州经济颜值高、气质好，成色更纯、底色更亮、活力更足，不断释放出强劲动能。但是，贵州各地区的发展极不平衡。根据2015年各地政府工作报告统计，经济发展最强的县与经济发展最弱的县差距甚大。排名最后的县地方国民生产总值仅为排名最前的地区国民生产总值的3.62%（见表2-2）。

表 2 – 2　2015 年贵州省各县市区国民生产总值总值排名

县市区	国民生产总值（亿元）	排名
云岩区	650.02	1
南明区	606	2
仁怀市	510.2	3
花溪区	494.97	4
盘县[a]	474.24	5
遵义县[b]	314.1	9
水城县	206.29	15
习水县	127.93	31
松桃县	102.9	37
惠水县	70.7	52
施秉县	30.84	84
麻江县	26.53	85
台江县	25.24	86
丹寨县	23.7	87
雷山县	23.53	88

注：a 2017 年 5 月经国务院批准，根据《民政部关于同意贵州省撤销盘县设立县级市盘州市的批复》（民函〔2017〕74 号），撤销盘县，设立县级盘州市，由省直辖、六盘水代管，本研究所调查数据大部分来自 2016 年，少部分来自 2017 年，故仍保留当时的县制名称盘县。

b 遵义县原为遵义市的一个下辖县，2016 年 6 月经国务院批准，改为遵义市播州区。

资料来源：《贵州 88 个县、区、市 2015 年 GDP 总值排名习水排第 31》，人民网，http://gz. people. cn/n2/2016/0518/c217641 – 28358667. html，最后访问日期：2018 年 5 月 2 日。

　　为了保证研究的科学性，在全省范围根据经济发展程度（较好、居中、较弱）、民族特征（民族自治、非民族地区）、规模大小遴选出盘县、松桃县、雷山县三个县作为研究对象，以保证研究的可靠性。为获取更多的真实有效的数据，课题组采取实地调查、政府网站查询、访谈的方式进行。绝大多数被调查对象能够表达自己的真实意见，也有少部分受访者认为内容敏感，而不认真回答。受访对象基本情况如下：公务员（含行政领导），男性占 50%，女性占 50%；中共党员占 60%，共青团员占 15%，群众占 15%，民主党派占 10%；受过高等教育的占 60%。公众，男性占 60%，女性占 40%；受过高等教育的占40%；职业以务农、企业人员、个体商户为主，被调查对象比较了解县政府的工作情况，结构较为合理。需要补充说明的是，盘县原属于贵州省六盘水市行政区划。2017年5月经国务院批准，根据《民政部关于同意贵州省撤销盘县设立县级盘州市的批复》（民函〔2017〕74号），撤销盘县，设立县级盘州市，由省直辖，六盘水代管。本研究所调查数据大部分来自2016年，少部分来自2017年，故仍保留当时的县制名称盘县。

一 贵州省县级政府治理体系的现状分析

（一）贵州县级政府行政体制的现状调查

行政体制，主要是政府系统内部行政权力的划分、政府机构的设置以及运行等各种关系和制度的总和。具体来说，包括职能定位、权力配置、运行规则和法律保障。从县级政府行政体制来看，涉及的主要是政府机构设置、决策体制、权力运行机制。在中国的现行体制下，县级政府既是国家宏观管理的代表，执行国家和上级政府的方针政策，又是完整意义上的基层政府，是县域社会的具体管理者，拥有相对完备的组织机构，根据上级政府的授权或者相关法律法规的规定，自主管理县域的政治、经济、社会和文化事业，直面百姓利益诉求，化解社会矛盾，是国家宏观调控和微观管理的结合中枢。县级政府由于处于省、市与乡镇之间，权力主要来源于上级政府的授予，工作主要执行上级政府的决策。从调查情况来看，县一级政府机构基本参照国家相应职能要求进行设置，相对都比较完备。截至2016年底，盘县政府下设职能部门共31个；松桃县政府下设职能部门27个，加上县政府直管部门6个，共33个；雷山县政府下设职能部门27个，2015年对机构设置进行了部分调整。政府部门分工基本明确，岗位人员配置基本合理。在决策体制上，基本贯彻执行重大事项实行听证的制度。据调查统计，2016~2017年可以在政府网站上查询到的盘县涉及与重大事项召开听证会共计40多次，松桃县2次，雷山县11次。从权力运行的角度来看，受访者大多数认为县级政府部门权责利严重不对等，责大权小，事事要请示上级政府，工作自主性较弱，比较影响公职人员的工作积极性。随着治理理念的深入，国家强化社会治理主体多元化的格局，但在调研中对社会组织、市场主体和公民社会在治理中作用很大的认同度不高，极少数人认为作用一般甚至较小。

（二）贵州省县级政府行政领导的现状调查

行政领导是公共行政的决策主体和管理主体，在行政各个方面及其全过程处于主导地位，他们的决策与管理的正确与否决定着行政职能的实现和状况，换句话说，决定着政府治理能力的发挥。行政领导的素质是构成行政领导者在先天禀赋的基础上通过后天的学习、实践所获得的智能、品德等的总和，是行政领导者承担一定行政领导职务所必需的基本条件。它是行政领导者发挥功能的基础，是行政领导者实施领导行为的资格，是行政领导者取得领导绩效的决定性因素。据所调查县实际情况，3 个县县政府主要领导共 26 人（含挂职 5 人），从性别结构来看，男性占 88.5%，是治理主体中的多数；从学历层次看，本科以上学历占 92.3%（其中博士研究生 1 人，硕士研究生 2 人，在读硕士研究生 1 人，在职研究生 3 人，本科学历 17 人，大专学历 2 人），一支具有较高文化层次和知识素养的干部队伍基本成型；从年龄结构看，48 岁以下人员占 69.2%，49 岁以上人员占 30.8%，领导干部年轻化成效显著。从专业与本职岗位匹配度来看，匹配率为 42.3%。人力资源开发的情况较好，受访行政领导者均表示至少接受过一次甚至多次培训，培训进修比率达 100%。

二 贵州省县级政府治理能力现状分析

（一）贵州省县级政府经济治理状况调查

2016 年，盘县全县实现地区生产总值为 520.2 亿元，同比增长 13%。其中，第一产业增加值完成 50.19 亿元，比上年增长 6.2%；第二产业增加值完成 308.08 亿元，比上年增长 12.8%，在第二产业中，工业增加值完成 258.05 亿元，比上年增长 11.8%，建筑业增加值完成 50.03 亿元，比上年增长 18.5%；第三产业增加值完成 161.93 亿元，比上年增长 15.4%。三次

产业结构由上年的 9.6：61：29.4 调整为 9.7：59.2：31.1（见图 2-1），第
一产业比重上升 0.1 个百分点，第二产业比重下降 1.8 个百分点，第三产业
比重上升 1.7 个百分点，三次产业结构进一步优化。人均生产总值达 49557
元，比上年增长 12.4%。全年完成财政总收入 115.13 亿元。全县农村居民
人均可支配收入达 8474 元，比上年增长 10.3%；城镇居民人均可支配收入
达 24543 元，比上年增长 10.6%。

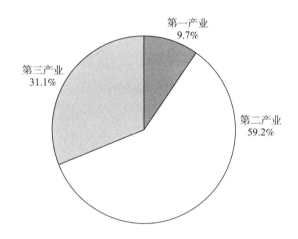

图 2-1 盘县 2016 年三次产业占比情况

资料来源：盘县 2016 年《国民经济和社会发展统计公报》。

2016 年，松桃县全年全县实现地方生产总值 114.5338 亿元，按可比价
计算，同比增长 13.0%。按产业分，第一产业增加值为 290818 万元，增长
5.3%；第二产业增加值为 372741 万元，增长 13.4%；第三产业增加值为
481779 万元，增长 17.3%。全县人均地区生产总值为 23319 元，同比增长
12.6%。三次产业结构比为 25.4：32.5：42.1（见图 2-2）。与"十二五"
期末相比，第一产业比重下降 1.3 个百分点，第二产业比重下降 0.2 个百分
点，第三产业比重上升 1.5 个百分点。全年全县实现财政总收入 116878 万
元，同比增收 14457 万元，同比增长 14.1%。全年全县城镇居民家庭人均
可支配收入达 23835 元，同比增长 9.6%；全年全县农村居民家庭人均可支
配收入达 7288 元，同比增长 10.55%。

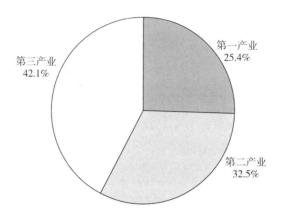

图 2 - 2　松桃县 2016 年三次产业占比情况

资料来源：松桃县 2016 年《国民经济和社会发展统计公报》。

2016 年雷山县全县地区生产总值完成 28.11 亿元，比上年增长 14.4%。其中：第一产业增加值 6.96 亿元，增长 6.0%；第二产业增加值 4.44 亿元，增长 12.9%；第三产业增加值 16.70 亿元，增长 18.4%；三次产业结构为 24.8：15.8：59.4（见图 2 - 3）。2016 年，全县地区生产总值 28.11 亿元，是 2011 年（11.36 亿元）的 2.47 倍。财政总收入完成 3.78 亿元，同比增长 2.7%。2016 年全县城镇居民人均可支配收入达 24662 元，同比增长 9.3%；农村居民人均可支配收入达到 7559 元，同比增长 11.0%。

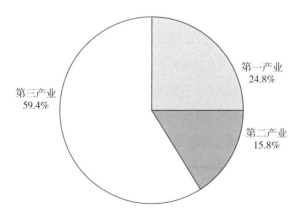

图 2 - 3　雷山县 2016 年三次产业占比情况

资料来源：雷山县《2016 年国民经济和社会发展统计公报》。

（二）贵州省县级政府政治治理状况调查

近年来，盘县坚持社会治安综合治理目标导向、问题导向，运用法治思维和法治方式深化改革、创新突破，大力加强社会治安防控体系，着力提高社会治理社会化、法治化、智能化、专业化水平，取得了明显成效。"平安盘县"建设不断深入，信访维稳工作成效明显，安全生产形势持续向好，摘掉了"全国煤矿安全生产重点监管县"、省级"毒品重点整治县"的帽子，人民群众安全感、满意度逐年提高。2016 年，全县共发生治安案件2781 起，破案2477 起，破案率为89.1%，发案率同比下降28.9%，破案率同比上升23.7%。在反腐方面，中央逐年加大反腐力度，"老虎""苍蝇"一起打，取得的成效有目共睹。盘县以"零容忍"的高压态势，着力查处窝案、串案、侵害群众利益的腐败案件，特别是民生领域的违规违纪案件，编印《盘县典型案例警示教育读本》，用身边人、身边事警示教育干部职工，一传十，十传百，力度之大、效果之好，前所未有。县四大班子带头，公务接待严格按照上级的要求执行，基本上解决了公款消费问题；通过认真整治，加大公车改革力度，公车私用问题也基本得到解决；县委认真按照中央和省委、市委的规定，狠抓"形式主义、官僚主义、享乐主义和奢靡之风"的整治，工作作风得到根本好转。

松桃县以公安"大部制"改革试点为契机，深化公安体制机制改革，有效改出了现代警务新活力。2016 年，公安队伍街面见警率、管控率不断提升，治安管控率同比提升21.6%，全县发案率同比下降17.3%，刑事打处量同比增长19.3%，刑事发案率同比下降8.21%，刑事破案率同比上升12.6%，全县道路交通管控率、查处率明显提升。在作风建设方面，松桃县按照抓常、抓细、抓长的要求，始终保持强硬的力度，重击违反中央八项规定精神的问题，抓紧抓实作风建设。一是常提醒。抓住关键时间节点，利用微信、手机短信、手机报等宣传载体，提前发送廉洁过节相关信息进行提醒。针对节假日，以文件形式提出要求，严禁公款送节礼、违规公款消费、违规发放奖金等，督促"一把手"做好表率和落实好主体责任。对存在苗头性、倾向性问题的单位和个人，开展有针对性的约谈，及时"拉警报"。二是常督查。不定时对机关单位、服务窗口开展明察暗访，进一步规范工作纪律。把作风监管的触角延长到八小时之余，把纪律督查的范围扩大到工作以外，对餐馆、酒店、娱乐场所等进行督查，严查公款大吃大喝、违规娱乐、违规打麻将及赌博等问题。利用"天网工程"监控设备，对公车使用情况进行检查。三是常警示。严肃查处违反中央八项规定精神行为，点名道姓公开通报曝光一批典型案例，有效发挥教育和震慑作用，引导党员干部守纪律、讲规矩。选择两起典型案例，摄制警示教育专题片《任性的代价》，让党员干部心存戒惧。2016 年 1～8 月，松桃县针对苗头性问题约谈 85 人，问责违反中央八项规定精神 53 人，其中党纪政纪处分44 人。

雷山县社会大局总体平稳，全县连续多年没有大规模群体性事件发生，各种治安隐患得到有效控制和消化。2016 年，雷山县全县立刑事案件 383起。办理涉枪涉爆刑事治安案件 26 起，查处"黄赌毒"案件 90 起。共查处治安行政案件 15471 起，其中治安案件 592 起。查处各类违法人员 605人，处理 605 人。破获毒品刑事案件 11 起，打击处理 14 人，缴获毒品191.1 克。办理毒品行政案件 67 起，查获涉毒违法人员 75 人次。由于查处得力，人民群众安居乐业，人民群众安全感满意度持续提升。2016 年安全感全省排名第 8，满意度全省排名第 2，实现了历史性的突破。在 2016 年的安全感满意度测评中，安全感满意度均到达了 98.84%。在工作作风方面，县纪委把执行中央八项规定精神情况作为督查的重要内容，紧紧围绕节日期间的不正之风、舌尖上的浪费、车轮上的铺张等干部群众深恶痛绝的突出问题，绝不放过每个节点，采取"摇号"抽查、"车务通"公务车辆"GPS"定位、"交叉检查"、"多部门协查"等组合拳，严查违规使用公车、违规公务接待、公款吃喝等不良风气，对不收敛、不收手、顶风违纪的，发现一起，坚决从严从重从快处理一起，绝不姑息。运用监督执纪"四种形态"，进一步加大谈话提醒、警示诫勉、责令检查力度。认真落实《中国共产党问责条例》，进一步加大责任追究和问责力度，对履行"两个责任"不力、导致"四风"问题突出的，坚持"一案双查"，严肃追究领导班子和领导干部责任。通过努力，全县"四风"问题存量得到了加快削减，增量得到了有效控制。

（三）贵州省县级政府社会治理状况调查

2016 年盘县城镇新增就业人数 26200 人，比上年增长 2.6%；城镇登记失业人数 3190 人，城镇登记失业率为 3.87%。城乡居民低保户数为 59119户，其中：城镇 7437 户，农村 51682 户。城乡居民低保人数 96675 人，其中：城镇 11139 人，农村 85536 人。发放低保金 25597.37 万元，其中，城镇 5145.68 万元，农村 20451.69 万元。通过五年的努力，截至 2016 年，盘县城乡低保标准分别提高到 545 元/月、3132 元/年，实现了应保尽保；加大社会救助力度，发放救助粮食 369 万公斤，发放民用煤补助及各类救助资金 20 亿元；农村留守儿童、困境儿童和留守老人精准关爱救助保护实现全覆盖，困难群众及弱势群体生计问题得到有效解决；职工养老和城乡居民养老、失业、工伤等各类保险参保人数日趋平稳，社会保险基本实现全覆盖。在完善社保的同时，盘县加大脱贫攻坚力度，实施易地扶贫搬迁（扶贫生态移民搬迁）3723 户 12731 人，22 个乡镇实现"减贫摘帽"，118 个贫困村完成"整村推进"，贫困乡镇发生率从 64.87% 下降到 5.4%，减少贫困人口 28.19 万人，获得"全国首批民生改善典范县"称号。夯实社会参与的基础，重在培育社会组织。自 2015 年 5 月以来，盘县民政局通过培训和现场指导，所有社会组织信息实现网上录入管理。截至 2016 年在县民政局登记注册的社会组织已有 139 家。其中社会团体有 79 家，民办非企业单位有 60 家（主要是民办学校）。在政府购买服务方面，随着政府向村（居）民委员会购买服务工作的深入开展，盘县购买服务实现政府由"养人"向"办事"的转变，经济社会发展基础得到夯实，计划生育工作水平得到有效提升，禁毒、社会维稳工作成效有了巨大提高，"四创"工作发生巨大转变，群众幸福指数大幅提升。政府一站式服务普及率大大提高，居民公平感有所增加。

松桃县 2016 年全县城镇新增就业 6787 人，同比增长 5.0%，城镇登记失业率为 3.3%，完成职业技能培训 2391 人，同比增长 13.2%，转移农业劳动力 15250 人，同比增长 17.1%。到 2016 年末，全县参加基本养老保险累计 12028 人，同比增长 20.0%；参加失业保险累计 5689 人，同比增长 0.7%；参加基本医疗保险累计 43895 人，同比增长 1.7%；参加工伤保险累计 14820 人，同比增长 2.0%；参加生育保险累计 15820 人，同比增长 8.2%；参加城乡居民养老累计 306215 人，同比增长 1.1%。2016 年末享受城乡最低生活保障 35019 户，共计 83479 人，其中，城市最低生活保障 3293 户，共计 6140 人；农村最低社会保障 31726 户，共计 77339 人。社会参与方面，松桃县始终坚持"发展是前提，建设是核心，培育与监管是基本手段，发挥社会组织的积极作用是目的"的新时期社会组织管理工作方针，狠抓社会组织培育、发展和管理，为松桃农村经济发展和提升松桃知名度做出了积极贡献。据可查资料，截至 2014 年，松桃全县共有社会组织 102 家，其中社会团体 42 家、农村专业经济协会 27 家、民办非企业单位 33 家。目前，松桃正深入推进政府购买服务工作，选择部分有代表性的行业（单位）先行试点，逐步将政府购买公共服务项目纳入政府统一采购范围。一站式服务普及率正在逐步提高，并向更多行业领域扩展。

2016 年，雷山县全县完成城镇新增就业 1430 人，完成州下达任务 1472 人的 97.15%；城镇登记失业率为 3.58%，控制在省、州规定的 4% 以内；小额担保贷款完成 18 笔 73 万元，带动就业 75 人。公益性岗位补贴支出 164.4 万元，社会保险补贴支出 174 万元，县财政补贴公益性岗位人员激励工资 39.5 万元，扶持公共就业服务支出 0.03 万元，累计支出 377.93 万元。深入推进社会保障工作，全年共发放各类宣传彩页、手册等 20000 份，开展各类宣传活动 20 多场次，营造了浓厚的宣传氛围，社会保险覆盖率达 100%，广大群众的参保观念发生了根本变化，增强了群众参保的主动性和积极性。在社会参与方面，截至 2016 年，雷山县备案社会组织有 37 家。在政府购买服务及一站式服务方面，有待进一步铺开和深入。

（四）贵州省县级政府文化治理状况调查

习近平总书记指出，一个国家选择什么样的治理体系，是由这个国家的历史传承、文化传统、经济社会发展水平决定的，是由这个国家的人民决定的。独特的文化传统，独特的历史命运，独特的基本国情，注定了我们必然要走适合中国特点的发展道路。中国特色社会主义植根于中华文化沃土。推进国家治理体系和治理能力现代化，要大力培育和弘扬社会主义核心价值体系和核心价值观。文化治理主要是通过政府对教育及科技的治理展现的。2016 年盘县全年完成财政总收入 115.13 亿元，前 6 个月共完成财政收入 75.2 亿元，拨付教育资金 8.78 亿元，占比 11.7%。全年采购图书 6000 余册，订阅报刊 316 余份，全年流通总计 54655 人次，借阅图书报刊 39566 册次。全县建农家书屋 453 个，建设数字农家书屋 35 个，实施"数字图书进农家"惠民工程 3 个，"卫星数字农家书屋" 2 个。全县财政科技投入 1.66 亿元，占本级财政支出的 1.7%。全年新增国家高新技术企业 1 家。全年全县共申请专利达 166 件，专利授权 83 件。截至 2016 年，盘县科技工作获得了长足进步，共获专利 775 件。

2016 年松桃全县地区生产总值完成 28.11 亿元，同比增长 14.4%；实现财政总收入 116878 万元，同比增收 14457 万元，同比增长 14.1%。当年教育事业支出 108598 万元，科学技术支出 5419 万元。建成 28 个乡镇综合文化站、449 个农家书屋。松桃科技中心以服务企业为重点，通过基层走访调研、开设专题培训班、开展专利执法检查和宣传活动等方式，切实加强专利知识的宣传与普及，为企业在专利申请、专利管理与运用等方面提供全方位服务，从而强化企业的知识产权保护意识，不断提升企业知识产权创造、运用、保护和管理能力。2017 年全县企、事业单位及个人已申报专利 64 件（其中发明专利 60 件，实用新型专利 4 件），专利授权完成 12 件，超额完成市科技局下达的专利申请 50 件和授权 1 件的目标任务要求。

2016 年雷山县教育事业加快发展，完成 154 个村级农家书屋建设，"9 + 3"[①] 教育工作顺利推进，累计投入 2.4 亿元，建成雷山民中和县职校新校区，新（改、扩）建校舍、学校食堂、学生宿舍、教师周转房 8.05 万平方米；雷山民中成功创建省级示范性高中，将大塘、望丰、达地中学合并建成雷山一中；新建乡镇幼儿园 7 所，改扩建村级幼儿园（班）27 个，实现了乡镇所在地公办幼儿园全覆盖；深入实施"两免一补"和营养改善计划，每年惠及学生 1.8 万人，配齐配全了学校保卫、食堂、医务等人员。据了解，为鼓励创新，促进专利结构优化和量质提升，雷山县设置专利申请补助金，为企业自主创新、转型升级提供了有力的政策支持和资金支持，有效推进企业的技术创新，极大地促进了该县知识产权工作的开展。据悉，2016 年雷山县审定补助专利共 52 件，其中县绿叶香茶叶公司、县清心茶业有限责任公司等 20 家企业为 48 件，任福海、吴汶潭各 2 件。其中，发明专利 23 件，实用新型专利 8 件，外观设计专利 21 件。

（五）贵州省县级政府生态治理状况调查

近年来，贵州以"坚持绿色发展，建设生态文明"为主题，写好"既要绿水青山，也要金山银山"这篇大文章，经济增长速度和生态环境质量稳居全国前列，不断缩小与先进地区的发展差距。

2016 年盘县水利、环境和公共设施管理业投入为 1546121 万元，同比增长 84.47%。大力实施城镇污水、垃圾处理项目，全年生活垃圾清运量为 29.6 万吨，生活垃圾无害化处理率为 84.37%。污水处理量为 715 万吨，污水集中处理率达 95.3%。建成区绿化覆盖面积为 633.6 万平方米，建成区绿化覆盖率 36%，城区公园绿地面积为 141.1 万平方米，人均公园绿地面积为 10.08 平方米。完成治理石漠化和水土流失 36.29 平方公里、营造林 65

---

① "9 + 3"：巩固九年义务教育和三年免费中职教育。

万亩，森林覆盖率达 53.07%。

2016 年松桃全县用于节能与环境保护的财政预算支出为 12470 万元，比上年增长 173.6%，全县生活垃圾无害化处理率达 93.7%，同比提高 9.5 个百分点。全县污水处理厂处理能力为 0.92 万立方米/日，全年处理污水 326.6 万立方米，处理率达 85.61%。集中式饮用水源地水质达标率达 100%。城市（县城）环境空气质量达标率达 93.4%。全年单位 GDP 能耗同比下降 3.2%。经初步测算，森林覆盖率达 60.0%。

2016 年，雷山县累计投入 7600 万元，实施林业生态工程 3.3 万亩，完成封山育林、退耕还林 8.4 万亩，森林覆盖率达 69.35%。落实生态补偿制度，累计兑现生态补偿资金 8300 万元。为了加大生态文明建设，当年组建了县生态文明建设管理局，成立了县生态保护公安分局，扎实开展森林保护"六个严禁"[①] 和环境保护"六个一律"[②] "利剑行动"，查处了一批生态环保违法案件。大幅削减主要污染物排放量，主动淘汰 2 家高能耗企业。建成西江、永乐污水处理厂和县城垃圾填埋场，完成污水收集管网建设 80 公里、中小河流治理堤防建设 5.93 公里，城乡生活垃圾无害化处理率达 85%，集中式饮用水源地水质达标率达 100%，城市环境空气质量达标率保持 100%。

---

① "六个严禁"：严禁盗伐滥伐林木，严禁掘根剥皮等毁林活动，严禁非法采集野生植物，严禁烧荒野炊等容易引发林区火灾行为，严禁擅自破坏植被从事采石采砂取土等活动，严禁擅自改变林地用途。

② "六个一律"：建设项目未经环评审批以及未按环评要求落实污染防治设施的，一律停建、停产；对环保设施不正常运行、污染物超标排放、私设暗管等环境违法行为，一律依法从重处罚；对直接向环境排放污染物的单位，一律依法足额征收排污费；排污单位严重违法导致较大以上突发环境事件和造成严重后果且社会影响恶劣，负有监管职责的国家公职人员存在失职、渎职行为的，一律追究行政责任；涉及国有企业的，同时追究国有企业相关人员的责任；对污染饮用水水源，非法排放、倾倒、处置危险废物，非法排放含重金属、持久性有机污染物等严重危害环境、损害人体健康，私设暗管排放、倾倒、处置有放射性的废物、含传染病病原体的废物、有毒物质等严重污染环境违法行为，构成犯罪的，一律移交司法机关追究刑事责任。

第五节 贵州省县级政府治理存在的主要问题及原因分析

一 贵州县级政府治理存在的主要问题

(一) 职能界定不清，机构设置有待进一步科学化

根据《地方各级人民政府机构设置和编制管理条例》第三条，地方各级人民政府机构设置和编制管理工作，应当按照经济社会全面协调可持续发展的要求，适应全面履行职能的需要，遵循精简、统一、效能的原则。第一，机构设置要解决的问题是职能划分的问题。在"治理"的大语境下，社会治理离不开社会组织的协同、广大群众的参与，打造共建共治共享的社会治理格局。根据调查情况来看，目前贵州省县级政府的政府机构设置仍没有做出应对的调整，县级政府在社会管理中，集"生产者""提供者""安排者"于一身，势必降低政府治理的效率。第二，政府职能缺位，社会治理存在薄弱环节。县级政府一直被看作执行者，这在一定程度上忽略了县级政府的主观能动性。根据实地调查、访谈发现，出于自身利益或是财政压力的考虑，不少县级政府在土地纠纷、城镇建设拆迁、移民、外来人口服务等重点领域和问题上推诿扯皮，责任缺位，在一定程度上影响了政府的公信力。第三，机构设置变动，出现职能重叠的现象。在被调查的3个县中，2015年雷山县的机构调整变动较大。例如，组建雷山县生态文明建设管理局，挂雷山县林业局（园林绿化局）、雷山县环境保护局牌子，为雷山县人民政府工作部门。在转化职责中明确将归属原林业局的国有林区森林、林木、林地登记发证职责划入县国土资源局承担。但是，在增加的职责中又注明配合县国土资源局开展国有森林、林木、林地登记发证工作，协助县国土资源局指导林权登记工作职责。同一事项拆分为两个部门负责，不仅增加了工作量，也增加了办理业务对象的负担。第四，要保证政府高效运行，涉及决策、执行、参谋咨询以及监督环节一样都不能少，相对应

的机构设置则是最大的保证。但是，县级政府目前来看，占比最大的就是决策和执行方面的机构，参谋咨询机构不多，监督机构更是流于表面。第五，机构调整人不减，工作人员的数量一直停留在高位。由于县级政府公务员的观念没有完全转变，无论机构如何调整，原机构的人员都会在新组建的机构中被消化掉，甚至增加数量。

（二）权责利不对等，导致责权碎片化

在一向崇尚金字塔型的政府组织内部，等级链锁定了政府之间纵向关系上自上而下的一体化的等级控制模式。为了保证权力及信息传递路线的畅通，县级政府与上级政府呈现出一种层级的隶属关系。在这种体制下，县级政府主要的职能就是执行上级政府政令，其职能分工与上级政府保持着高度的一致性。由于不同层级的政府在纵向之间职能、职责和机构设置上的高度统一，县级政府与上级政府事权交叉模糊，这就导致了政府间责任划分的多样化。在层级管理体制中，上级政府也往往利用行政命令将支出责任下移到县级政府，这就导致了"事权和财权不统一"的现象，难以保障县级政府社会管理作用的有效发挥。从横向上来看，县级政府内部又存在"部门职责交叉"现象。县辖政区间权责的不统一，包括两个方面：一是县级政府内部各部门间职能的碎片化。从中国实际情况来看，广义上的县级政权是由县委、县人民代表大会、县政府、县政协"四大班子"组成的。然而，实际上县级政权机构中存在党政不分、机构混乱的局面，严重影响了县级政府社会管理效能。二是县与乡镇（街道办事处）职能的碎片化。在"条块分割"的大背景下，县级政府与乡镇政府（街道办事处）之间的关系仍未理顺，乡镇政府（街道办事处）的职权也受到条块分割的严重制约。乡镇政府（街道办事处）作为辖区内的最高管理者，却没有资金（资源）调配的权力，这种权、责、利相互剥离的情况，不利于其对各类社会事务的统一领导和协调。[1] 佩里（Perri 6）、利特（Leat）认为，碎片

---

① 张立荣、刘毅：《整体性治理视角下县级政府社会管理创新研究》，《管理世界》2014 年第 11 期。

化政府（Fragmented Government）就是当不同职能的部门在面临共同的社会问题时各自为政，缺乏相互协调、沟通和合作，致使政府的整体政策目标无法顺利达成。基于斯密和韦伯的理论论证，没有人会质疑适当的分工可以带来行政效率提高的好处，但分工过细则将会使同一个业务流程或一项简单的工作被拆分，形成一系列需要经过若干职能部门和环节处理的烦琐过程。专业化分工越细，工作环节越多。这种完整的业务流程的分割，造成了部门壁垒的产生，使得各个部门沟通障碍增加，协调成本加大，行政效率降低。皮埃尔·卡蓝默指出："治理与科学生产体系一样，基于分割、隔离、区别。职权要分割，每一级的治理都以排他的方式实施其职权。领域要分割，每个领域都由一个部门机构负责。行动者分割，每个人，特别是公共行动者，都有自身的责任领域。对明晰的追求，出发点是好的，即需要区分权力、明确责任，但是当问题相互关联时，当任何问题都不能脱离其他问题而被单独处理时，这种明晰就成了效率的障碍。"[1] 尤其是当出现"部门利益化"倾向时，其行为则表现为对本部门利益的维护，由于各部门耗费大量的资源和时间以争夺部门利益，政府本应该代表的公共利益往往被忽略，结果行政成本激增、效率降低，这已成为中国政府内部整合的痼疾。此外，"碎片化"政府强调专业化的劳动分工，往往伴随着工作的单调和机械化，不仅限制了个体的发展，还导致个体普遍缺乏积极性和主动性，造成工作责任感差、服务意识淡漠、工作效率低下。

（三）县级政府管理机制的设计不够灵活

在决策机制方面，首先是公众的参与机制较为缺乏。公众参与是广义上的一个概念，主要包括投票、选举、公示、听取意见、咨询、听证等。随着治理理念的深入，社会环境的变化，公众参与衍生了许多新的形式：市民评审、市民意见征询组、焦点小组、顾问小组、地方战略伙伴、街区

---

[1] 〔法〕皮埃尔·卡蓝默：《破碎的民主：试论治理的革命》，凌瀚译，三联书店，2005，第11页。

议事会、公共调查、公共辩论、城镇电子会议、政府展示会等。当前，贵州省县级政府主要仍是通过传统的方式——选举、公示、听证的方式来使基层民众参政议政的，不仅参与渠道狭窄，而且参与效果不佳。其次是决策程序科学化程度不高。科学的决策程序一般有四个环节：提出问题，确定目标；拟订具备实施条件、能保证决策目标实现的可行方案；分析评估，方案择优；慎重实施，反馈调节。需要注意的是，拟订可行方案及分析评估、方案择优过程中需要尽可能多收集资料并经过相关专家论证，特别要注意反馈环节的落实，并且每个程序都要以法律和制度为依据。目前不少县级政府的决策仍停留在经验决策阶段，即便认同科学的决策程序，但因决策成本高往往选择方案也继续转向经验决策。在复杂多变的环境中，对于经济与社会发展具有重大影响的问题，经验决策失误的可能性较大。最后是追踪决策的反馈机制不完善。一般说来，在原决策的实施过程中，要根据政策实施的效果不断反馈信息，及时调整、修正和完善现行政策，撤销、更新错误的政策。但是，实际上追踪决策在实际决策的过程中却被相当多的县政府领导所忽视。在执行机制方面，经济发展较弱的县依法性不强。没有一种健全的依法执行机制，再合理的决策、政策和法律法规也只能束之高阁，永远不能付诸实施。[1] 经济发展较弱的县，一般位于较为边远的地区，农村思想较为封闭和落后，政府行政执行过程封闭，权力行为单向度程度高，执行时既缺少事前的宣传、解释和动员，又缺乏事中与公众的协商与沟通，更缺乏事后听取公众对执行效果的评价，整个执行过程呈现自锁的封闭状态[2]，加之监督机制不健全，这使得不依法行政成为行政执行运行成本最小的一种选择，目标在其执行中大打折扣，行政效率低下。

（四）行政透明性有待加强

当前的信息和信息技术革命，正以前所未有的方式改变生产过程，更

---

① 　余敏江：《我国县级政府管理机制创新析论》，《重庆社会科学》2004 年第 1 期。

② 　周仁标：《论地方政府政策执行的困境与路径优化》，《政治学研究》2014 年第 3 期。

重要的是它将通过改变社会的通信和传播结构而催生出一个新时代、新社会。随着信息技术的普及，信息的获取将进一步实现民主化、平等化，在社会政治关系和经济竞争上带来全新的格局。县级政府信息的公开是公众把握国家政策和县域政策的重要前提，可以使政府信息得到最大限度的利用，从而真正起到促进经济和社会发展的作用。随着中国电子化政府的出现，县级政府也正积极加强自身的电子化建设，在信息公开方面下大力气，不仅公开的渠道多，而且公开的内容也很多。各级政府网站是各级人民政府履行职能、面向社会提供服务的官方网站，是政府实现政务信息公开、服务企业和社会公众、方便公众参与的重要渠道。贵州省各级政府的电子化建设已全面铺开，上至贵州省人民政府网站，下至各县级政府网站，都在加大建设力度。所调查的县级政府网站中基本框架相同，内容包括该县概述、新闻中心、政务公开、公众参与、网上服务、专题专栏几个大块，具体细化到领导之窗、组织机构、人事任免、政策法规、政府工作报告、规划计划、财政报告、统计报告、政务要闻、视频新闻、政府公告、政务信息、政务专题、重大项目、招标采购、领导信箱、网上办事、民意调查、便民服务等。仔细查看，发现虽然公开的内容不少，但是在信息公开方面还有很多的地方不完善，在公开的这些信息里面很少有对负面消息的公开和报道；涵盖面仍不全面；涉及重要的领域、数据则语焉不详，如涉及重大事项听证，有两个县的网站上查询搜索到的信息非常有限；网站信息更新慢，截至目前，这些网站一些重要领域的信息还停留在四五年前。

（五）社会组织发展滞后

党的十九大报告指出，在新时代，要"打造共建共治共享的社会治理格局"，"提高社会治理社会化、法治化、智能化、专业化水平"。[①] "社会

---

① 习近平：《决胜全面建成小康社会　夺取新时代中国特色社会主义伟大胜利——在中国共产党第十九次全国代表大会上的报告》，人民出版社，2017，第49页。

化"就是广泛动员全体社会成员，激发出强大的社会参与和自主能动力量。从这个意义上看，激发社会组织活力，鼓励和支持社会组织参与社会治理，有利于承接政府职能转移，更好地满足人民群众日益增长的社会服务需求；有利于预防和化解社会矛盾，保障社会安定和谐；有利于促进社会自我管理、自我服务、自我教育和自我监督。目前全国社会组织的发展都相对滞后，贵州的社会组织发展更是处于起步阶段。从贵州省内调查的情况来看，经济发展较好的县，社会组织发展相对好一点。不仅利用互联网将所有社会组织信息全部实现网上录入管理，而且数量上相对较多。经济较弱的县，社会组织发展相当缓慢、数量有限。现有的社会组织处于民政部门和业务主管单位的双重领导，在参与各项社会活动时，要经过业务主管单位的严格审核和把关，实际上处于政府部门的附属地位，并且组织规模普遍偏小，自己的主张和声音难以独立地展现出来，在参与社会治理中处于弱势地位，受到社会的普遍轻视。另外，社会组织活动经费来源有限，工作人员兼职的居多，一些人员还处于临时聘用状态，内部管理很不规范，缺乏专门的人才队伍，自身建设能力薄弱，参与社会治理的程度很有限。有的社会组织长期处于不活动状态。即便开展活动，首先考虑的是经济效益，公益性反而弱化，在社会上很难建立起自身的良好形象，社会公信力不足，难以持续开展活动。一些行业协会商会行政化色彩过于浓厚，提供的服务不能完全满足社会需要。从社会组织的类型上看，公益性、慈善性和服务性的社会组织偏少，行业协会、商会偏多；服务于困难群体、弱势群体的组织偏少，相对强势群体发起的社会组织偏多；服务于普通民众的志愿性、公益性的社会组织偏少，而服务于工商企业的偏多。在实践中，社会组织发展偏重于教育培训、文体活动和生活服务，而这些组织往往带有市场性质。

（六）政府购买服务发展缓慢

随着人民生活水平的提高，社会公共服务的需求开始不断上涨，且日益呈现出差异化的特征，对政府公平、有效地配置资源提出了严峻的挑战。① 党的十九大报告指出，要提高社会治理社会化、法治化、智能化、专业化水平，这指明了共建共治共享社会治理格局构建的途径与方法。首要的是要适应多主体参与的要求推进社会化、专业化治理，要推进政府职能转变，大力培育各种协会组织、专业化服务机构，大力发展政府购买社会服务，引导包括专业化服务机构在内的各种社会力量参与到社会治理当中。② 在西方，政府购买服务发展相对成熟，政府与提供服务的社会组织在购买、管理与合作之间积累了较为丰富的经验。在中国，2008 年广州市开始试点向公益服务类社会组织购买社会服务，2009 年政府购买服务全面铺开。目前，从贵州县域发展情况来看，"政府购买服务"的发展极不平衡。经济较强的县，政府购买服务发展较快，并主动积极探索购买方式和途径，并向各个领域扩展，取得了实效。盘县政府 2015 年 4 月全面铺开政府向村（居）购买服务工作以来，致力于建立健全工作机制，不断创新基层社会治理，村（居）民自治成效日益凸显，实现了群众受惠、村级受益、政府减负的"三方共赢"，有力地推动了依法治国在村一级组织的落实。相对来说，经济发展较弱的县起步晚，"政府购买服务"的概念和操作程序、操作要求理解不够，尚处于初步探索和尝试阶段。

1. 贵州省县级政府治理的制约因素分析

县级政府治理是一个持续不断发展和完善的过程，要在一次又一次的调整乃至改革中逐步实现。前一次行政体制改革的目标，无论是抑制行政顽症、转变政府职能，还是理顺行政体制，总会在后一次改革中重复提出——尽管有些目标的具体内容有所变化。③ 对县级政府治理出现的问题，基本可以从以下几个方面进行分析。

---

① 胡薇：《政府购买社会组织服务的理论逻辑与制度现实》，《经济社会体制比较》2012 年第 6 期。

② 贺培育：《打造共建共治共享社会治理格局》，《湖南日报》2017 年 11 月 9 日。

③ 吴志华：《行政体制改革与内动力》，《华东师范大学学报》（哲学社会科学版）2006 年第 5 期。

2. 行政人员人力资源开发不足

近几年，东部发达地区县级领导的学历不断提升，本科学历基本普及，高学历比例不断攀升，新近提拔的科级干部学历也大多在硕士研究生或以上。在贵州，所调查的 3 个县县级领导本科学历以上占比 90% 以上，但真正具有高学历的官员比例过低。61.5% 是通过函授、自考方式取得本科学历，获得硕士学位具有研究生学历的仅为 1.3%，这也就造成了在进行地方经济社会发展规划和实施公共政策时，缺少具备科学理论和开阔视野的得力干部去制定与执行，公共政策决策力和政策执行力不能得到有效发挥。当然选用人才不能"唯学历"，可以通过后期的相关培训以发展其能力，更何况社会治理是一个极其复杂的工作，需要具备的能力也是多重的。但是，从人力资源开发的角度看，为了适应西部地区特别是民族地区政权建设和思想建设的需要，在培养人才方面尤其是培养少数民族干部方面着眼点往往以培养行政干部为主，这种重行政轻实际业务能力的少数民族干部培养政策，使得民族地区的公务员队伍中党政型人才多，而懂经营善管理的专业型干部比较少，政府中精通法律、审计、金融、市场营销和国际贸易、管理等社会主义市场经济知识的专业化的公务员十分短缺，这种人才结构的不合理状况也使得地方政府的治理能力明显受到了限制。与此同时，培训的科学化水平不足，必要的环境分析和培训需求调查欠缺，培训缺乏针对性，培训的反馈机制没有落实，导致西部地区很多县市不仅在培训内容上落后于时代，而且在培训的目的和人员对象上也往往规定得不清不明，培训人员的选择具有很大的随意性，培训时也没有一个明确要达到的目标，盲目地为培训而培训。①

3. 经济效益的追求牵制了县级政府职能的转变

县级政府职能难以转变的原因是多方面的，其中一个重要原因就是对县级政府回应经济发展的政绩观，弱化了县级政府对职能转变的改革动力。

---

① 李献策：《西部地区县级地方政府治理能力研究》，燕山大学博士学位论文，2010。

众所周知，经济发展是社会发展的前提和基础，也是社会发展的根本保证。改革开放以来，中国的经济发展一直由政府主导和推动，从这一意义上说，县级政府对经济发展的关注强烈得多。尽管行政体制改革一再要求各级政府进行职能转变，但对于较为落后地区急于发展地方经济的政府来说，经济发展仍然是地方政府职能发挥的重中之重。因此，在回应社会治理的政府职能转变，往往只有其形而无其质。近年来，贵州省县级政府职能转变不断推进，但总体上看，县级政府对资源的直接配置过多，对微观经济活动的干预也依旧较多，公共服务供给不均衡，市场监管和社会管理仍然相对薄弱。

4. 利益相关性使县级政府行政体制改革缺乏内动力

根据系统理论，系统是其组成部分的有机整合，系统内组成部分相互作用，并与环境进行能量信息互换。行政体制是一个独立的系统，其性质有别于其他组织系统，因此其变革与发展内外动力逻辑也较之其他组织系统而言更为特殊。县级政府拥有的强制力使得其管理活动顺利有序。可以说，政府之所以能对所辖地域社会及其事务具有普遍约束力，就在于它在一定程度上依赖集中的有组织的强制力量。简言之，就是依赖于强制力对社会资源的合法垄断占有。县级政府在很大程度上成为一个"自在自为"的组织，其行政体制改革的外动力并不必然等量、全真、直接地转变为内动力。[1] 行政改革的一个悖论是，政府及时行政改革的设计者、组织者、实施者和推动者，又是被改革的对象和客体，这形成了改革的主体和客体的二位一体。因此，行政改革在很大程度上是一种基于外部压力的、被动的"自我手术"，当改革涉及政府及其一些成员的既得利益时，行政改革的内在阻力就会产生并得以强化，在一定程度上消极地对待甚至无视或排斥外部的压力，或者对外部的改革要求进行过滤、弱化、折扣性转化。因此，县级政府行政体制改革的核心动力或有效动力应来自县级政府部门及当地基层公务员的内动力。

---

[1] 常笑：《我国县级政府行政体制改革探究》，辽宁师范大学博士学位论文，2014。

5. 政府规避责任的行动逻辑

近年来，逐渐增强的公民权利意识在信息网络的作用下，对政府效能产生了越来越高的关注，这不仅增加了政府进行公共事务管理的难度，也带来了政府运行的高风险环境。特别是事关资源、利益分配的领域，在信息技术的发酵下，由公众权利意识觉醒催生的集体抗争行动，往往成为政府治理的高风险的重要来源。为了规避风险和责任，政府本能地选择延缓或者直接不公开一些重要的信息。2012 年 4 月，由北京大学公众参与研究与支持中心主办的"中国政府信息公开周"系列活动之"拆迁中的信息公开"研讨会上更是提出了政府机关在信息公开方面规避责任的三大问题：首先，《政府信息公开条例》第八条规定："行政机关公开政府信息，不得危及国家安全、公共安全、经济安全和社会稳定。"关于"国家安全、公共安全和经济安全"的政府信息，大多数已经被定为国家秘密，都有比较明确的情形。但是，"社会稳定"是一个非常模糊和抽象的概念，行政机关对其如何解释、怎样判断公开政府信息是否会危及社会稳定，存在巨大的自由裁量空间，这个裁量权在实践中常常被滥用，成为行政机关不予公开的理由。其次是，《政府信息公开条例》第十三条规定，申请人申请政府信息公开要"根据自身生产、生活、科研等特殊需要"。这条规定"与本人生产、生活、科研等特殊需要相关"的条件限制不当。《国务院办公厅关于施行〈中华人民共和国政府信息公开条例〉若干问题的意见》更是明确规定，与本人生产、生活、科研等特殊需要无关的政府信息，可以不予提供。此外，"申请内容不明确"如何界定，也成为实践中的问题。①

6. 社会组织发展的相关制度平台不完善，政府重视不足

"市场失灵"理论说明，政府在提供公共服务时比市场更有动力，但是"政府失灵"理论则说明，政府作为公共服务的提供者，不可避免地具有一定的局限性，如偏重大多数人的需要、具有规模上和专业上的局限，特别

---

① 《政府信息公开面临三大障碍》，财新网，http://china.caixin.com/2012 - 04 - 27/100385 133. html，最后访问日期：2018 年 5 月 2 日。

是效率较低、更关注短期目标等。正是由于"市场失灵"与"政府失灵"的存在，社会组织的存在成为可能。① 从调查情况看，社会组织发展滞后主要原因有三。其一，政府及社会对社会组织的地位作用认识不够到位。在经济较为落后的地区，社会组织培育相关知识的传播和新闻宣传力度不够，导致一些地方和部门对社会组织的发展趋势及规律认识不足，在理解社会组织的作用和地位问题上存在认识上的偏差，存在"三不""四少"的状况，即"不重视、不放手、不信任"，"过问少、服务少、调查少、研究少"。虽然在政府工作中将社会组织培育发展工作纳入议程表，但实际中的重视度不够，以至于社会公众对于社会组织的认识也不到位。其二，社会组织法规体系不完善。目前社会组织的法规和规章在实体性规范方面明显不足，主要以程序性规范为主，在社会保险、人事管理、金融支持、税收优惠政策等方面严重不足，不仅自身定位难、注册难、融资难、吸引人才难，还出现了信任难、监管难、参与难等问题。其三，社会组织管理体制不健全。在治理结构方面，缺乏与社会组织相适应的治理结构。表现为理事会不健全，其成员多为出资人或发起人，缺少其他社会人士的参与，决策、运营等缺乏监督。同时，大量的社会组织是从政府部门中脱胎出来的，大部分社会组织处于行政主导下运行，导致自身的决策和监督弱化，成了"一纸空文"，缺乏独立性和自主性。在管理监督方面，从社会组织的内部管理来讲，虽有成文的章程及规章制度，却因专职人员过少、财力不足等原因，难以有效实现其目标和宗旨；从组织的外部管理来讲，管理机关工作任务十分繁重，通常是注册审批较为严格，而日常监管有所疏忽，造成社会组织缺乏社会公信力，社会资源无法有效动员。还存在多头管理甚至管理越位的现象，社会组织疲于应付业务主管部门检查评比，出现被"组织化"的现象。其四，社会组织人才队伍建设有待加强。在所调查的社会组织中发现，社会组织工作人员普遍未经过专业训练，素质不高，从业人员中高学历的不多，

---

① 胡薇：《政府购买社会组织服务的理论逻辑与制度现实》，《经济社会体制比较》2012 年第 6 期。

具有专业素质及职业能力的人才很少，甚至基本没有，造成在经费筹措、活动组织、宣传沟通、资源整合和内部管理等方面能力缺乏。

7. 实施购买服务的条件不成熟

从购买对象来看，贵州县域内社会组织发展较弱，数量有限，政府缺乏选择，无法"择优"购买；社会组织的成熟度不高，社会组织缺乏专业人才，服务的规范性和专业性较弱，能购买到的服务质量堪忧；即便开展购买行为，不少领导为减少责任，主观造成购买对象单一，不利于社会组织的良性竞争，从而形成购买项目领域新的垄断，影响开放市场的形成。从购买的内容上来看，购买"什么"需要认真筛选。《政府采购法》规定，政府采购是指以合同方式有偿取得货物、工程和服务的行为，包括购买、租赁、委托、雇佣等。《政府采购法实施条例》指出，《政府采购法》所称服务，包括政府自身需要的服务和政府向社会公众提供的公共服务。具体梳理，政府购买的内容主要是适合采取市场化方式提供、社会力量能够承担的公共服务，突出公共性和公益性。目前，虽然不少县级政府根据中央省市的相关文件已经对购买项目进行了初步的分类，但仍不够全面，指导政府购买的作用有待加强。从政府与社会组织关系上看，社会组织发展缓慢，缺乏影响力和公信力，经费来源有限，增加了对政府的依赖性，在募款能力缺乏的情况下，社会组织对政府的依赖有可能从行政性依赖向经济性依赖转化。政府在合作中一方面会带有传统行政管理官僚主义倾向，另一方面在政策制定时出现"无的放矢"的情况，相关的竞标、评估和监管制度脱离实际或者比较粗，无法达到要求，降低了社会治理的效率。

第六节　完善贵州省县级政府治理的
对策建议

一　加强县级政府公共部门人力资源建设

政府治理，重要的不是政府治理的形式，而是政府的治理水平。政府治理水平的高低在一定程度上取决于治理主体的水平。加强治理主体建设，第一要加强县级政府公共部门人力资源建设。在知识经济时代，政府间的竞争越来越多地取决于公共部门人力资源的竞争。对于贵州省来说，先天已不足，后天更需要增加人力资本的投入，促使资源效益最大化以实现弯道超车。大数据的落户，吸引了一部分优秀的人力资源，促进了贵州近几年的发展，这势必要求各级政府提高公共部门人力资本的投入，实现公共部门人力资源的最大化。尤其是基层的县级政府，吸引高学历人才有助于提高行政决策的科学性和效益性。直接面对县域发展的具体问题，相关专业型人才更有助于提出能够落地的解决方案，重视农村科技、教育、医疗卫生人才的建设是提高人力资源优势的长期有效方法。第二，依法行政，规范公务员行为。依法治国是现代国家治理的重要方式，依法行政更是体现着国家治理由人治到法治的进步。当前由于中国不同地区之间经济社会发展的巨大差异，依法行政在西部地区仍然相对滞后。在贵州较为边远的地区，县级政府公务人员法制意识虽有所提高，但仍然存在对依法行政理解扭曲的现象，这主要是对"法"的理解的歪曲，还存在部分公务人员意识中，依法行政的"法"不是国家的法律法规，而是上级领导、部门领导的指示、命令和部门规定。理解的偏差导致了实践中官民矛盾突出以及社会非制度性参与特别是群体性事件的大量发生。近年来，贵州接连出现了一些群体性事件，并产生了恶劣的影响。事件发生后，经过深入的研究发现，"冰冻三尺非一日之寒"，这些事件的发生很大程度上是与政府公务人员在长期的依法行政过程中与社会公民之间缺乏沟通、依法行政建设的滞后密切相关。第三，依法监督，防止公务人员损害政府形象。在现代政治生活中，政府的形象至关重要，因为它涉及公民对政府的信任程度，并在更深程度上影响着政府公共政策的执行水平。贵州由于资源存在稀缺性，使得对资源争夺更加激烈，县乡镇政府公务人员凭借手中的权力侵占人民利益的现象比较突出，与民争利的现象还经常发生。可以说这种情况的出现侵蚀着政府治理能力，阻碍着贵州的经济社会发展。对于这种情况，只有不断加强制度建设，才能够推动政府治理的转型。一方面，要加强行政问责制度和政务公开制度。行政问责制度是对官员责任的有效落实机制，是官僚体系内部的权利责任实现机制。政务公开意味着我们建设的政府应该是一个透明的政府，政府的行动将充分展现在社会面前。另一方面，还要加强官僚体制外的监督，充分发挥公共舆论，公民组织，人大、政协在监督政府治理方面的作用，通过行政体制外的监督，对政府形成压力，从而改进治理水平。总之，通过内部和外部两个方面的有效监督，依法监督的制度建设将能够得到有效提升。第四，加强公共部门人力资源培训。人力资源培训对于提高业务素质具有显著的效果，加强公共部门人力资源培训要重"质"不重"量"，在认真调查培训需求的同时，围绕政府治理目的设定培训目标，并以此科学设计培训内容、形式和方法，注重培训反馈，真正使培训实现"有的放矢"。

二　加快县级政府职能转变

党的十九大报告提出："转变政府职能，深化简政放权，创新监管方式，增强政府公信力和执行力，建设人民满意的服务型政府。"[①] "人民满意""服务型"这两个关键词勾勒出了政府应具备的形态。中国特色社会主义进入新时代，中国社会主要矛盾发生转化，这对服务型政府建设提出了新的更高的要求，我们必须把人民是否满意作为衡量服务型政府建设成效的根本标准。县级政府受传统计划经济体制的制约，一直以集中式的方式来行使公共管理职能。县政府大包大揽，权力高度集中，机构膨胀，由此引出的弊端可谓不言自明。随着经济市场化的推进，县级政府赖以存在的环境都发生了变化，要求县级政府职能也做出相应变化。为此，首先必须按照完善社会主义市场经济体制的要求，把减少行政审批继续作为职能转变的突破口，持续推进向市场"放权"、向社会"让权"，用政府权力的减

---

① 习近平：《决胜全面建成小康社会　夺取新时代中国特色社会主义伟大胜利——在中国共产党第十九次全国代表大会上的报告》，人民出版社，2017，第39页。

少换取市场和社会活力的增加，激发市场和社会主体的创造活力，增强经济发展内生动力。通过推进政企分开、政资分开、政事分开、政府与市场中介组织分开，把不该由政府管理的事项交给市场或社会，把该由政府管理的事项切实管住管好，让县级政府工作的关注点和着力点转向完善宏观调控、严格市场监管，更加注重社会管理、公共服务和保护环境，建设人民满意的政府。切实做到为促进就业创业降门槛，为各类市场主体减负担，为激发有效投资拓空间，为公平营商创条件，为群众办事生活增便利。其次，全面优化组织结构。纵向上进一步理顺与上级政府的关系，合理界定各层级间的职能配置，发挥各自比较优势；横向上统筹考虑各类机构设置，科学配置党政部门及内设机构权力，对职能相近的党政机关探索合并设立或合署办公，进一步推动机构职能的精简整合。最后，继续改善工作作风，提升服务能力和水平。以增进广大群众获得感为根本出发点和落脚点，推动服务型政府建设向纵深发展。增强政府工作人员为发展服务、为基层服务、为群众服务的意识和本领，加快实施"互联网＋政务服务"，提升政务服务协同化、智能化、便捷化水平。同时全面清理部门规章及相关管理条例，破除阻碍"放管服"改革的制度樊篱，加强政府部门间的职能统合，优化政府工作流程。加强规范化、标准化和精细化建设，注重解决各地区、各部门、各层级服务型政府建设和发展的不均衡、不充分问题，对典型地区的成功经验及时加以总结和推广。

三　探索县级政府机构的"大部制"改革及跨部门合作方式

为了应对现代社会纷繁复杂的社会事务和提高政府执政效率，关注的焦点几乎都集中于政府职能调整和机构改革。从党的十七大到党的十九大，大部制改革正在掀起新的一轮机构改革。大部制是一种政府政务综合管理组织体制，其特征是"大职能、宽领域、少机构"，政府部门的管理范围广，职能综合性强，部门扯皮少。部门过多必然造成职能分散、政出多门，既不利于集中统一管理和加强政府应有权威，又不利于落实"问责制"和建设责任政府。多个部门负责同一项工作的做法，貌似加强了领导，实则减轻了部门应承担的责任，还导致部门利益的滋生，使国家利益部门化、部门利益合法化甚至个人化。事实上，以分工和专业化为标志的现代政府结构总是以不同的职能部门组成为特征的。当政府职能部门之间目标不一致时，职能的调整与机构的改革并不能带来效率的提高，政府碎片化流弊依然存在，且在特定环境下越发突出，导致政府治理失灵。因此，必须科学设计职能和优化结构，落实"大部制"改革。要探索建立决策、执行、监督既相互协调又适度分离的行政运行机制，实现决策科学、执行顺畅、监督有力。进一步理顺综合部门与专业管理部门的关系，做到各负其责、相互协作。一是综合管理部门的基本定位是服务、协调、指导、监督，主要研究制定国家战略、重大规划、宏观政策，协调解决经济社会发展中的重大问题，对各个产业或行业存在的共性问题进行统筹协调。为此要切实减少微观管理和具体审批事项，实现从"项目管理"向"宏观管理"、从直接管理向间接管理的转变。二是按照大部制的要求适当拓宽专业管理部门的管理范围，其工作重点是研究解决产业或行业存在的重大问题，拟定相关法律法规草案和中长期发展规划及政策，统筹配置行业资源，发布行业信息标准，维护行业市场秩序，开展行业执法监督检查，提供行业相关信息服务。三是设立专司统筹经济社会事务的办事机构，统一协调解决职责交叉和综合管理事务。① 在落实"大部制"的同时，完善政府职能部门的跨部门合作也将会是一个重要的方向。美国学者巴达赫将跨部门合作界定为两个或两个以上的机构从事的任何共同活动，通过一起工作而非独立行事来增加共同价值。要实现跨部门合作必须注意以下几个方面：第一，支持创意和行动的灵活性以满足应对新机遇、新问题时的挑战；第二，激励调动基层员工；第三，增加跨部门、跨专业领域、跨边界的能力与信任；第四，维持体系内责任机制，使其能够服务于高质量理念与行动目标；第五，

---

① 常笑：《我国县级政府行政体制改革探究》，辽宁师范大学博士学位论文，2014。

发掘合作机构之间的财政资源交换，从而为高质量高绩效提供先决条件与机遇。由于跨部门合作过程复杂、参与者多元，基于不同价值、利益而不断互动的个人之间结成无形的执行网络，目标、政策设定与实施过程要取得好的效果的具体做法如下。首先，以"管理"代替"治理"。巴达赫认为"治理"过于严肃，它的基本组织原则被冠以"宪法"的尊称，而设置和运行宪法的规则必然要耗费极高的时间和精力成本，因此不是最佳的实践方式。"好的管理"则意味着明确目标、政策设定与实施的重要性，意味着对建立共识，而非多数人控制决策的偏好。管理强调增加相关官员的责任和义务，尊重消费者权益。其次，让形式遵循功能。跨部门合作的结构大致分为四类：委员会、董事会、论坛和执行网络。选择结构形式主要取决于实现目标的功能，尤其是首先明确何种职能最为重要。最后，使领导作用合法化。领导是一种更个人的操控方式，意味着需要承担找出问题并实行改进、招揽资源贡献者、培养相互信任和组织务实的文化理念、执行长远发展的战略并传播合作信念的责任，能得到内部外部人员的承认。[①]

四　健全县级政府行政决策机制

改革开放以来，中国社会主义现代化建设取得了举世瞩目的巨大成就，这与我们党和政府制定和实施一系列正确的路线、方针、政策和法律、法规密切相关。社会主义民主政治和市场经济的发展对决策创新提出了许多新的要求。县级政府直接面对群众，其执政关系到社会的稳定和发展，因此要继续推进行政县级政府决策的科学化、民主化和法制化。

（一）决策的科学化

首先，合理界定政府、政府各部门的行政决策机制，完善政府内部决策规则。要明确各部门各层级的决策权，减少多级决策的现象。政府机构

---

① 〔美〕尤金·巴达赫：《跨部门合作——管理"巧匠"的理论与实践》，周志忍、张弦译，北京大学出版社，2011。

的设置，要按照决策、执行、监督相协调的原则，既要适当分工、互相制约，也要相互配合，确保政令畅通，提高效率。在政府内部，要进一步明确政府组成集体、行政首长的决策权力，规定哪些问题必须集体讨论决定，哪些问题实行分工决策，并严格执行，既防止对重大问题个人说了算和行政首长搞"一言堂"，又防止议而不决、降低效率的情况。要积极探索相对集中决策权的模式，打破过去政府部门职能重叠交叉、上下一般粗、力量分散的决策格局，做到一项事务或者相同相近的事务原则上由一个部门决策，防止政出多门。上下级政府、条和块的决策权力要有所区别，该"条条"决策的事项，"块块"不要干预。

（二）健全县级政府的公共决策信息系统

信息的获取与处理是保证高质量决策的一个基本前提条件。在县级政府的整个决策体系之中，信息系统是决策的支持系统，也是县级政府决策的神经系统，是决策系统政策正常运行的桥梁和纽带，它为决策中枢系统和咨询参谋系统提供服务。整个决策过程，实际上是一个信息收集、加工和转换的过程。信息的失真、不完备，信息传递的迟缓和处理的错误，往往是造成决策失误最为直接的原因。在等级制的政府组织里，内部的层级及部门壁垒决定了信息失真的必然性，依托"大数据"、互联网建立和健全县域信息网络组织十分重要。这种组织独立建制，有正式地位，并与决策、参谋咨询、执行系统相衔接，在县级政府的政策制定过程中发挥支持作用，保持信息沟通渠道的畅通，确保信息的准确并防止信息的歪曲。对于县级政府的决策者而言，运用一个未经证实的信息进行决策，无疑是最危险的事情。为避免信息收集、传递过程中存在信息被歪曲的可能性，需要强化反馈机制，建立奖励与惩罚机制。同时，可以利用非正式的沟通渠道来获取真实的信息。加强专业人员培训，这对于平均受教育程度不高的县域内的工作人员来讲尤为重要。不仅要对信息工作人员进行思想政治和科学问题知识、信息管理知识培训，还要加强对其信息工作的热诚和敏感性的培养。工作人员对政策问题认识越深，紧迫感、责任感就越强，对信息的捕捉和吸附能力就越大，就能对县级政府决策提供更有效、更及时和更对路的信息。①

(三) 建立健全行政决策程序

所谓行政决策的科学化或者科学决策，是指行政决策在科学的决策理论指导下，按照科学的决策程序，运用科学的决策方法进行决策。也就是说，决策的内容必须是科学的，符合经济、社会发展规律，有利于解放和发展生产力，得到广大人民群众的普遍认同和拥护。决策的方法也必须是科学的，从实际出发，运用科学的方式，选择最佳的决策方案。说到底，决策内容和方法的科学性都要在决策程序中得以体现。行政决策程序化在事实上体现了决策过程中的相对分工，程序的限制避免了行政决策的随意性，同时可以广收民意，容纳争议，举行听证，最大限度地对决策进行多层面的思考，使方案在正式实施前做到尽可能完善，并为决策实施过程中的纠偏提供政策储备。一般来说，行政决策程序应包括明确决策目标、科学拟订方案、优化决策方案、实施、决策绩效评估等环节。其中强化专家在决策论证中的作用是关键。专家具有比较超脱，专业性、技术性强的优点，因此比较能够得出较为符合实际的决策意见。在西方发达国家，政府往往寻找社会咨询机构帮助政府决策，各种官方和非官方的咨询机构在政府的决策过程中发挥着重要的作用。这种做法值得我们参考借鉴。在健全中国的行政决策机制中，我们要加强研究咨询机构建设，充分发挥专业咨询机构在行政决策中的作用，为科学民主决策提供依据。一方面，要充分利用现有的研究、咨询机构的专家力量，建立专家数据库，为行政决策提供"外脑系统"；另一方面，还要继续加强专门的研究咨询机构建设，培养一大批决策咨询人才。

(四) 决策的民主化

不同群体在利益表达上的不平等地位以及对当地政治系统影响的差异，已成为影响县级政府科学民主决策的关键性因素。完善社会利益表达机制，

---

① 常笑：《我国县级政府行政体制改革探究》，辽宁师范大学博士学位论文，2014。

建立公民参与机制，对进一步推动县级政府决策的民主化具有非常重要的意义。利益表达是指由社会各阶层的代表或个人，通过一定的渠道和方式向国家公共权力主体表达自身的利益要求，以影响政治系统政策输出的过程。国家公共权力主体能否给予不同社会利益主体公平的利益表达机会，并能够合理地做出回应，依赖于较为完善的社会利益表达机制。完善的社会利益表达机制是县级政府能够实现科学民主决策的重要前提。利益表达主体是构建社会利益表达机制的基础性因素，是由承载社会不同利益的阶层、群体和个人构成的。从社会资源占有的程度，赢得经济、政治、文化和社会机会的能力，以及社会的影响力等方面，通常把社会上的各种利益主体分为强势群体和弱势群体。所有群体都有追求自身利益的权利，建立表达机制，可以明确知晓不同利益主体真实的利益诉求，拓宽参与渠道，才能真正建设人民满意的服务型政府。必须进一步健全和完善县级人民代表大会制度、政治协商对话制度、基层群众自治制度、舆论信访制度等，在充分尊重宪法和法律赋予公民的政治权利和自由的前提下，对基层民众参与的内容、程序、方式、途径等做出明确的规定，使其可以在法律的框架内参与政策制定及实施的全过程。同时，要创新参与方式，如市民评审、市民意见征询组、焦点小组、顾问小组、地方战略伙伴、街区议事会、公共调查、公共辩论、城镇电子会议、政府展示会等，利用电子政府的建设真正实现公众的有效参与。

（五）决策的法治化

实现基层民众参与县级政府行政决策和行政程序的法治化。基层民众参与县级政府的决策、行政决策程序在很大程度上缺乏必要的法律保障体系。没有健全的法律保障，再良好的基层民众参与机制也不会持久，再完善的行政决策程序也不起作用。目前，基层民众参与县级政府公共决策相关的权力尚无法律确认，必须不断完善各种相关法律法规，用法律条文规定社会各方面在公共决策中的地位、作用以及应有的责任。基层民众参与县级政府公共决策的有序化的基础是程序优先，长期以来重实体法、轻程序法的倾向使基层民众参与县级政府的公共决策过程中无法实现法治，人治仍然处于主导地位。从法治建设上看，必须在实体规范上规定基层民众可以成为县级政府公共决策的主体。但是，这些规定都需要切实可行的程序去落实，没有程序和秩序，就没有基层民众参与县级政府公共决策的有序化。在行政决策中，以法律形式强调决策中专家及民众的参与，更有助于决策的科学化。强化县级政府的行政决策监督机制。监控系统在县级公共决策系统中具有防止决策者滥用决策权，促使政策内容更切合实际，监督执行机构及其人员正确执行政策等重要作用。强化政府决策监控系统建设，充分发挥决策监控系统的作用非常必要。对于现代政府而言，加强法治意味着政府及其行政人员必须按照宪法、法律的规定行使相关权力来管理社会公共事务，保障所有利益相关者的合法权益不受侵害。党的十八届四中全会提出，要建成法治国家、法治政府，为此，亟须采取更多主动、有效的措施。一是要严格规范政府行为，建立健全并实施与现代法治观念相匹配的措施与制度。二是要全面提高政府领导和公务员的法律素质，确保其以法律准绳来约束自我，严格、规范地履行职能职责，体现政府的高度法治性。三是健全行政监督机制。通过政府内部监督和外部监督，对政府的行政行为进行经常性的检查和约束，确保宪法、法律对公共权益的尊重和实现，确保政府及其行政人员行使行政权力、进行公共事务管理真正体现出法治精神。四是建立严格的惩罚和追责机制。对于违法且造成公共权益损害及不良社会影响的行为，建立主要负责人的终身责任追究制度，坚决杜绝"带病提拔"的情况发生，损害情节严重的还应承担刑事责任。五是对规范性文件进行备案审查。党的十八届四中全会提出，加强备案审查制度和能力建设，把所有规范性文件纳入备案审查范围，依法撤销和纠正违宪违法的规范性文件，强化源头治理，严格执行规范性文件制定程序，增加规范性文件的透明度。① 要保证专门的县级监督机构的独立地位。这里

---

① 《人民日报点睛：用法治规范红头文件》，人民网，http://opinion.people.com.cn/n/2014/1119/c1003 – 26049934.html，最后访问日期：2018 年 5 月 2 日。

所说的专门监督机构是就县级政府政策制定和执行系统内部而言的，主要是指执政党的纪检部门和政府监察机关。这些专门监督机构对政策正确制定和有效执行有着不可替代的保障作用。必须采取切实可行的措施来改进现行的监督体制，从制度上确保监督机构的相对独立地位，以增强其监督的权威性。使监督机构真正获得县级政策制定和执行系统内超然独立的地位，从根本上建立起独立运行的监督机制。只有这样才能保证他们对政策执行活动的监督具有权威性和有效性，才能使其对政策的正确制定和有效执行所具有的保障功能得以充分发挥。

五　推进县级政府信息公开

政策稳定、政务公开是现代国家社会经济发展的重要环境，公众越清楚地理解政府的政策意图，对未来的预期就越有把握。同时，明确的预期能够鼓励社会的长远投资，也能有力地促进经济的发展。事实证明，那些吸引投资多、经济发展好的地区常常是政府信息公开做得好的地区，是政府最讲信用的地区。政府的公信力已经成为一项宝贵的社会资源；政府与公众的相互信任可以增强彼此的合作效果；政府与企业建立共识可以提升经济活动的成效，从而降低政府行政成本。社会的流言、噪声及一些政府官员违纪现象的出现使政府的公信力受到很大的挑战。政府将信息充分公开，有助于减少政府与公众的信息不对称，会极大地改善社会公众的监督条件，提升公众的监督能力，对政府的渎职、贪污、滥用职权行为产生极大的抑制效果。因此，政府唯有以坦诚的态度面对公众才能提升自己的公信力。

目前中国的信息公开建设还处于探索阶段，虽然大多数地方政府建立了由领导机构副职领导的政府信息公开，但这样的机构，闭关色彩浓厚。推进政府信息公开是每一位公民都应做的事，某些政府主管部门应当首先公布必要的信息。针对当前出现的问题，还有很多地方须进一步完善。首先，应加快信息公开立法。目前中国针对政府信息公开已出台了《政府信息公开条例》，相关的专门法律尚在制定过程中。可以相信，随着信息公开专门法律的出台，政府信息公开能真正走上法治化、规范化的道路。其次，应对保密法和档案法进行修订，明确并清晰界定信息公开的范围及事项。信息公开范围不明确，所列条目语义模糊、抽象，使得政府享有较大的自由裁量权，政府随时可以拒绝提供应该公开的信息，已成为信息公开的巨大障碍。只有明确区分保密信息与公开信息，才能从根本上解决这个障碍。美国采用的就是列举公开的事项，明确政府机关必须公开的政府信息具体事项。我们可以借鉴美国，明确政府主体应当公开和不予公开的内容事项，明确对不予公开的事项应承担举证责任。再次，借助电子平台公开与档案留存并举。借助电子平台进行信息公开已成为一种新型且效率极高的方式，有利于公众更方便、快捷地获取信息。良好的网络环境是借助电子平台公开信息的关键，因此档案留存与管理显得十分必要。最后，建立健全信息公开监督制度。针对政府应该公开却不公开的行为缺乏有效的监督也是目前信息公开进展缓慢的又一重要原因，应当将信息公开情况作为监督的内容。

六　加快社会组织培育工作

（一）县级政府加强对社会组织的领导

社会组织是一个开放的系统，就每一个社会组织来说，它不仅自身要与周围环境进行物质、成员、信息的交换，而且根据与其他组织的关系，组成不同的组织体系，在更大的范围内和更高的水平上与外界环境进行各种形式的交换。一个组织如果绝对自我封闭，其生命也就停止了。当前，社会公众对于社会组织的认知还非常有限，因此要加大对社会组织的宣传力度，提高全社会对社会组织的正确认识和全面了解，实现组织之间的物质能量交换，切实发挥社会组织维护市场秩序、服务企业、服务社会的功能。社会组织能有效预防和化解社会矛盾，县级党委、政府要准确把握社会组织的本质特征和阶段性特点，将社会组织质与量的发展细化纳入政府绩效考核体系和经济社会发展计划，纳入各级党委政府的议事日程，积极帮助解决发展中的困难和问题，探索适合社会组织发展的管理思路，为社会组织发展提供良好环境。目前，一些地区（如广东等）已经降低了社会组织注册的门槛，但全国范围内社会组织发育的空间依然不够宽松。此外，中国一直没有一部专门、全面、严谨的"民间组织法"或"社会组织法"，对社会组织的性质、地位、职能等缺乏明确、规范与可操作的法律界定。从县级政府角度来看，要营造环境，出台相应政策规定，认定社会组织的地位和作用，鼓励社会组织发展和壮大。一方面降低社会组织注册的门槛，给予一定的优惠政策；另一方面，对于社会组织的内部管理，特别是在人才制度、社会保障等方面的管理出台相应的政策规定，予以解决。

（二）大力培育扶持社会组织发展

把新社会组织建设及管理作为创新社会治理体制的重要举措，将其纳入本地区本部门整体工作部署和总体规划；参照社会组织发展较好的地区，采取政府扶持和公益组织共同参与、政府购买的方式，打造一个集培育、公共服务、评估咨询、人才培训、实践展示于一体的社会组织服务平台，加大对初创期社会组织的培育，提升现有社会组织运营能力，解决社会组织自身能力建设不足、自我竞争力不大、项目执行力不足、难以吸引和留住优秀人才、管理人员老化等共性问题。要制定县级政府向社会组织转移职能的指导意见和转移事项目录；进一步完善财税支持政策，建立政府向社会组织购买公共服务制度，鼓励金融机构为符合条件的社会组织提供信贷服务，设立社会组织发展基金等；要加强分类管理和指导，如对政治类和政策倡导类社会组织实行强制登记制度，对经济类社会组织放宽人数准入条件，对社区类社会组织可探索备案制等；将社会组织人才纳入各地人才培养统一规划，进一步完善相应人才的职称评定、社会保险、人才交流等政策，提高社会组织人才的社会地位和政治待遇，引导更多的社会优秀人才和大中专毕业生到社会组织来建功立业，造就一支高素质、职业化的社会组织人才队伍。

（三） 为社会组织参与社会治理创造制度环境

尽管中国已经出台了有关社会组织的各类管理条例，但还没有上升为正式的国家法律，导致一定程度上的管理混乱。因此，应该逐步制定和形成系统配套的法规体系。首先，尽快起草制定专门的"社会组织管理条例"，针对新社会组织的登记成立、管理体制、监管方式、政府补助、税收优惠、信息发布、财务收支等在法律法规层面进行规范明确，在条件成熟时，起草制定"社会组织法"。其次，要分类制定行业协会商会法、志愿服务法、慈善事业法、境外非政府组织法等专项法律法规，从社会组织的组织管理、募捐与捐助、财务及收支管理、评价与监督等方面加以规范，切实为社会组织发展提供法律保障和依据。

（四） 健全相应的管理制度

一是深化登记制度创新，探索无主管社会组织由枢纽型社会组织负责日常指导联系，突破社会组织登记瓶颈。二是重点培育一批枢纽型社会组织，打造一批具有社会声望的公益性社会组织和社会企业，集聚一批对经济产业发展有推动作用的经济类社会组织，壮大一批具有智库和资源平台性质的支持型社会组织，发展一批对重点区域建设有服务作用的专业性社会组织。三是积极探索以彩票公益金、财政投入、企业及社会各界资助等方式建立社会组织发展专项资金。研究制定社会组织人才引进、职称评定及职业资格认证等政策，推动社会组织人才与经济、科技人才在薪酬标准、社会保障等方面享有同等待遇，培养一批高素质的社会组织职业经理人和专职工作者队伍，造就一批社会组织领军型人才或团队。四是根据社会组织的发展现状，制定和完善税收政策，实行低税率，或者初创时期的"零税率"，全面落实企业和个人公益捐赠税前扣除等税收优惠政策。为避免社会组织单纯依赖政府资金，增强社会组织的独立性，需要健全相应的慈善制度以支持针对社会组织的捐款捐助，扩大社会组织的资源来源，同时也可以提高全社会对社会组织的监管力度和认可程度。社会组织自身要完善内部治理结构，强化组织章程制度建设，建立以责任为基础的激励约束机制，形成自我发展、自我教育、自我管理、自我约束的运行机制和阳光、透明的管理机制，增强社会组织的社会责任感和法制观念，不断提高社会公信力。中国的社会组织还必须增强世界眼光，努力学习国外社会组织的先进经验，坚持以非营利性、独立性、民间性的特色提供志愿服务，建立起代表自己特色的基本价值观和团体文化，积极参与国际事务的交流。在现阶段，不能发展西方那种所谓的"压力集团"，应重点发展社会成员自主性和公益慈善类的社会组织，同时，要严防敌对政治势力和西方国家通过社会组织对中国进行颠覆、渗透和破坏，确保社会组织健康发展。

（五）促进政社分开，做好政社有效衔接

社会组织的发展还要从改革公办社会组织入手促进政社分开。在加快推进政社分开的进程中培育和形成社会组织进入公共领域的机制和渠道，政府行政部门负责宏观决策和部分监督职能，将执行及部分监督职能等中、微观职能逐步交给守法诚信的社会组织，使社会组织在履行职能上具有独立性。在政府不宜进入的领域，让社会组织成为政府与社会、政府与公众的桥梁纽带，成为政府为社会提供公共服务的有益补充。在承接政府转移职能的过程中，清晰划定政府和社会组织各自的定位、权责、边界，促进社会组织"去行政化""去等级化"，并对这些社会组织每年进行考评考核，实行监督、淘汰制。构建政府部门与社会组织的新型合作伙伴关系，做好政府与社会组织的有效对接。要建立社会组织承接政府转移职能的长效机制，政府在购买公共服务时，要重点向社会组织倾斜，并为承担社区养老、矫正、戒毒、扶贫、心理咨询等领域的社会组织给予更加优惠的税收政策。可建立社会组织承接政府转移职能互联互通的网络信息平台，除涉密事项外，政府采购清单和项目均要向社会公开，确保承接转移职能的社会组织在同一起跑线上公平竞争，并接受媒体、群众和社会组织监督。成立第三方咨询机构，作为社会组织承接政府职能转移和购买服务的咨询服务平台。建立科学的承接效果评估体系和第三方评估制度，将承接效果作为承接款项支付和社会组织今后承接政府职能的重要依据。对于公共服务绩效表现

优良的社会组织，可以在科学评估之后通过延续购买或资助的方式，简化购买程序。建议政府与社会组织之间建立沟通机制，定期听取社会组织诉求、意见和建议。政府作为转移者，应站在公共利益角度，明晰服务事项的要求、期限及效果，对执行过程进行监控，防止低效率和欺诈行为。

七　建立科学规范的购买服务制度

（一）合理界定购买服务的项目范围

首先，科学购买服务需要清晰地分类政府的职能范围，将一些可以由社会组织承担并且社会组织也有能力承担的项目转移出去，既要避免出现政府卸责也不能出现政府过度揽权。2012 年广东省出台了《政府向社会组织购买服务暂行办法》，并公布了《省级政府向社会组织购买服务目录》，计划将除法律法规规定和涉及国家安全、保密以及司法审判、行政决策、许可、审批、执法和强制性事项之外的所有其他项目有序地向社会组织购买服务。而北京等一些地区也有相应的政策出台，这是购买服务的一大进展。其次，落实公开政府购买服务项目范围。根据法律及相关程序规定，政府采购项目原则上均应对社会公众公开，涉及国家机密需要保密的情况除外。从政府采购项目信息披露到采购过程，一切政府采购项目的活动都要公开，所有的政府采购项目信息都要公开，以便于公众知晓，增强政民间的信任度，提升政府形象。

（二）明确购买服务的主体及其在购买服务中的权利与义务关系

政府采购当事人是指在政府采购活动中享有权利和承担义务的各类主体，包括采购人、供应商和采购代理机构等，不包括政府采购的监督管理部门。目前购买服务的主体比较复杂，既有政府机关也有政府派出机构，既有社会团体也有党团组织和事业单位，容易产生资源浪费。同时，参与购买服务的主体界定也不准确，营利性与非营利性、公益服务类与互益服务类区别不明显，需要进一步限定。在界定购买主体的基础之上，还需要明确购买双方的权利和义务关系，社会组织要与政府划清边界，承接主体要与委托单位的权责关系明晰，避免重新陷入政事不分的困境，使社会组织成为另一类"事业单位"。

（三）建立规范采购的相关制度

国际上的政府采购模式大致有三种类型：第一种是集中采购模式，由财政部门或另由一个专门负责的部门负责本级政府所有的采购；第二种是分散采购模式，由各支出单位自行采购；第三种是半集中半分散采购模式，由财政部门或一个专职机构直接负责对部分商品的采购，其他商品（主要是低价值和特殊商品）由各支出单位自行采购。从中国情况来看，应实行半集中半分散的模式。对政府采购中的集中采购部分，通过设立一个专门机构（如政府采购中心）来组织进行，从而有利于形成采购规模，节约财政资金，有利于加快政府采购市场的形成；对政府采购中的分散采购部分，由各支出单位自行进行，但必须遵循有关的政府采购法规政策。尽量采取公开竞标的方式购买，避免非竞争性购买。为了建立规范的采购制度，首先，要建立公开、公平、严格、规范的竞标制度；其次，要建立严格的准入和退出制度，社会组织必须有一定的资质才可以参与到购买服务的竞标中，如出现违规行为和服务质量不达标等情况则要有相应的惩罚或淘汰机制，通过竞争激励社会组织，建立统一的采购平台，避免资源浪费；最后，完善购买服务的财税制度。目前，政府向公益服务类社会组织购买社会服务并未纳入非营利组织免除所得税的范围，而大量新兴的社会组织也并未在免除营业税的范围之内。在税前扣除资格方面，对民办非企业单位也缺乏必要的扶持。因此，有必要在国家《营业税暂行条例》《企业所得税法》《关于非营利组织企业所得税免税收入问题的通知》《关于公益性捐赠税前扣除有关问题的通知》等相关法律法规中，争取减免相关税收。

（四）建立严格的监管制度

完整、规范的监督机制是政府采购制度有效实施的根本保证。《采购法》第三条规定：政府采购应当遵循公开透明原则、公平竞争原则、公正原则和诚实信用原则。这是政府采购工作应当遵循的基本原则，也是《采购法》立法宗旨的具体体现。

政府采购监督分为两个方面：一是合规性的监督，二是有效性的监督。合规性的监督是指对政府采购的项目、方法、程序是否符合法律制度的规定进行监督。其重点是关注政府采购资金的安全，是否按照规章制度去实施，这应该是政府采购的基本要求。有效性的监督则基于合规性监督，是一种更高层次的监督，其关注的重点是如何提高政府资金的使用效益，即政府采购资金预算是否科学合理，部门或单位的政府采购项目是否切合实际，政府采购的过程是否顺畅有序，政府采购资金的运作是否高效，是否达到预期的目标等。具体操作可分为以下几点。一是行事前有效性的监督。首先要对从事政府采购的部门或单位的政府采购项目进行认真的审核，看其立项的理由、依据、数据是否真实、充分、准确，是否有利于部门或单位的发展。为此，政府采购部门要设立一个专门的监督机构，就单位部门的政府采购预算和具体的政府采购项目进行具体的调整核实并加以分析。二是进行事中的有效性监督。即对具体的采购活动进行监督，这就要落实到具体的政府采购执行机构，除了监督政府采购执行机构是否依法按照政府采购程序、政府采购方式，是否公正、公开、公平等合规性监督外，还要注重政府采购质量，看其是否在政府采购的过程中本着同质优价、同价优质的原则，政府采购质量好、符合环保要求的优质商品。还要节约财政资金，尽量做到少花钱多办事。除此之外，还应当对政府采购商品物资的质量进行监督，看其是否达到国家规定的质量标准。三是进行事后的有效性监督，即建立和形成事后的报告分析制度。主要是进行政府采购活动的绩效分析及信息反馈，为后续安排提供依据、参考和建议。为此，首先要看其是否达到了预期的政府采购目标，这是政府采购活动最基本的要求，更重要的是通过建立一系列的指标考核体系，对政府采购带来的社会效益和经济效益进行分析，通过分析判断本期政府采购规模的合理性、有效性，这是政府采购有效性监督的最重要的环节。在监督的主体上，要采取政府监督、第三方监督、社会公众监督和专家监督相结合的方式。在第三方监督方面，要尽可能培养并发展针对社会组织的会计师事务所、律师事务所、审计事务所和专业调查公司等机构。社会公众监督要最大限度地吸纳消费者监督和学会利用媒体监督。

（五）引入科学的政府采购绩效评估制度

政府采购绩效评估是以采购项目的经济性、效率性和效益性为评价标准，对政府各部门在采购过程中所反映的业绩和效果进行评定。政府采购绩效评估是政府采购监督管理的重要方面，实施科学的政府采购绩效评估和管理，建立政府采购评估体系和运作程序，是提高政府采购绩效和改善政府形象的有效措施。其一，可以监督政府采购行为。在一般情况下，拥有垄断强制力的政府组织其行为的制约因素相对于国内任何其他形式的组织来说都要少。在这种优势地位下，若想保证一国政府职能的实施符合该国社会经济的发展需要，便必须为它设立一套完善的制衡机制。在这套完善的制衡机制中，法律等强制性限制固然不可少，但严格、客观、不以政府自身利益为核心的评估体系设置却更为重要。政府采购绩效评估的存在促使政府必须按评估的标准执行采购工作。同时，政府采购绩效评估为整个社会从外部监督政府采购行为提供了基准线。政府采购的实施除了需要自我约束、制约外，还需要有整个社会对它从外部进行的监督评判。因为舆论的评论、社会团体的监督以及广大民众的议论将从外部为政府采购行为的改进提供压力。其二，可以提高政府采购绩效。现代政府管理的核心问题是提高绩效。"要改进绩效，你必须首先了解目前的绩效水平是什么。"[1] 绩效评估为行政改革提供了技术支持。行政改革的新理念是主张公共服务市场化、社会化，强调权力非集中化，"结果为本"和"服务为本"等。任何新理念都必须有相应的技术支撑才能付诸实践，而绩效评估为公共管理的新理念提供了有力的技术支持。绩效评估在政府采购管理实践中具有重要功能。概括起来，有以下功能：计划辅助功能——某一阶段的政

---

[1]　Michael Armstong, *Performance Managemeut*, London：Sage, 1994, pp. 35, 60 – 61.

府采购绩效评估结果为下一阶段政府采购计划的科学制定提供了基础；监控支持功能——为评估而拟定的绩效标准及据此收集的系统资料，为监控政府采购的执行提供了一个重要的、现成的信息来源；促进功能——根据测量得到的信息改进政府采购工作；激励功能——"若不测定效果，就不能辨别成功还是失败；看不到成功，就不能给予"。① 其三，改善政府形象。一方面政府采购绩效评估是政府向公众展示政府采购工作成果的机会，而展示成果能赢得公众对政府的支持。如果把绩效与政策紧密挂钩，不受欢迎的措施也可以得到公众的理解；另一方面，政府采购绩效评估不只是展示成果，它也能发现和暴露政府采购管理工作的不足和问题，但这并不一定损害政府部门的信誉。相反，政府向公众公开所面临的困难和问题，并展示其为提高绩效所作的努力及其结果，有利于克服公众对政府的偏见，建立和巩固对政府的信任。

在评估的主体方面，更多地采取第三方评估，使其与政府评估相结合。当前，许多地区的评估队伍依然不够规范，出现了评估者也是参评者的情况，必须杜绝。在评估的内容方面，要更多地采纳消费者评估的意见，重视过程评估和结果评估。在评估的手段方面，要抓紧制定科学的评估指标体系，完善相关的信息系统建设。具体如下。第一，建立政府采购绩效评估指标体系。政府采购绩效评估体系包括政府采购监管部门为有效实施监管而建立的指标体系和政府采购人、政府采购代理机构为测量目标和任务完成程度而建立的指标体系。在一般情况下，前者侧重于评价政府采购的政策功能目标的实现程度，后者侧重于评价政府采购经济有效性目标实现程度。建立政府采购绩效评估体系，除了要综合考虑各种因素，遵循必要的原则之外，在满足监管和绩效评估的前提下，应尽可能减少评价指标的数量，既要避免重复的、不必要的指标设置，又要避免数据来源难以落实，或者数据真实性无法核对的指标设置。第二，建立政府采购信息管理平台。

---

① 〔美〕戴维·奥斯本、〔美〕特德·盖布勒：《改革政府——企业家精神如何改革着公共部门》，周敦仁等译，上海译文出版社，1996，第290页。

建立横向到边、纵向到底的政府采购信息管理网络平台。将政府采购监管机构、采购人、政府采购代理机构、供应商计算机终端链接，形成全国性、全省性政府采购监管网络，实现在全国、全省范围内共享政府采购信息资源，并在网络内统一数据标准，根据需要建立原始数据系统、政府采购策略规则系统、政府采购预算（计划）系统、招标信息生成发布系统、供应商开发管理系统、开标评标定标系统、政府采购绩效评估和分析系统、监管预警系统、档案存储系统等模块。第三，进行政府采购绩效评估信息的披露。信息披露涉及的内容应具有与政府采购政策、法律法规流程与供应商利益相关，易于比较，可信等条件。有效的政府采购绩效评估信息披露，可以增加政府采购的透明度，改进政府采购工作，确保政府采购价格低于市场平均价格，采购效率更高、采购质量优良、服务良好及公开、公平、公正和诚实信用原则，极大地提高政府采购效率，降低交易成本。第四，评估的组织实施。首先是提出问题，即明确项目评估的具体对象、目标、评估的目的及具体要求。然后是筹划准备。一是组建评估小组，负责评估工作的指导、审批，组织独立专家小组共同完成评估。二是制订详细的采购项目评估工作计划，把采购项目评估的流程和工作内容融入计划管理过程，保障评估工作在流程上前后衔接，明确评估实施思路。再次是记录，将表现采购项目的印象、影响、证据、事实完整地记录下来，做成文档，并在此基础上深入调查，收集资料，收集评估所需的各种资料和数据。采用定量和定性分析方法，针对问题进行深入的分析研究，识别各个环节中的优、缺点，并确认。复次是编制评估报告，通过检查、测评、考核、会议等方法进行对比、分析、诊断、评估并将分析研究的结果进行汇总、整理，编制出项目后评估报告。最后是激励，包括正激励、负激励、报酬、教导、训诫、惩罚等手段。此外，还要关注辅导，观察、引导、辅助考核对象，开发他们的潜能。总的来说，只有通过科学的评估手段，才能使政府采购绩效最优化。

第三章

贵州省 9 个市州政府治理能力评价研究

第一节　绪论

一　研究背景

当前，经济全球化已经成为世界经济发展的重要趋势和未来演化方向。然而，在全球化进程中，西方发达国家，如美国、英国等，先后遭遇如金融危机、经济停滞、选举乱局、逆全球化以及政府停摆等诸多乱象。西方发达国家发展进程中呈现的乱象与中国十八大以来的中国之治形成了鲜明的对比和反差。自党的十八大召开以来，中国经济社会表现出来的欣欣向荣的有序治理景象，经济社会蓬勃发展、欣欣向荣。西方国家的治理之乱与中国之治之间形成了鲜明对比。说到底，以习近平同志为核心的党中央团结带领全国各族人民，紧紧围绕实现"两个一百年"奋斗目标和中华民族伟大复兴的中国梦，举旗定向、谋篇布局、攻坚克难、强基固本，开辟了治国理政新境界，取得了举世瞩目的发展成就，为全世界其他国家的发展提供了中国道路、中国理论、中国方略。具体而言，党的十八大以来所取得的伟大成就与提升政府部门不断显著提升治理能力紧密关联，密不可分。党的十八届三中全会明确提出将"完善和发展中国特色社会主义制度，推进国家治理体系和治理能力现代化"作为全面深化改革的总目标。该总目标的提出具有空前重要的理论意义与现实意义，意味着党对国家发展和社会发展规律有了新的认识，意味着党和政府由管理向治理关联转变的重大飞跃。2017年10月召开的党的十九大进一步强调了新时期全面深化改革总目标是完善和发展中国特色社会主义制度、推进国家治理体系和治理能力现代化，强调了治理体系和治理能力现代化的重要性。

纵观全球，当今社会是一个竞争无处不在、竞争日趋激烈的社会，企业与企业之间、地区与地区之间、国家与国家之间，普遍存在以竞争为主体的竞合关系。尤其是国家与国家之间的互动与竞争，从本质上而言，可以归结为国家治理能力的竞争。对于单一制国家而言，政府是由中央政府和各级地方政府构成的。大体而言，中国政府的架构可以划分为中央、省级、地级、县级以及乡镇五级政府架构体系。其中，省级、地级、县级以及乡镇等均属于地方政府。与一般意义上的政府职能相比，地级政府处于五级政府的中间层级，具有执行性、动态性和多样性等特点，其政府职能既秉承上级政府而来，同时又带有区域性的分层管理和分层调节的特点，是政府治理体系中的重要节点，也是构成政府治理能力的重要载体。除特殊说明外，本课题研究的地方政府在这里特指设区的地级市。由于贵州是一个多民族内陆省份，除贵阳、遵义、安顺、毕节、六盘水、铜仁6个地级市之外，还有黔东南苗族侗族自治州，黔西南布依族苗族自治州以及黔南布依族苗族自治州3个自治州。因此，本课题中的地级市指的就是这9个市州政府。

地方政府一方面承担着宏观调控的职能，即实施具有相同调控效应的宏观经济政策，配合中央政府以及省级政府参与市场调控；另一方面又有自主管理和县级经济、社会发展相关的公共事务和其他事项。并且，由于市州地方政府的地缘条件和行政区划，使得市州政府与公众之间的距离较近，关系也较为密切，能够承担起直接促进公众生活质量提高，物质生活改善，精神面貌积极健康向上的作用。[①] 正是由于市州政府在政府架构中起着这种承上启下的关键作用，在治理能力的内容上与省级政府以及县级政府既存在相似性，又存在差异性。从功能角度而言，市州政府作为处于省（自治区）和县市之间的地市一级，在区域经济调控、要素资源配置、产业结构调整、城乡统筹发展等方面发挥着独特作用，是国家治理能力构成中的重要一环，其治理能力的好坏不仅关系到民众方方面面的切身利益，还影响着地区经济社会发展和政治稳定。地方政府作为中国地方治理的主导性力量，其治理的效果与政府治理能力密切相关。因此，能力建设一直是地方政府提高工作效率，提升服务效能的核心问题。在此背景下，分析地方政府治理能力的相关概念和基本理论，科学客观地构建评价地方政府的治理能力，提炼出市州地方政府在提升治理能力中存在的不足，并给出相应的对策建议，形成驱动市州各级政府不断治理能力的外生动力，因此，本课题研究有着十分重要的现实意义。

贵州属于西部欠发达地区，是一个不沿海、不沿江、不沿边的内陆省份，生态环境脆弱，地理区位偏僻，交通设施欠缺，经济发展滞后，是全国 22 个肩负脱贫攻坚任务的扶贫开发省份中脱贫难度最大的省份。当前，距离 2020 年全面脱贫和全部步入小康社会只有不到 3 年的时间，由于时间倒逼，贵州省各级地方政府面临着巨大的现实压力。近年来，无论是经济增长，还是社会发展，贵州都取得了长足的进步，特别是在大数据、大健康、大生态等领域，不断培育发展新产业、新业态、新模式，取得了诸多可喜成绩，在全国做出了很好的示范，所有这些成绩的取得都与贵州省不断提高治理能力和治理水平高度相关。贵州省 9 个市州政府作为全省治理体系和治理能力建设的重要构成，在治理结构中起着承上启下的作用，如何科学评价不同市州的治理能力大小，客观发现各市州政府之间的治理能力

---

① 李小群、李琳、李东鹏：《吉林省政府对市州政府绩效评估指标体系问题研究》，《经济视角》2012 年第 1 期。

差距，发现各市州政府治理能力所存在的不足等，均有着重要的现实意义和理论意义。此外，本课题研究的相关成果可以为其他省份市州政府提高治理能力提供有益的参考借鉴。

二　研究意义

(一) 现实意义

县是国家行政组织结构的基本单元，作为直接服务群众和直接服务企业的基层政府，县级政府既是一种地方行政建制、地方行政单位，还是行政区划单位。目前，中国县级政府主要包括县、自治县、县级市、旗、自治旗，以及贵州省的万山特区①和六枝特区②、湖北省的神农架林区等其他县级行政区域。根据最新的中华人民共和国行政区划统计表可知，全国县级单位共2862个，其中：市辖区852个，县级市374个，县1464个，自治县117个，旗49个，自治旗3个，特区2个，林区1个。其中农业和农民是县域经济的主要产业和主要组成人员。县级政府是国家结构中一个特殊的行政层级。一个省有几十个县市甚至上百个县。以四川为例，四川省下辖110个县，显然，直接以县为单位进行管理，造成了行政管理上的巨大困难，势必造成管理上的低效率。以贵州为例，下辖88个区县，特别是周边相邻省份之间的偏远山区，处于交通网络、信息资源以及行政管理的末端，省级政府很难直接管理，于是再设地区（行署）作为省的派出机构管理一个市和周边若干个县。地级市是在20世纪90年代由原来的地区（行署）与所在市合并的结果。中国地级管理层最早可以追溯到80年代，主要由省级派出机构逐步演变为一级行政区划。在全国332个地级机构中，大部分实行了市管县的体制。最初，省会城市和大城市领导县，或地市合并之后，

---

① 万山特区位于贵州省东部武陵山区，隶属于铜仁行政公署，是中国最早的县级行政特区。西接玉屏自治县，北连铜仁市，东南与湖南省苗江、新晃两县交接。

② 六枝特区属于贵州省六盘水市辖区域，位于贵州省西部，是中国唯一以"特区"命名的行政区划，六枝特区也是贵州省资源型城市可持续发展示范区和贵州省资源型城市转型发展先导区。

由于地市本级经济实力强，对县级经济有明显拉动作用，推行比较顺畅。而90年代以来进行的大规模撤地设市、县级市升格为地级市，则由于地级市本身的经济实力弱，因而收权收利，形成"漏斗效应"，削弱了区域经济发展的能力。对地级市而言，有一级政府设置，相应就有一级权力机构、审判机关、检察机构等各类机关、事业单位的对口设置，人员、机构成本很高。本课题所讨论的地级政府，就是设区的地级市。具体而言，就是贵阳市、遵义市、安顺市、黔南苗族布依族自治州、黔东南苗族侗族自治州、铜仁市、毕节市、六盘水市、黔西南布依族苗族自治州等9个市州。

贵州作为西部地区一个不沿海、不沿江、不沿边的经济欠发达省份，集内陆省份、民族地区、大石山区于一体，生态环境脆弱，经济发展滞后，社会矛盾突出，"欠发达，欠开发"是贵州的基本省情。贵州全省共有88个县级单位（县、市、区）。其中包括56个县，11个自治县，7个县级市，13个市辖区，1个县级特区。全省88个县级单位中含国家级贫困县50个，境内武陵山片区、乌蒙山片区、滇黔桂石漠化片区三个集中连片特困地区涵盖66个县。国发2号文件明确指出："贵州是我国西部多民族聚居的省份，也是贫困问题最突出的欠发达省份。贫困和落后是贵州的主要矛盾，加快发展是贵州的主要任务。"贵州县域发展集民族问题、生态问题、贫困问题于一体，县域之间区位条件、资源禀赋、生态环境等存在较大差异。近年来，尽管经济增长速度较快，社会治理能力有所提高，但在经济新常态下面临着传统治理边际效应递减、治理难度日趋增大、治理成效有待提升等现实难题，客观上迫切需要对市州政府治理能力进行研究。其中，贵州有6个地级市以及3个少数民族自治州。国发2号文件进一步明确指出，贵州省尽快实现富裕，是西部和欠发达地区与全国缩小差距的一个重要象征，是国家兴旺发达的一个重要标志。因此，对贵州而言，地级政府，尤其是市州政府的治理能力直接决定着贵州省治理能力的高低。在此背景下，本课题以贵州省9个市州政府为研究对象，通过构建适合市州政府治理能力的评价体系，引入TOPSIS法和聚类分析法，定量评价其治理能力的排名，通过聚类提炼各市州治理能力的差异及重点，提炼出贵州9个市州治理能力提升过程中存在的问题与不足，为有效提升贵州省市州政府治理能力提供有益的参考借鉴。

（二）理论意义

党的十八届三中全会首次提出治理能力的概念以后，国内学者的研究主要偏重于概念内涵的研究，同时缺乏对治理能力这个概念的有效操作化，也较少从定量分析的角度对治理能力展开分析和评价。本课题从治理能力的概念及内涵出发，以贵州省9个市州政府为研究对象，在分析国内外研究现状的基础上，解释了相关核心概念及基本理论，结合了治理能力的概念及基本内涵，剖析国内外关于治理能力研究的现状，构建了贵州省市州政府治理能力的评价指标体系，然后引入TOPSIS法对9个市州政府治理能力进行评价，对9个市州治理能力大小进行排名。通过引入聚类分析法对9个市州进行聚类，发现不同市州政府之间治理能力的差异性。结合前面的综合评价以及聚类分析，提炼出贵州省9个市州提升治理能力过程中存在的问题，结合这些问题给出了相应的对策建议。本课题构建了全新的市州级政府治理能力评价指标体系，组合创新了既有的评价方法，并为市州政府治理能力评价及其应用提供了新的研究框架和研究方法，可供研究其他省份提升治理能力及其评价的机构和学者提供有益的参考借鉴作用。

三 国内外研究现状

（一）国外研究现状

治理的概念来自国外，从统治走向管理，从管理走向治理，是人类政治发展的演化趋势。"多一些治理，少一些统治"已经成为21世纪世界主要国家政治变革的重要特征。国外关于政府治理能力的研究可追溯至1989年世界银行的年度报告。该报告认为，政府治理能力是治理制度安排中治理能力最重要的组成部分，是社会综合治理能力的一个有机构成要素。联合国全球治理委员会在其1995年的年度报告中对治理能力的体系进行了界定。其后，联合国开发计划署 1997 年的年度报告指出，政府在实行分权化治理的时候应该强化以人民为中心的政府治理能力。奇马（Cheema）和罗丁奈里（Rondinelli）提出分权化治理的概念，认为分权化善治可以加强地方政府和公民社会组织的能力建设。奥斯特罗姆（Elinor Ostrom）基于经济治理的分析（尤其是对普通人经济治理活动的研究），开创了多中心治理和自主治理两个公共治理范式理论。国外学者关于治理能力的论述具有理论性与原创性，大多从"多中心治理""赋权参与式治理"等层面对政府治理能力加以研究，与本课题所讨论的研究对象（本课题的研究对象为欠发达地区的地方政府）、研究方法（本课题采用 TOPSIS 法和聚类分析法）等均有不同，所分析的治理能力差异较大，框架不统一，难以与欠发达地区政府治理能力的研究途径完全对接，但可以为本课题研究提供很好的思路、方法以及观点上的借鉴。

（二）国内研究现状

如前面分析，在中国的国家治理体系中，地方政府治理起着重要的承上启下的作用，国内学者往往予以较多的关注，地方政府治理能力研究也因此成为国内学者们的研究热点。国内对政府治理能力研究最早的学者施雪华对政府治理能力的内涵进行界定，并对政府治理能力的分析框架和提升对策进行探讨。但其观点不能完全与治理理论的内涵相对应。[①] 朱立言和陈宏彩认为，政府治理能力的强弱直接关系到人民群众的根本利益，并对政府治理能力与人民群众的根本利益关系做出探讨。[②] 靳永翥在回顾中国地方政府社会治理的四个阶段基础上分析治理转型时期政府面临的挑战，提出应该培育政府社会治理能力的六点建议。[③] 梁学轩着眼于西部地区地方政府的治理能力建设，分析了西部地区地方政府治理能力的现状，并有针对

---

① 施雪华：《政府综合治理能力》，《浙江社会科学》1995 年第 5 期。
② 朱立言、陈宏彩：《政府治理能力与人民群众的根本利益》，《长春市党校学报》2003 年第 4 期。
③ 靳永翥：《治理转型中我国地方政府社会治理能力的培育》，《贵州社会科学》2004 年第 6 期。

性地提出了提升治理能力的对策建议。① 王敬尧构建了地方治理能力的研究框架，提出"互赖治理模型"，并从资源运用、能力性质以及国家—社会关系角度对政府治理能力进行了论述。② 纪晓光基于"群"的角度，将政府治理能力划分为经济治理能力群、社会治理能力群和自身治理能力群，并对三个能力群的具体构成进行了简要分析。③ 俞可平认为，治理不同于统治，它指的是政府组织和（或）民间组织在一个既定范围内运用公共权威管理社会政治事务，维护社会公共秩序，满足公众需要。治理的理想目标是善治，即公共利益最大化的管理活动和管理过程。④

以"政府治理能力"为关键词在 CNKI 中进行检索，发现现有的研究成果呈现出以下几个方面的规律性。

（1）运用大数据技术提升政府治理能力的途径分析。王山认为大数据时代的来临，为政府社会沟通能力、科学决策能力、公共服务能力、危机预防能力、组织协调能力以及社会动员能力的提升带来了巨大的机遇。⑤ 但是，政府面临缺乏大数据治理的思维理念、缺乏大数据的整体性管理机制、缺乏大数据开放共享的制度保障、缺乏大数据技术和人才的必要支撑、缺乏大数据信息安全的法律体系等挑战。为此，政府应直面大数据技术的挑战，从意识层面、管理层面、技术层面、法律层面和伦理层面，科学合理地运用大数据技术，促进政府治理能力的现代化建设，推动政府从"权威型治理"向"大数据治理"转变。陈之常的课题重点分析互联网时代政府治理能力现代化对大数据应用的需求，结合地方政府实践经验提出大数据推进政府治理能力现代化的应用框架，以此框架为统一的视角分析东城区在社区公共卫生、社会服务管理方面应用大数据提升服务管理能力的实际

---

① 梁学轩：《西部地区县级政府治理能力建设》，《湖南科技学院学报》2006 年第 4 期。
② 王敬尧：《县级治理能力的制度基础：一个分析框架的尝试》，《政治学研究》2009 年第 3 期。
③ 纪晓光：《政府治理能力构成初探》，《世纪桥》2015 年第 2 期。
④ 俞可平：《中国的治理改革（1978 - 2018）》，《武汉大学学报》（哲学社会科学版）2018 年第 3 期。
⑤ 王山：《大数据时代中国政府治理能力建设与公共治理创新》，《求实》2017 年第 1 期。

成效，最后提出落实大数据框架需配套的政策建议。① 唐晓阳、代凯认为，随着大数据时代的来临，数据成为基础性战略资源。大数据给政府治理能力提升带来了机遇，促进公共决策科学化民主化、公共服务精细化人性化、公共管理透明化高效化、社会治理精准化法治化。② 目前，中国大数据管理体制机制不健全、网络基础设施薄弱、开放共享程度较低、法治建设相对滞后、管理技术人才匮乏，使得大数据开发利用不充分，影响了政府治理能力的提升。为此，必须进一步理顺大数据管理体制机制，加强网络基础设施建设，促进数据信息开放共享，健全网络数据管理法治，加大数据人才培养力度，提升政府治理能力。

（2）从市场的角度分析如何提升政府治理能力。刘承礼认为，经济治理体系和治理能力现代化是国家治理体系和治理能力现代化的重要组成部分。③ 在其课题中，经济治理体系被理解为政府与市场对经济主体进行调节的制度体系，而经济治理能力则被界定为政府与市场对经济主体进行调节的能力。为了从制度设计和制度执行上搞好经济治理工作，需要正确地处理好政府与市场之间的关系。刘承礼通过对学术界关于政府与市场之间关系研究成果的梳理，试图对经济治理的相关理论进行比较，进而从政府与市场两个层面来设计使经济治理体系和治理能力现代化的途径。梅永愿认为，国家治理体系和治理能力现代化是全面深化改革的总目标，政府治理能力现代化是国家治理体系和治理能力现代化的重要组成部分。④ 文章首先明确"政府治理能力现代化"的含义，其次厘清"市场决定性作用"与"政府治理能力现代化"之间的内在逻辑关系，最后提出在市场决定性作用下推进政府治理能力现代化的五个着力点，即坚持"五大发展理念"。

---

① 陈之常：《应用大数据推进政府治理能力现代化——以北京市东城区为例》，《中国行政管理》2015 年第 2 期。
② 唐晓阳、代凯：《大数据时代提升政府治理能力研究》，《中共天津市委党校学报》2017 年第 6 期。
③ 刘承礼：《经济治理体系和治理能力现代化：政府与市场的双重视角》，《经济学家》2015 年第 5 期。
④ 梅永愿：《市场决定性作用下推进政府治理能力现代化》，《法制与社会》2017 年第 12 期。

（3）关于政府治理能力的评价。朱正威，肖群鹰构建了能力与脆弱性评价框架，体现了现代政府公共安全行政的战略性思维，有助于通过识别社会易致风险因素、衡量社会对抗危机的弹力、监测政府风险预防与控制绩效，规范政府公共安全治理行为，在服务导向中培育政府公共安全治理能力。该框架对政府加深公共安全治理能力建设，具有结构导向、技术支撑和途径规范功能。① 朱燕、郭尧、于飞对湖北省13个地市（州）治理能力进行了测评及排名，评价结果表明湖北13个地市（州），除财政能力外，自身基本保障能力、宏观调控能力、基层自治能力，以及治理能力的测评结果，在很大程度上取决于其所辖区、县（包括县级市）的治理能力和有关特点。② 此外，俞可平还从政治学的理论视角，将治理与统治进行比较，提炼出五个方面的典型区别。其一，权力主体不同，统治的主体是单一的，就是政府或其他国家公共权力；治理的主体则是多元的，除了政府外，还包括企业组织、社会组织和居民自治组织等。其二，权力的性质不同，统治是强制性的；治理可以是强制的，但更多是协商的。其三，权力的来源不同，统治的来源就是强制性的国家法律；治理的来源除了法律外，还包括各种非国家强制的契约。其四，权力运行的向度不同，统治的权力运行是自上而下的，治理的权力运行可以是自上而下的，但更多是平行的。其五，两者作用所及的范围不同，统治所及的范围以政府权力所及领域为边界，而治理所及的范围则以公共领域为边界，后者比前者要宽广得多。③

（三）研究述评

上述研究成果为本课题研究提供了很好的思路与方法上的借鉴。然而，结合研究分布看，还存在以下有待完善的地方。其一，从研究对象看，当前已有的多数文献着眼于国家、省级、县级层面等政府主体，研究对象的空间

---

① 朱正威、肖群鹰：《在能力与脆弱性评析框架下培育政府公共安全治理能力》，《中国应急管理》2007 年第 2 期。
② 朱燕、郭尧、于飞：《对湖北省 13 地市（州）治理能力的测评及排名》，《国家治理》2015 年第 7 期。
③ 俞可平：《推进国家治理体系和治理能力现代化》，《前线》2014 年第 1 期。

尺度相对雷同，较少针对市州级政府的治理能力展开研究，尤其是针对欠发达地区的市州政府治理能力的研究文献，目前还十分鲜见。其二，从研究方法看，既有文献大多采用定性层面的文字解释和描述，偏重于从政治学、公共管理等学科对政府治理能力的概念、内涵、外延的阐述和辨析，鲜见结合综合评价、统计学等其他学科，构建相应的治理能力评价指标体系，运用相关的定量分析模型对市州政府的治理能力进行评价研究，并结合定量分析的结果提炼出相关问题，最终给出具有针对性和操作性的对策建议。

四　研究方法

（一）文献阅读法

文献阅读法是研究的起点。课题组以"政府治理能力"为关键词，在CNKI 中进行检索，下载和整理与政府治理能力相关的期刊文献 226 篇，并按照不同的研究视角对文献进行了梳理。同时，收集到《重塑政府：提升政府治理能力的原则、办法及路径》《21 世纪政府治理能力创新研究》《地方政府社会治理能力建设研究：基于宁波实践的分析》等学术专著 6 本，在此基础上，撰写了本课题的文献综述，提炼了本课题可以吸收和借鉴的思路、方法和观点。

（二）德尔菲法

德尔菲法（Delphi method）是由美国兰德公司创立并广泛实施的。德尔菲法在很大程度上消除了面对面交流的头脑风暴法自身的缺陷，是该方法的主持人采用背对背方式以通信方式征询专家小组成员的预测意见，经过多轮征询，使专家的意见由最初的分散走向集中，最后做出符合市场未来发展趋势的预测结论。该方法又称为专家意见法或专家函询调查法，依据系统的程序，采用匿名发表意见的方式，即团队成员之间不得互相讨论，不发生横向联系，只能与主持人本身产生双向互动，以反复填写问卷，以集结问卷填写人的共识及搜集各方意见，可用来构造团队沟通流程，应对复杂任务难题的管理技术。德尔菲法有三个特点。①匿名性。即参与预测的专家之间相互之间就参与此次预测彼此之间完全信息不对称，独立进行思考预测。②轮回性。就某一问题的预测，专家们不可能一开始就达成一致，而是必须要经过几个回合，反复思考之后才能形成共识。③统计性。最终的预测结果是在专家达成基本共识以后，按照求解中位数的方法来计算最终的预测值。

（三）TOPSIS法

TOPSIS（Technique for Order Preference by Similarity to an Ideal Solution），即逼近理想解排序法，是黄清米（C. L. Huang）和尹之阳（K. Yoon）于1981年首次提出的。TOPSIS法根据有限个评价对象与理想化目标的接近程度，在现有的对象进行相对优劣的评价，又称为优劣解距离法。TOPSIS法是一种逼近于理想解的排序法，该方法只要求各效用函数具有单调递增（或递减）性就行。该方法的基本原理，是通过检测评价对象与最优解、最劣解的距离来进行排序，若评价对象最靠近最优解同时又最远离最劣解，则为最好；否则为最劣。其中最优解的各指标值都达到各评价指标的最优值。最劣解的各指标值都达到各评价指标的最差值。TOPSIS法的"理想解"和"负理想解"是TOPSIS法的两个基本概念。所谓理想解是一个设想的最优的解（方案），它的各个属性值都达到各备选方案中的最好的值；负理想解是一个设想的最劣的解（方案），它的各个属性值都达到各备选方案中的最坏的值。方案排序的规则是把各备选方案与理想解和负理想解做比较，若其中有一个方案最接近理想解，同时又远离负理想解，则该方案是备选方案中最好的方案。该方案几何意义直观、数学原理简单，客观反映各评价对象之间的差距，具有真实、直观、可靠的优点。鉴于TOPSIS法的这些优点，本课题采用了TOPSIS作为综合评价方法。

（四）聚类分析法

聚类分析法是多元统计分析中的常用模型，主要有分层聚类法和迭代聚类法。聚类分析也称群分析、点群分析，是研究分类的有效统计方法。通常意义上研究的样本或指标之间存在不同程度的相似性，也即亲疏关系，一般通过样品间距离来进行衡量。根据一批样品的多个观测指标，具体找出一些能够度量样品或指标之间相似程度的统计量，以这些统计量为划分类型的依据。把一些相似程度较大的样品（或指标）聚合为一类，把另外一些彼此之间相似程度较大的样品（或指标）又聚合为另一类，直到把所有的样品（或指标）聚合完毕，这就是分类的基本思想。在聚类分析中，通常我们将根据分类对象的不同分为 Q 型聚类分析和 R 型聚类分析两大类。R 型聚类分析是对变量进行分类处理，Q 型聚类分析是对样本进行分类处理。R 型聚类分析的主要作用是了解个别变量之间的关系的亲疏程度，而且可以了解各个变量组合之间的亲疏程度。

第二节　核心概念及基本理论

一　核心概念

（一）治理的概念及其内涵

"治理"这一概念最先由国外提出。"治理"概念源自古典拉丁文或古希腊语"引领导航"（steering）一词，原意是控制、引导和操纵，指的是在特定范围内行使权威。它隐含着一个政治进程，即在众多不同利益共同发挥作用的领域建立一致或取得认同，以便实施某项计划。进入 20 世纪 90 年代，随着志愿团体、慈善组织、社区组织、民间互助组织等社会自治组织力量的不断壮大，它们对公共事务、公共精神、生活的影响日益重要，引导人们重新反思政府与市场、政府与社会的关系问题。如果说新公共管理运动主要关注公共部门对市场机制和企业管理技术的引进，那么治理理论的兴起则进一步拓展了政府改革的视角，它对现实问题的处理涉及政治、经济、社会、文化等诸多领域，是一个系统化思维的应用。到目前为止，国内外关于治理的概念出现了多种定义，但始终缺乏一个一致性认可的概念，直到现在治理仍是一个相对模糊和复杂的概念。"治理"被定义为多种，如"在管理国家经济和社会发展中权力的行使方式"，"确定如何行使权力，如何给予公民话语权，以及如何在公共利益上做出决策的惯例、制度和程序"，这些定义大多从政治学、善治、国际关系、市场与政府关系的学科视角，从相对狭小的视角强调治理概念中某一方面资源的行使方式，比如权力。国外学者给出的关于治理的概念理解有 9 种之多。① 在众多的定义中，全球治理委员会的表述具有很大的代表性和权威性。该委员会于1995 年对治理做出如下界定：治理是或公或私的个人和机构经营管理相同事务的诸多方式的总和。它是使相互冲突或不同的利益得以调和并且采取联合行动的持续的过程。它包括有权迫使人们服从的正式机构和规章制度，以及种种非正式安排。而凡此种种均由人民和机构或者同意，或者认为符合他们的利益而授予其权力。

结合上述各类定义，可以提炼出治理概念本身所蕴含的基本内涵。第一，治理不是一套规则条例，也不是一种活动，而是一个过程，治理的过程不以支配为基础，而以调和为基础。第二，治理过程必须同时涉及公共部门和私人部门两类部门。第三，治理并不意味着一种正式制度，而确实有赖于持续的相互作用。第四，治理过程中的研究对象是多中心而非单一中心的，其运作方式往往是以网络状的方式进行运行。第五，行为者间的关系产生了具体的风险和不确定性，而不同的部门发展出各自不同的制度来减少风险，提高合作的可能性。总之，随着治理主体、治理环境以及治理方式的变化，治理主体的越来越多元，治理主体间责任边界越发模糊，主体间权力存在互相依赖性和互动性，治理的概念越来越成为一个内容丰富、包容性很强的学术概念。

（二）治理能力的概念及其内涵

在中国语境下，治理能力与治理体系是一对相互补充、互为支撑的孪生概念，不能脱离治理体系谈治理能力，也不能脱离治理能力谈治理体系，

---

① 余军华、袁文艺：《公共治理：概念与内涵》，《中国行政管理》2013 年第 12 期。

两者相辅相成、不可分割。关于治理体系和治理能力之间的关系，最权威的观点就是习近平总书记给出的关于治理体系和治理能力两者之间的关系。习近平总书记在 2014 年省部级主要领导干部学习贯彻十八届三中全会精神全面深化改革专题研讨班上明确指出："国家治理体系和治理能力是一个国家制度和制度执行能力的集中体现。国家治理体系是在党领导下管理国家的制度体系，包括经济、政治、文化、社会、生态文明和党的建设等各领域体制机制、法律法规安排，也就是一整套紧密相连、相互协调的国家制度；国家治理能力则是运用国家制度管理社会各方面事务的能力，包括改革发展稳定、内政外交国防、治党治国治军等各个方面。"[①] 治理体系和治理能力是国家治理的一体两翼，两者相辅相成，是一个有机整体，不可分割。治理体系提供了治理的边界和内容，而治理能力是将治理体系贯彻执行的方式方法。有了好的国家治理体系才能提高治理能力，提高国家治理能力才能充分发挥国家治理体系的效能。

国家治理体系和治理能力是一个国家制度和制度执行能力的集中体现，深刻理解推进国家治理体系和治理能力现代化的内涵，需要从以下三个方面把握。

（1）关于"国家治理体系和治理能力现代化"的语境把握。当前学术界关于"国家治理体系和治理能力现代化"的论述很多，观点新颖。但任何脱离中国语境和中国情景的观点都会扭曲甚至误读"国家治理体系和治理能力现代化"的应有要义。习近平总书记在 2014 年全国省部级主要领导干部学习贯彻十八届三中全会精神全面深化改革专题研讨班开班式上首次系统阐述"国家治理体系和治理能力现代化"这一现代政治的核心理念。习近平总书记指出："推进国家治理体系和治理能力现代化，必须完整理解和把握全面深化改革的总目标，这个总目标是由两句话组成的一个整体，即完善和发展中国特色社会主义制度、推进国家治理体系和治理能力现代

---

① 《习近平谈治国理政》，外文出版社，2014，第 91 页。

化。"① 前一句话是根本前提、根本性质和根本方向，就是国家治理体系和治理能力现代化必须在中国特色社会主义制度的框架内进行，必须坚持走中国特色社会主义道路。后一句话讲的是实现形式和基本途径，就是说完善和发展中国特色社会主义制度，必须不断完善国家治理体系和提升国家治理能力，或者说，推进国家治理体系和治理能力现代化的根本目的是完善和发展中国特色社会主义。

（2）关于治理概念的内涵把握。从统治、管理走向治理，是人类政治发展的普遍趋势。"多一些治理，少一些统治"是21世纪世界发达国家政治变革的重要特征。在国家治理概念提出之前，治理的概念和理论已经在社会科学领域和政策实证研究领域被广泛运用。从学术理论的渊源来看，治理理论是从社会中心论出发，从社会的诉求来规制国家和政府的职责和作为。准确理解治理概念的内涵需要把握以下几个方面：治理主体的多元性，即由传统的"一元"主体（政府）向"多元"主体（企业、社会组织、公众等）转变；治理方式的多边性，即由传统的"单向"（自上而下）向"互动"（网状结构）转变；治理权力的位移性，即由"集权"向"分权"转变（权力下沉，民意上升）；治理理念的超前性，即由封闭式的"传统"理念向开发式的"现代"理念转变。

（3）关于现代化的内涵把握。诸多学者对"国家治理体系和治理能力现代化"的解读偏重于"治理"与"管理"和"统治"的区别，而理论上重点应该是对"现代化"内涵的解读。从对象来看，现代化的概念应该包含两个方面，即治理体系的现代化和治理能力的现代化；从内容来看，现代化意味着至少符合公共权力运行的制度化和规范化、民主化、法治、效率、协调五个方面的标准。"治理能力现代化"主要是指以国家治理体系为依托，借助制度、机制、政策、技术等因素，促使国家多元治理能力保持

① 《习近平谈治国理政》，外文出版社，2014，第105页。

协调进步、务实高效的一种趋向与动态过程。此外，"治理能力现代化"至少包括两层含义：一是能力结构，即明确治理能力到底应该包括哪些能力体系；二是能力状态，即明确能力发展趋向，这些能力应该往什么方向发展，应该达到什么样的状态，发挥怎么样的治理效果。据此，"治理能力现代化"，实质上就是在一定时空范围内，多元治理主体之间互动合作、集体行动的多元能力体系及其提升过程，是旨在实现"善治"的基本能力保障。①

综上所述，"完善和发展中国特色社会主义制度"是"推进国家治理体系和治理能力现代化"的中国语境，"治理"和"现代化"是其中的两个核心词语。其中，治理是核心，现代化是目的。治理体系和治理能力是一个有机整体，相辅相成，有了科学的治理体系才能孕育高水平的治理能力，不断提高社会治理能力才能充分发挥国家治理体系的效能。总之，要通过实现国家治理体系的现代化和治理能力的现代化来完善和发展中国特色社会主义制度。只有把握好上述内涵分析才能完整把握全面深化改革的总目标。

（三）地方政府治理能力概念及内涵分析

地方政府治理能力是基于治理与政府治理能力两个概念基础上衍生出的新概念。目前学术界关于政府治理能力的概念尚未形成一致性认识，较早的研究可追溯至部分学者提出的与政府治理能力类似的概念。如加布里埃尔·阿尔蒙德（Gabriel Almond）认为，政府能力是指建立政治行政领导部门和政府行政机构并使他们拥有制定政策以及在社会中执行制定的政策，特别是维护社会公共秩序和其自身合法性的能力。② 施雪华认为，政府综合治理能力是指处于特定的历史、社会和自然环境中的政府，维护自己的政治统治，管理社会事务，服务大众需要，平衡社会矛盾，促进社会稳定发

---

① 陶希东：《政府治理能力现代化的衡量标准》，《学习时报》2014 年第 12 期。
② 〔美〕加布里埃尔·阿尔蒙德：《比较政治学：体系、过程和政策》，曹沛霖等译，上海译文出版社，1987。

展的所有潜在的或现实的能量或力量的有机整体。[1] 马旭红认为，地方政府
的社会治理能力是地方政府运用公共权力，调动社会资源，履行政府职能，
以实现地域社会发展和稳定的潜在和现实的功能性能量和力量的总和。[2] 易
学志认为，政府治理能力的含义可以归纳为政府治理国家事务和社会公共
事务所具有的能量和力量，而且这种治理所要达到的境界是善治。[3] 胡鞍钢
等认为，政府治理能力反映了政府治理行为的水平和质量，是对政府治理
模式稳定性、有效性和合法性的直观度量。[4]

　　尽管不同学者对地方政府治理能力概念没有形成统一认识，但是提炼
上述定义的共同点可以发现，"地方政府治理能力"概念仍旧承袭了"治
理"概念的内核，即治理主体的多样性、治理维度的多元性以及治理方式
的网状性，强调了政府治理的质量和水平的综合反映，体现了治理→治理
能力→地方政府治理能力的演化过程。鉴于此，本课题认为，地方政府治
理能力是指在平衡公共财政的前提下，地方政府通过积极地发挥在多元治
理体系中的主导作用，提高民生保障水平，优化经济发展质量，强化公共
服务职能，加强生态环境保护等所表现出的质量和水平的集中反映，并将
治理、治理能力以及地方政府治理能力3个概念之间的逻辑扩展及递进关系
绘制成图3-1。

图3-1　本课题中"治理"概念的逻辑扩展

---

① 施雪华：《政府综合治理能力》，《浙江社会科学》1995年第5期。

② 马旭红：《全面提升地方政府的社会治理能力》，载贵州省科学社会主义学会《贵州省科学
　社会主义学会2004年年会论文集》，贵州省科学社会主义学会，2004，第2页。

③ 易学志：《善治视野下政府治理能力基本要素探析》，《辽宁行政学院学报》2009年第4期。

④ 胡鞍钢、魏星：《治理能力与社会机会——基于世界治理指标的实证研究》，《河北学刊》
　2009年第1期。

二　基本理论

（一）公共治理理论

公共治理理论不同于早期由上而下的管理理论，更不同于体现了德国式的社会科学与美国式的工业主义的结合的韦伯的科层制管理。随着人类社会进入信息时代，各种不确定因素急剧增多，政府面临和调控的风险很多。由于政府的资源有限、精力有限、能力有限，而政府管理所面临的对象广、事物杂、内容多、难度大，传统管理模式和手段难以应付新时期的管理挑战。而治理理论强调政府不应该疲于应付，希望政府结合自己已有的资源，做自己应做和能做的事，认清和把握好政府运行的边界；不强求自上而下、等级分明的社会秩序，而重视网络社会各种组织之间的平等对话的系统合作关系的一系列理论。纵观公共治理理论不同的学术观点，质疑论者主要关注的是中国社会缺乏实现公共治理的几大必备条件，包括完善的市场经济体制、成熟的多元管理主体以及民主法治等；主张论者认为公共治理理念、方法的引入，在一定程度上能够解决上述问题，在运作过程中带来积极作用，其意义更多地来源于过程中的促进作用。从这个意义上讲，治理理论的引入对提高政府传统的管理能力有着重要的导向作用，也为构建科学合理的政府治理能力评价提供了可以参考借鉴的逻辑框架。

（二）综合评价

评价是认识事物的重要手段，而综合评价是从多个维度实现对事物全面认识的科学手段。随着改革进入深水区，各级政府纷纷引入第三方评估，以促进政府治理能力的提高。近年来，从国务院到各个部委、地方政府，都开始大规模地引入第三方评估，如国家精准扶贫的第三方评估、社会稳定风险的第三方评估等。据不完全统计，李克强总理多次在国务院常务会议上提到"第三方评估"。从这个意义上讲，借助评估手段促进地方治理能力的提高有着重要的现实意义。综合评价法指的是运用多个指标对多个评价对象进行评价的方法。综合评价是管理四大职能（计划、组织、领导、控制）中控制职能的具体体现，综合评价是认识和分析事物的重要手段。概括而言，综合评价过程包括两个关键内容：一是构建综合评价所需的指标体系；二是选择相应的综合评价方法。通过构建多维度的指标体系科学合理地评价样本对象的发展程度及发展方向和综合排序，从而来判断该评价对象的走向和目标，能够实现"横向比较找差距，纵向比较看成绩"的目的。所以，综合评价是刻画不同市州政府治理能力差异的有效工具。其基本思想是借助评分函数将多个指标转化为一个能够反映综合情况的指标来进行评价，从而为整体上掌握评价对象的发展水平以及个体之间的发展差异提供定量分析依据，综合评价是认识事物的有力方式。

第三节　构建市州政府治理能力评价体系

一　构建指标体系的基本原则

贵州省集民族地区、高原山区、经济滞后区以及生态脆弱区于一体，是中国脱贫难度最大、治理难度最大的省份。其中，贫困治理也因此成为贵州省地方政府治理内容中的重要构成。将治理能力的基本原理与贵州地方政府治理实际相结合是本课题研究的一个显著特点。因此，贵州省市州政府治理能力评价体系的构建既要符合一般监测体系的特征，又要体现贵州省市州政府治理能力的自身特色，如精准扶贫背景下的脱贫攻坚战略（意味着农村贫困治理是治理内容的重要构成），守住生态和发展两条底线（意味着要纳入生态和经济发展的相关指标），以及"金山银山就是绿水青山"等，从而为提高贵州省市州政府治理能力，为治理体系的健全完善提供参考依据。一般而言，传统的市州政府治理能力评价往往脱离评价对象的具体实际，带有一定的盲目性和随意性，降低了正确评价政府治理能力的针对性和提升政府治理能力的操作性。本课题研究中的贵州省市州政府治理能力评价指标体系紧扣治理能力的概念及基本内涵，同时，结合贵州省市州政府的治理实践，构建贵州省市州政府治理能力评价指标体系。为客观分析和比较地市治理能力，应选取兼具代表性和可得性的数据指标，并通过定量分析，准确、科学地测量地市治理能力所涉及的各个方面。为实现这一目的，我们需要吸收国内外已有研究成果和相关理论，更需要充分考虑当前贵州省市州政府经济社会所处的实际发展阶段，以及当前市州政府提升治理能力过程中存在的重点和难点。

如果说上述提到的贵州省市州政府的具体实际是外在的现实约束，那么构建综合评价体系中需要遵循的基本原则就是内在的学术约束。在构建治理能力综合评价体系的过程中，课题小组经过反复讨论，集思广益，认为指标体系构建需要遵循主要性、可比性、科学性、实用性、个体与整体并重、动态性以及可操作性等七个基本原则。尽量以最简洁、最适宜、最合理以及最易得的指标来客观评价治理能力为导向，以贵州省 9 个市州政府目前所处的发展阶段和经济社会发展实际为重要前提，以"善治"理念为指导，在借鉴新古典宏观经济学、福利经济学、公共管理学和公共选择经济学基本理论的基础上，构建了由 9 个指标所构建的综合评价指标体系。同时，在指标数据选取方面，又是充分建立在数据的可得性基础之上。具体选择的指标数据说明如下。为了保证上述原则的顺利贯彻和实施，在构建市州政府治理能力指标体系的过程中需要坚持以下几个方面的原则。

（一）主要性原则

由于治理能力是一个范围广、内容多、边界宽的复杂概念，所以理论上本课题所构建的治理能力指标体系应能全面反映市州政府治理能力的综合情况，指标体系的全面性评价功能大于各分析指标的简单加总。但实践上，限于人们的认知水平，测量工具以及指标之间的相关性因素，很难构建符合全面性原则的指标体系，只能构建符合主要性原则的指标体系。要使指标体系层次清楚、结构合理、相互关联、协调一致。要抓住主要因素，既能反映直接效果，又要反映间接效果，以保证评价的全面性和可信度。由于治理能力是一种综合意义上的能力，治理能力的高低不仅受限于客观层面的物质水平，还包括主管层面的个人能力发挥。综合评价市州政府治理能力的高低，坚持主要性原则的、科学的指标体系，就能保证所构建的指标体系能够全面真实地反映出市州政府治理能力状况的整体水平。

（二）可比性原则

政府治理能力主要是通过不同维度的指标来进行全面描述和系统评价，不同市州政府治理能力的大小和差异性就是通过这些指标刻画出来的。因此，要确保贵州省的9个市州政府在所构建的治理能力评价指标中具有可比性，否则，综合评价的最终结果将是失败和无效的。综合评价是根据评价对象的整体属性和效用值的比较进行排序，指标之间的可比性越强，评价结果的可信度越大。因此，评价指标的选取和评价标准的制定要客观实际，内涵和口径相同，便于比较。各评价指标之间要避免显而易见的信息重叠，指标之间隐含的相关关系要予以消除。不同量纲的指标应该按特定的规则做标准化处理，化为无量纲指标，便于整体综合评价。指标处理中要保持同趋势化，以保证不同指标的运动方向保持一致，具有更强的可比性。

（三）科学性原则

科学性是综合评价的灵魂。只有做到科学评价，才会引致科学的决策。以公共管理、治理能力以及综合评价等不同学科领域的科学理论为指导，以客观系统内部要素以及其中的本质联系为依据，科学选取包括专家评价法、TOPSIS法、主观赋权法、客观赋权法等方法，通过定性和定量相结合的方法，正确反映系统整体和内部相互关系的数量特征，做到定性指标和定量指标相结合、绝对指标和相对指标相结合。定性指标反映了事物的质的属性，一般都事前进行量化处理，方便进行量化处理。定量指标注意绝对量和相对量结合使用，绝对量反映总量和规模，相对量反映强度和密度。

（四）实用性原则

综合评价的优势在于可以从多个维度进行客观真实的评价，因此，评价指标含义要明确，数据要规范，口径要一致，资料收集要简便。综合指标的设计必须符合党的十八届三中全会以来党和国家关于治理能力的最新规定，符合国家和地方的方针、政策和法规，口径和计算要与通用的会计、统计、业务核算协调一致，还要反映贵州省市州政府治理能力的自身特点。评价模型设计要有可操作性，评价计算简便，结构模块化，计算程序化，便于在计算机上操作实现。

（五）个体与整体并重原则

构建的指标体系能够评价作为微观个体的市州政府治理能力与和作为宏观层面的省域治理能力的发展变动趋势。在讨论市州政府治理能力问题时，通常是侧重于贫困农户的研究，仅能反映贫困农户经济水平的提高和生活质量的改善，不能衡量贫困农户所涉及的地区诸多非经济因素的改变。实际上，只有当一个地区从总体上摆脱治理能力不足的约束之后，其贫困农户的脱贫巩固率才会大大提高，加强农村区域治理能力测量有利于考察贫困农户的扶贫效果。因此，两者并重更有利于综合衡量农村治理能力的全部情况，有利于总结治理过程中出现的种种问题。

（六）动态性

指标体系的确立必须能够动态测量治理能力变动的全过程。以往在研究地方政府治理能力问题时，往往仅停留在对某一时点上治理能力程度的判断，而对于地方政府治理能力的变动进行动态测量却做得很少。事实上，由于政策、人员以及环境的流动，地方政府治理能力的发展也是一个动态过程，需要从动态发展角度去研究和评价市州政府的治理能力，对科学刻画治理能力、有效提升治理能力有着重要的现实指导意义。由于本课题研究采用的是横截面数据进行的静态评价。因此，这里的动态性无法体现出来。

（七）可操作性

任何评价活动最终都需要通过可以观测的相关指标进行刻画，因此评价指标的选择应要充分考虑其量化及获取数据的难易程度，并保证数据准确性和可靠性，在确保数据真实、可获取的前提下，尽量利用统计资料数据、现有规范标准、相关规划数据和官方调查数据。所选择的指标体系应该尽可能简单明了，以达到简单性和复杂性统一的目的。既要保证能全面反映市州政府治理能力的各种内涵，又要便于实施。

二 指标体系的构建及其指标解释

指标体系是实施综合评价的合理工具。构建贵州省市州政府治理能力综合评价指标体系，必须遵循相应的基本要求，这些要求就是构建指标体系过程中的基本约束条件，有助于避免所构建的指标体系偏离评价主题和评价对象。根据前面分析的构建指标体系的基本原则，以及本课题构建的原始数据矩阵，有9个评价对象，9个评价指标（见表3－1）。其中，x_{ij}表示第i个评价对象的第j个评价指标所对应的原始指标值。其中，$i=1,2,\cdots,9$，$j=1,2,\cdots,9$。

在构建指标体系的过程中，如何选取有代表性和典型性的指标呢？一方面遵循前面提到的主要性、可比性、科学性、实用性、个体与整体并重、动态性以及可操作性等基本原则；另一方面，紧密结合贵州省市州政府治理的具体实际。具体而言，本课题选择指标体系的具体思路如下：首先，发展才是硬道理，尤其是经济发展是解决一切问题的根本所在。经济指标是评价市州政府治理能力的首要指标。从经济发展状况来进行思考，由于贵州是全国贫困程度最深、贫困范围最广、脱贫难度最大的脱贫攻坚省份，农民的收入最能反映农村治理能力的水平，因此，在这里引入农村居民人均纯收入可以说从最关键的环节刻画了贵州9个不同市州在脱贫攻坚中的治理能力。此外，农村治理能力发生率是除经济指标之外的重要社会指标。其次，我们经常讲发展是硬道理，经济发展是其他一切发展的基础，尽管治理能力不能完全体现在经济发展层面，但是绝不能离开经济发展谈治理水平，因此，这里引入了第三产业占地区生产总值的比例作为评价的指标。治理能力的高低不仅体现在发展经济的数量层面，还要体现经济增长的质量层面，其中，单位生产总值能耗反映了某一地区经济增长的质量。但凡经济增长质量高的地区都是通过发展高科技产业或者战略新兴产业等创新活动驱动经济增长，单位生产总值能耗这个指标值就低。因此，我们引入单位生产总值能耗刻画市州政府经济治理的能力。从治理的主体来看，主要是市州政府，同时本课题研究的对象就是市州政府，而任何治理活动都需要相应的资金支持，因此，市州政府的公共财政收入及其收支平衡情况都是刻画这方面的有效指标。除经济指标以外，还有其他民生方面的指标，如贵州农村因病致贫就是主要的因素之一，因此对贵州农村地区而言，医疗问题就是除经济问题之外最大的民生问题。因此，本课题引入农村合作医疗、每千人拥有的执业（助理）医师数来刻画医疗方面的问题。最后，除了经济层面，民生层面等方面的治理外，还有一个很重要的维度，就是生态方面的治理问题。2017 年 10 月 18 日，习近平同志在党的十九大报告中指出："坚持人与自然和谐共生。必须树立和践行绿水青山就是金山银山的理念，坚持节约资源和保护环境的基本国策。"[1] 因此，生态环境也是地方政府治理方面的重要内容。鉴于此，本课题引入森林覆盖率这个指标来刻画地方政府治理生态环境的能力大小。因此，本课题从民生发展质量、经济发展质量、公共财政平衡能力、基本保障能力以及生态环境保护等 5 个维度刻画市州政府的治理能力。

具体而言，在遵循评价指标选取原则的基础上，结合治理能力的基本内涵，本课题从 2015 年的贵州统计年鉴和各市州国民经济和社会发展统计公报等先后选取农村治理能力发生率（%）——X1，农村居民人均纯收入（元）——X2，单位生产总值能耗（吨标准煤/万元）——X3，第三产业占比（%）——X4，公共财政收入增长率（%）——X5，公共财政收支平衡率（%）——X6，农村合作医疗参合率（%）——X7，每千人拥有的执业（助理）医师数——X8，森林覆盖率（%）——X9，总计共 9 项指标，构成贵

---

[1] 习近平：《决胜全面建成小康社会 夺取新时代中国特色社会主义伟大胜利——在中国共产党第十九次全国代表大会上的报告》，人民出版社，2017，第 23～24 页。

州省市州政府治理能力评价体系（各原始指标的数值见表3-1）。

表 3-1 贵州省9个市州政府治理能力评价原始数据

编号	市州名称	X1	X2	X3	X4	X5	X6	X7	X8	X9
1	贵阳	2.2	9592	1.290	55.40	12.67	70.43	98.40	3.36	44.20
2	六盘水	23.3	5934	2.592	36.31	16.68	56.39	98.70	1.25	45.30
3	遵义	13.8	6849	1.247	39.92	14.54	37.29	98	1.30	51.24
4	安顺	24.6	5801	1.999	47.47	15.87	30.94	99.12	0.94	42
5	毕节	22.3	5645	1.723	37.97	8.77	36.21	99.65	0.81	44.06
6	铜仁	30.1	5397	1.529	45.61	14.04	18.96	98.30	1.02	53.93
7	黔西南	20.8	5360	1.599	47.39	15.84	38.78	89.30	0.98	46.7
8	黔东南	23.9	5345	1.809	50.15	12.23	30.83	98.88	1.28	62.3
9	黔南	24.1	6208	1.657	45.69	15.21	31.80	97.81	1.38	53.5

资料来源：2015年的《贵州统计年鉴》、各市州《国民经济和社会发展统计公报》。

三 各项指标的概念及内涵

所谓指标，就是结合具体事物来测量事物属性程度的变量。构建市州政府治理能力的指标体系是为了从多维度多指标多层面的视角来刻画政府治理能力的大小，这些评价指标是从多个不同层面反映市州政府治理能力各个方面的数量特征的概念和数值。一个完整的统计指标包括指标名称和指标数值两个部分，精准界定各个指标的概念有助于提高综合评价的精度。因此，在这里，为清晰界定各指标的名称、概念和内涵，特做出如下说明。

1. 治理能力发生率

治理能力发生率，指的是低于治理能力线的人口占全部人口的比例。该方法首先由朗特里（Seebohm Rowntree）于1901年提出。其公式为：$H = q/n$，其中，H为治理能力发生率，q为治理能力人口数，n为全部人口数。

2. 农村居民人均纯收入

农村居民人均纯收入，指农村住户当年从各个来源得到的总收入相应地扣除所发生的费用后的收入总和。纯收入主要用于再生产投入和当年生活消费支出，也可用于储蓄和各种非义务性支出。"农村居民人均纯收入"按人口平均的纯收入水平，反映的是一个地区或一个农户农村居民的平均收入水平。计算方法：纯收入＝总收入－家庭经营费用支出－税费支出－生产性固定资产折旧－赠送农村内部亲友支出，与城镇居民可支配收入相对应。

3. 单位生产总值能耗

单位生产总值能耗是反映能源消费水平和节能降耗状况的主要指标，一次能源供应总量与国内生产总值的比率，是一个能源利用效率指标。该指标说明一个国家经济活动中对能源的利用程度，反映经济结构和能源利用效率的变化。

4. 第三产业占比

本指标是指第三产业产值占该市州国内生产总值的比例。第三产业具有生产与消费统一，点多面广、小型分散，易于吸纳劳动力的特点，对解决就业、开辟市场起着重要的作用。第三产业和消费的关系最为直接，而在拉动经济增长的"三驾马车"中，消费是最可靠、最具可持续性的拉动力量。第三产业可吸纳大批劳动力就业，与其他产业部门相比，第三产业具有就业弹性大，劳动密集、技术密集和知识密集并存的特点，在吸纳劳动力就业方面具有独特优势，能够吸纳各种不同素质的劳动者就业。

5. 公共财政收入增长率

公共财政收入是政府为了供应政府公共活动支出的需要，履行政府的公共管理、公共服务以及国民经济的市场化管理等职能而从企业、家庭等社会目标群体中获得的一切货币收入的总和。公共财政收入的规模在很大程度上决定着公共财政支出的规模，从而决定着政府活动的范围，进而影响到一个国家的经济增长和社会发展。因此，各国政府都十分重视对公共财政收入的管理，科学设定财政收入的规模、结构，明确规定财政收入的范围、形式，建立规范的公共财政收入制度，以实现政府的经济意志，促进公共财政分配的科学化和规范化，有效实现政府的各项管理职能。

6. 公共财政收支平衡率

公共财政收支平衡率是指在一定时期内（通常为一个财政年度）财政收入与财政支出之间的等量对比关系。公共财政收支是政府的经济行为，是政府进行宏观调控的重要手段，这意味着实现财政收支的综合平衡也完全具有可能性。在市场经济条件下，居民（家庭）、企业和对外部门的经济行为，主要是接受市场的调节。它们的货币收支活动都是为了实现特定的目标。居民要实现效用最大化，企业和对外部门要实现利润最大化。而国民经济的综合平衡虽然从长远看与它们所追求的目标是一致的，但由于思考问题的角度不同、认识能力的局限以及眼前利益和长远利益的矛盾，使它们很难按照实现经济综合平衡的目标来调整自己的行为。换言之，国民经济的综合平衡是难以在市场机制的自发作用下实现的。而财政收支作为政府的经济行为，必然要调整自身的收支来实现经济的综合平衡，这是由财政分配主体的特殊性决定的。

7. 农村合作医疗参合率

新型农村合作医疗（简称"新农合"）是指由政府组织、引导、支持，农民自愿参加，个人、集体和政府多方筹资，以大病统筹为主的农民医疗互助共济制度。其采取个人缴费、集体扶持和政府资助的方式筹集资金，该市州参加新农合的人数/四州政府目标人数参合率是保证新型农村合作医疗可以持续发展的前提。通过两年试点，新型农村合作医疗在保障农民健康、减轻农民医疗费用负担等方面起到了应有的作用。但是，从实际运行情况看，农民参合的积极性没有设想中的那么高，参合率并不理想。依照国家规定，试点县参加新农合的人数不能低于农村人口的60%，而海花市新农合参合率仅为48%，与国家的要求还有一定差距，直接影响了新型农村合作医疗的推行质量。

8. 每千人拥有的执业（助理）医师数

具体而言，每千人拥有的执业（助理）医师数 = 年末执业（助理）医师数/年末常住人口数 × 1000。该指标反映市州政府医疗资源配置的投入程度和公平性程度。该指标值越大，政府投入的医疗资源越多，越能满足群众对医疗资源的需求，是反映政府治理能力的重要指标。该指标是反映医疗供需是否失衡的重要指标。

9. 森林覆盖率

森林覆盖率是指森林面积占土地总面积的比率。计算公式为：森林覆盖率（％）＝森林面积/土地总面积×100％。该指标是反映发展绿色经济的重要指标，是反映习近平总书记"绿水青山就是金山银山"理念的重要指标，一般用百分比表示，是反映一个国家（或地区）森林资源和林地占有的实际水平的重要指标，也是反映森林资源的丰富程度和生态平衡状况的重要指标。森林覆盖率亦称森林覆被率，指一个国家（或地区）森林面积占土地面积的百分比，是反映一个国家或地区森林面积占有情况或森林资源丰富程度及实现绿化程度的指标，又是确定森林经营和开发利用方针的重要依据之一。

第四节　基于 TOPSIS 组合赋权的市州政府治理能力评价分析

贵州省市州政府治理能力评价包括两个部分的内容，一是构建科学合理的市州政府治理能力评价指标体系，二是引入恰当合适的评价方法，这两个方面缺一不可。在众多的评价方法中，由于 TOPSIS 方法具有基本原理简单、几何意义直观、对样本数据无特殊要求、便于理解运用等优点，在综合评价、方案选择以及最优决策中得到广泛的应用。鉴于此，本课题采用 TOPSIS[①] 法进行市州政府治理能力的综合评价。具体而言，TOPSIS 的具

---

① TOPSIS 是 Technique for Order Perference by Similarity to Ideal Solution 的英文缩写，是由黄清米和尹之阳于 1981 年首次提出，旨在根据多个评价指标对多个对象进行比较选择的分析方法。TOPSIS 能集中反映评价对象的总体信息，客观反映各评价对象之间的真实差距，在实际中评价活动有着广泛应用。

体分析步骤如下。

一 数据预处理

任何综合评价在正式进行之前都必须解决三个问题，这三个问题都涉及不同指标之间的融合问题。第一，不同指标之间的量纲和数量级的影响问题。由于不同的评价指标所刻画的事物的质不同，所使用的量纲固然不同，不同质的两个事物没有办法进行运算。比如，GDP 以亿元为单位，是绝对值，而单位 GDP 能耗，是以吨标准煤/万吨为单位，是复合单位，是相对值，二者之间属性不同，内涵不同，不能进行直接运算。第二，不同单位之间由于指标量纲不同，导致数量级也不同，必须将不同指标的指标值压缩到一个相同的数量级别。第三，就是不同评价指标之间的变动方向问题。从本质而言，指标是变量在具体研究对象上的具体体现，其实质就是变量，而变量按照其不同的变动方向可以分为成本型指标（指标值越小越好的指标）和效益型指标（指标值越大越好的指标）。显然，两类指标属性不同，而且运动方向是相反的。因此，在开展正式的评价活动之前必须统一指标的运动方向。一般而言，常见的做法是通过对成本型指标取其倒数，将成本型指标转换为效益型指标，这样，就可以统一不同指标之间的变动方向了。具体而言，贵州省市州政府治理能力综合评价之前的数据预处理的基本步骤如下。

（一）同趋势化处理

由表 3-1 可知，并结合前面对指标概念及内涵的界定，本课题所构建的市州政府治理能力综合评价指标体系中指标的变动方向显然是不同的。具体而言，在构成评价指标体系的 9 个指标中，X1、X3 属于成本型指标[①]，而 X2、X4、X5、X6、X7、X8、X9 属于效益型指标。[②] 显然，对

---

① 成本型指标的指标值越小越好。

② 效益性指标的指标值越大越好。

于效益型指标和成本型指标而言，二者的运动方向是不一样的，而构成的评分函数是关于评价指标的增函数，都要求指标运动方向是一致的。因此，为保证不同类型的指标保持相同的变动方向（同趋势），我们对成本型指标取倒数，将其转变为效益型指标，这样就把所有的指标都转化为效益型指标，最终构建的评分函数就有着相同的运动方向，评分函数才有科学合理性。

（二）归一化处理

由于综合评价是运用多指标从不同维度进行评价，不同维度往往意味着这些指标之间的量纲是不同的，量纲不同意味着事物的属性不同，不能直接对这些指标值进行运算。究其原因，根本的是不同指标之间的单位或量纲是不同的，需要事前进行归一化处理。归一化作为一种简化计算的方式，即将有量纲的表达式，经过变换，化为无量纲的表达式，成为标量。由于原始数据中不同评价指标间存在量纲及数量级差异，通过实施标准化处理以后，通过归一化处理同时消除指标之间的量纲差异及数量级影响转变为标量后可以实现不同指标之间的运算。归一化公式如下：

$$\gamma_{ij} = \frac{x_{ij}}{\sqrt{\sum_{i=1}^{9} x_{ij}^2}} \tag{1}$$

γ_{ij}表示第 i 个评价对象在 j 个评价指标下所对应的经过归一化处理后的指标值。为节约篇幅，同趋势化以及归一化处理的中间结果均略去。其中，$i = 1, 2, \cdots, 9$，$j = 1, 2, \cdots, 9$。

二 组合赋权

赋权是综合评价中十分重要的环节。在实践中的综合评价中，从评价目标来看，每个评价指标并非同等重要，而是有着明显的区别。在综合评价中，权重的大小反映了评价指标的重要程度，权重大的评价指标重要程度大，权重小的评价指标重要程度小。尤其是已经形成了评分函数以后，如何进行赋权直接影响着综合评价效果。一般而言，目前学术界形成了以下三种观点：一是充分利用专家的个体经验和知识结构对评价指标进行主观赋权。所谓主观赋权法，就是指基于决策者的知识经验或偏好，按重要性程度对各指标（属性）进行比较、赋值和计算得出其权重的方法。但是主观赋权主观性强，随意性大，容易导致评价结果失真。二是利用综合评价数据的特征实现指标赋权的内生驱动，不需要专家主观评判进行客观赋权。所谓客观赋权是基于各方案评价指标值的客观数据的差异而确定各指标的权重的方法。尽管这种评价克服了专家的主观影响，但是完全由数据自身质量来确定权重也存在问题：一方面可能数据本身质量不高，甚至有些数据存在虚假；另一方面，静态数据仅仅是事物发展过程中的一个截面，不能完全刻画事物发展的全部。由于本课题中采用的就是截面数据，因此不能完全采用客观赋权的方法。三是组合赋权。由于主观赋权和客观赋权都存在自身的缺陷，并且在专家经验不是很丰富，以及数据质量本身难以得到保障的前提下，采用组合赋权既可以在一定程度上消除专家评价带来的主观随意性，还可以在一定程度上消除由于数据内在质量带来的缺陷所引致的综合评价效率失真。所谓组合赋权，就是以客观赋权和主观赋权为基础，引入折中系数，将两种不同类型的权重合并为一种权重，该权重即为组合赋权。接下来分析单一赋权中的主观赋权和客观赋权所得到的结果，然后在此基础上，整合成组合赋权的结果。

（一）单一赋权

在综合评价中，科学合理地对评价指标进行赋权是保证评价结果合理的关键环节。实际上，在综合评价活动中，对评价指标的赋权一般有客观赋权和主观赋权两种。所谓客观赋权，就是评价指标的权重完全由评价数据本身确定，不需要具有主观性的人的参与。客观赋权的优点在于不受主观因素影响，完全由数据驱动，缺点在于其有效性依赖于足够的样本数据、数据精度，完全忽略决策者的主观偏好，一旦样本数据出现偏差则容易导致评价结果失效。主观赋权的优点在于在没有数据支撑的前提下可借助专家个人经验和自主判断提高决策的合理性，可以完全不需要客观数据的介入。但主观赋权的不足在于，其有效性完全依赖打分专家的经验和直觉，人为影响因素多，主观随意性强，一旦选择的专家客观上在该方面并不是真正的专家，或者主观上存在道德风险，都会导致评价结果失效。显然，无论是主观赋权，还是客观赋权，均存在不足。因此，如果将主观赋权和客观赋权结合起来，构建组合赋权模型，会显著性提高组合赋权模型的精度。鉴于此，本课题构建了集成客观赋权和主观赋权优势的组合赋权模型，能够有效提高地方政府治理能力评价的合理性与有效性。在客观赋权方面，引入离散系数 V_i，为每个评价指标进行客观赋权。离散系数的计算公式：$V_i = \sigma_i / \bar{x}$，显然，该指标消除了不同指标之间的量纲和数据级的影响，刻画的是量纲不同，均值不同的不同总体之间的离散程度的大小。指标的离散系数越大，该指标的波动越大，所携带的信息量越大，因而被赋予的权重也越大。该权重的生成完全由数据本身确定，不需要人为干预，得到的客观赋权值见表 3 - 2 中的第二行离散系数赋权。在主观赋权方面，运用 Delphi 法在市州政府官员、高校学者以及评估专家等进行打分，借助专家的经验优势对各评价指标进行主观赋权，不需要数据支持。为符合 Delphi 法匿名性、反馈性与统计性的特征要求，严格按照 Delphi 法的实施步骤，本课题邀请了 10 名在经济、政治、社会、生态等公共管理领域工作的政府官员以及高校学者，明确告知他们，应更多地考虑以"善治"为核心的治理理念下。独立地对上述 9 个指标的重要性进行打分。按照 Delphi 法的基本流程，经过 4 次循环反复，10 位专家的意见逐步由分散走向集中，在此基础上，计算各指标权重的中位数，并进行归一化处理，得到的主观赋权值见表 3 - 2 中的第三行。

（二）组合赋权

由前面的分析可知，无论是采用客观的借助离散系数的单一赋权，还是采用主观的借助 Delphi 法进行的单一赋权，都具有自身无法克服的内生性缺陷。在客观赋权和主观赋权的基础上进行组合赋权是提高赋权精度的有效做法。因此，本课题在前面的离散系数的单一赋权和 Delphi 法进行的单一赋权的基础上，进行加权平均得到组合权重，考虑到主观因素和客观因素同等重要，这里引入组合系数 $\alpha = 0.5$，即组合权重 $= \alpha \times$ Delphi 法权重 $+ (1 - \alpha) \times$ 离散系数权重 $= 0.5 \times$ Delphi 法权重 $+ 0.5 \times$ 离散系数权重，所得结果经归一化后得到组合权重。

表 3 – 2   主观赋权、客观赋权以及组合赋权的权重值

单位：%

赋权方法	W1	W2	W3	W4	W5	W6	W7	W8	W9
离散系数赋权	17.29	9.49	10.35	5.94	7.69	17.25	1.42	24.74	5.82
Delphi 法赋权	15.00	15.00	10.00	10.00	10.00	8.00	8.00	14.00	10.00
组合赋权	16.15	12.24	10.18	7.97	8.84	12.63	4.71	19.37	7.91

注：W1 表示第一个指标的权重，其余指标以此类推。

三   确定正负理想解

正负理想解的计算公式分别为：

$$S^{+} = \left\{ \max_{1 \leqslant i \leqslant 9} v_{ij} \,\middle|\, j \in J^{+} \right\} = \{ s_1^{+}, s_2^{+}, \cdots, s_j^{+}, \cdots, s_9^{+} \} \tag{2}$$

$$S^{-} = \left\{ \min_{1 \leqslant i \leqslant 9} v_{ij} \,\middle|\, j \in J^{+} \right\} = \{ s_1^{-}, s_2^{-}, \cdots, s_j^{-}, \cdots, s_9^{-} \} \tag{3}$$

其中，S^{+} 表示正理想解，S^{-} 表示负理想解，$J^{+} = \{j = 1, 2, \cdots, 9$，且第 j 个评价指标属于效益型指标$\}$，由于前面进行的数据预处理中已经进行了同趋势化处理，亦即已经将 X1、X3 等成本型指标转化为了效益型指标，所以，公式（2）和（3）中没有出现 $J^{+} \{j = 1, 2, \cdots, 9$，且第 j 个评价指标属于成本型指标$\}$，此时，已经不再存在成本型指标了。借助统计分析软件 SPSS 20.0，根据公式（2）、（3），求得正负理想解的值如下：

$$S^{+} = \{0.155, 0.062, 0.044, 0.032, 0.035, 0.071, 0.027, 0.140, 0.033\} \tag{4}$$

$$S^{-} = \{0.011, 0.034, 0.021, 0.021, 0.018, 0.019, 0.025, 0.034, 0.022\} \tag{5}$$

四　计算各市州到正负理想解的距离

TOPSIS 方法的几何直观性体现在借用欧式距离计算样本向量到正理想解和负理想解之间的距离。该距离直观形象，容易理解。计算第 i 个市州的样本向量到正理想解 S^+ 的欧氏距离 D_i^+ 以及到负理想解 S^- 的欧氏距离 D_i^-，计算公式如下：

$$D_i^+ = \sqrt{\sum_{j=1}^{9} (r_{ij} - s_j^+)^2} \tag{6}$$

$$D_i^- = \sqrt{\sum_{j=1}^{9} (r_{ij} - s_j^-)^2} \tag{7}$$

运用 SPSS 20.0，根据公式（6）、（7），求得各市州到正负理想解距离如下：

$$D^+ = \{0.013,0.170,0.161,0.183,0.184,0.186,0.178,0.175,0.172\} \tag{8}$$

$$D^- = \{0.192,0.053,0.049,0.022,0.021,0.022,0.030,0.029,0.034\} \tag{9}$$

五　计算相对贴近度 C_i^* 及排名

在 TOPSIS 法中，相对贴近度本质上就是评分函数。结合 TOPSIS 方法的几何含义，相对贴近度的本质就在于接近正理想解的同时，该评价对象还要远离负理想解，只有这样，该评价对象的排名才越靠前。结合前面的分析，根据公式（10）计算各市州的相对贴近度 C_i^*，$C_i^* \in [0,1]$。当 D_i^+ 减小，即接近正理想解时，C_i^* 的值增大；当 D_i^- 增大，即远离负理想解时，C_i^* 的值增大。因此，相对贴近 C_i^* 综合刻画了样本在接近正理想解的同时远离负理想解的叠加状态。显然，C_i^* 越大，市州的治理能力排名越靠前。反之，C_i^* 越小，市州的治理能力排名越靠后（各市州相对贴近度及排名见表 3 - 3）。

$$C_i^* = D_i^- / (D_i^+ + D_i^-) \tag{10}$$

表 3 - 3　各市州政府治理能力综合得分及排名

单位：分

市州名称	贵阳	遵义	六盘水	黔南	黔西南	黔东南	安顺	铜仁	毕节
相对贴近度	0.937	0.335	0.237	0.165	0.145	0.143	0.108	0.106	0.102
排名	1	2	3	4	5	6	7	8	9

六　基于组合赋权综合评价的内涵分析

由表 3 - 3 中相对贴近度的得分分布可知，在贵州 9 个市州政府中，市州之间的政府治理能力得分差异性大，分布极不均衡。总体来看，综合治理能力得分高的市州政府仅有贵阳 1 个，而其他 8 个市州政府得分均较低，出现了治理能力体系中的"一支独大"。显然，贵阳作为贵州省的省会城市，是全省政治、经济、文化以及教育的中心，是包括政治资源、经济资源、文化资源、教育资源以及人力资源等诸多资源配置集中的地方，因此，贵阳的排名最靠前。而贵阳以外的非省会城市，综合治理能力都普遍较低。这进一步表明，市州政府的治理能力与资源的配置高度相关，而资源的配置又与行政级别高度相关。

从具体得分来看，排在第 1 名的贵阳治理能力综合得分为 0.937 分，在 9 个市州政府中其治理能力是全省最高的，而排第 2 名的遵义市得分仅为 0.335 分，贵阳的综合得分是排在第三名的六盘水（0.237 分）的 3.953 倍，是排在最后一名的毕节市（0.102 分）的 9.186 倍。由于毕节的综合得分（相对贴近度）最小，仅为 0.102 分，表明 9 个市州中毕节的政府治理能力最弱。由于相对贴近度的得分最高分为 1 分，而贵阳的综合得分已经达到 0.937 分，表明贵阳的综合治理能力指标中几乎所有指标均接近于最优，综合治理能力优势明显，在 9 个市州政府中具有稳定和不可撼动的地位。从剩余的 8 个市州政府来看，它们之间的治理能力差异较小，排在第 3 名的六盘水得分是 0.237 分，是排在最后一名的毕节市（0.102 分）的 2.324 倍，而排在倒数第二位的铜仁市的得分与毕节市基本相当，铜仁（0.106 分）是毕节（0.102 分）的 1.039 倍。从治理能力综合得分的差异性出发，宏观上可以将贵州 9 个市州政府的治理能力得分划分为两类，一类是贵阳，另外一类是遵义、六盘水、黔南、黔西南、黔东南、安顺、铜仁、毕节 8 个市州。由于 8 个市州数量太多，很难将其综合治理能力的差异性体现出来。实际上，以毕节为例，从人口素质来看，毕节市文盲率最高，为 11.26%[①]；从地理区位来看，毕节市地处乌蒙山集中连片特困地区腹地，贫困程度深，贫困发生率高，治理难度偏大，其中列为特困区的 7 县（区）是乌蒙山片区中治理能力面最广、治理能力人口最集中的区域；从经济发展来看，毕节市经济发展相对滞后。2015 年全省 9 个市州中，毕节人均 GDP 最低，仅为 22340 元[②]。显然，上述排名结果与实际情况高度吻合。

第五节　基于聚类分析的贵州 9 个市州治理能力综合评价

一　系统聚类分析的基本原理

聚类分析是研究"物以类聚"的一种科学有效的方法，有助于发现不同类别之间的差异。做聚类分析时，出于不同的目的和要求，可以选择不同的统计量和聚类方法。系统聚类是目前应用最为广泛的一种聚类方法。其基本思想是：先将待聚类的 n 个样品（或者变量）各自看成一类，共有 n 类；然后按照事先选定的方法计算每两类之间的聚类统计量，即某种距离（或者相似系数），将关系最为密切的两类合为一类，其余不变，即得到 n-1 类；再按照前面的计算方法计算新类与其他类之间的距离（或相似系数），再将关系最为密切的两类并为一类，其余不变，即得到 n-2 类；如此下去，每次重复都减少一类，直到最后所有的样品（或者变量）都归为一类为止。

---

① 《贵州省 2010 年第六次人口普查主要数据公报》。
② 《贵州统计年鉴（2015）》。

二 系统聚类分析的基本过程

应用 SPSS 20.0 的系统聚类分析模块，根据表 3–1 贵州省 9 个市州政府治理能力评价原始数据，选择系统聚类分析模块，得到贵州 9 个市州政府的系统聚类谱系图（见图 3–1）。图 3–1 的横轴代表距离（不同样本之间的距离是判断两个类别之间是否属于同一类的重要标准），纵轴代表各市州政府的编号（该编号见表 3–1）。由于一共只有 9 个市州政府，划分为 2 类太少，划分为 4 类太多，因此，划分为 3 类能够比较合理地刻画不同市州之间治理能力之间的差异性。由图 3–1 可知，编号为 1 的贵阳为一类，编号为 3 的遵义为一类，其余的编号分别为 2，4，5，6，7，8，9 的六盘水市、安顺市、毕节市、铜仁市、黔西南州、黔东南州、黔南州等 7 个市州为一类，一共划分为 3 类（见表 3–4）。通过聚类分析后，可以看到，贵阳独自为一类，原因在于其综合得分 0.937 分为最高得分，远远高于其他市州的得分，而遵义市综合治理得分为 0.335 分，远低于贵阳市的得分，但高于六盘水市、安顺市、毕节市、铜仁市、黔西南州、黔东南州、黔南州等 7 个市州的得分。一方面，从实证分析的结果来看，聚类分析的类别结果与基于 TOPSIS 分析法的评价高度吻合，即基于 TOPSIS 法的综合得分越高，排名越靠前，那么在聚类分析中的类别也越靠前。由表 3–4 可以看出，在治理能力综合得分中最高的是贵阳，它的得分是 0.937 分，得分排在第 2 位的是遵义，其得分是 0.335 分，其余 7 个市州治理能力得分均排在贵阳和遵义之后。两种不同方法，即聚类结果与综合排名结果完全一致，从实证的角度表明本课题所构建的研究框架及研究方法的选择是合理的。

表 3–4　各市州政府治理能力综合得分、排名及聚类

单位：分

市州名称	贵阳	遵义	六盘水	黔南	黔西南	黔东南	安顺	铜仁	毕节
相对贴近度	0.937	0.335	0.237	0.165	0.145	0.143	0.108	0.106	0.102

续表

市州名称	贵阳	遵义	六盘水	黔南	黔西南	黔东南	安顺	铜仁	毕节
排名	1	2	3	4	5	6	7	8	9
聚类	I	II	III						

重新调整距离聚类合并

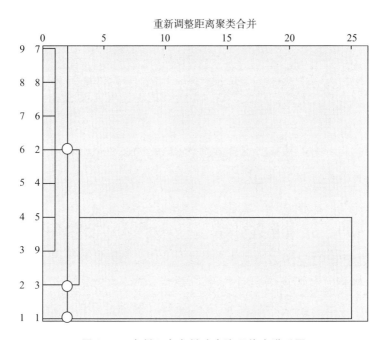

图 3-1　贵州 9 个市州政府治理能力谱系图

三　内涵分析

为更加深入揭示 9 个市州政府治理能力的梯度差异，剖析不同市州政府之间治理能力的大小，我们根据相对贴近度 C_i^* 的大小及分布进行类别划分。聚类分析的作用在于揭示类之间的差异性大，类的内部差异性小，从而为提升政府治理能力制定具有差异性的政策提供参考借鉴。具体而言，9个市州政府治理能力划分为三类。第一，贵阳的 C_i^* 得分为 0.937 分，得分在 9 个市州中为最高，高出其他市州的得分较多，与其他市州得分不在一个量级上，故划为 I 类。理由是贵阳作为贵州省省会城市，在聚集人才、汇聚资源、财政平衡、宏观治理等方面均呈现出较强的治理能力，尤其是在实施大数据发展战略的带动下，近年来贵阳市政府治理能力显著提升。2015年英国经济学人智库发布了《后起之秀：2015年中国新兴城市排名》，贵州贵阳、湖北襄阳和湖南衡阳等十个城市入选中国新兴城市排名二十强，其中贵阳在总排名、经济增长、外商直接投资三项排名中均位列榜首。此外，贵阳还获得首个国家级大数据产业集聚示范区以及首个"全国知名品牌示范区"等称号。从数量的分布来看，贵州省市州政府治理能力呈现出"一支独大"的特点，其 C_i^* 值远超其他市州的值，同时第 I 类中的数量偏少也说明了贵州省市州政府治理能力不均衡现象十分严重。第二，遵义的 C_i^* 得分排在第二位，为0.335分，仅为贵阳市治理能力得分的35.75%，却是第3名六盘水得分的1.41倍，故而划为 II 类。近年来，遵义先后被列入国家公共文化服务体系示范区、国家全域旅游示范区，以及继三亚首个试点城市和福州等19个第二批试点城市后，第三批全国"城市双修"试点城市。取得的这些成绩表明，遵义市在公共服务、全域旅游以及生态旅游等方面的治理能力较强。

（3）六盘水市、安顺市、毕节市、铜仁市、黔西南州、黔东南州、黔南州等7个市州，除六盘水的得分为0.237分外，其他的6个市州的得分相接近。这7个市州中六盘水得分最高，是最低得分的毕节的2.32倍，因此，适合划分为 III 类。总体而言，该类地区集民族地区、治理能力地区、岩溶山区于一体，治理能力范围广，矿产资源较多，政府与民众之间的利益纠纷引致的群体性事件较多，脱贫难度大。例如，贵州省先后出现的黔南布依族苗族自治州"瓮安事件"、安顺西秀区"7·26"事件以及毕节市黔西"8·11"事件等群体性事件都发生在第 III 类地区。因此，对第 III 类地区而言，减少因利益冲突引发的群体性事件是提升政府治理能力的基本前提，同时关键还在于整合相关扶贫资源，实施精准扶贫，帮助更多的农民脱贫致富。以六盘水为例，其矿产资源十分丰富，属于典型的资源型城市，经济增长主要依赖要素驱动和投资驱动。要提升资源型城市政府治理能力，除了处理好发展与生态的关系外，还要积极防控并妥善处理资源开发进程中因利益冲突引发的群体性事件。

第六节　贵州省市州级政府治理能力 存在的问题

对贵州省 9 个市州政府治理能力进行综合评价只是手段，不是目的。真正目的在于借助定量评价技术，提炼出贵州省市州级政府治理能力提升过程中存在的真实问题，针对这些问题展开具体分析，最后提出具有针对性和操作性的对策建议，以利于 9 个市州政府不断提高自身的治理能力。

一　9 个市州政府治理能力普遍较低

基于前面的定性与定量分析结论，总体来看，以综合评价得分为衡量标准，除贵阳以外，其他 8 个市州政府治理能力的得分均普遍偏低，尤其是安顺、铜仁、毕节 3 个地级市以及黔南、黔西南、黔东南 3 个少数民族自治州，其治理能力得分仅在 0.1 ~ 0.17 分这个区间波动，很接近于治理能力综合得分的最低得分 0。同时，由于缺乏与其他省份市州之间的对比分析，贵阳的高得分并不意味着贵阳政府治理能力没有提升空间，实际上，与发达省份相比，贵阳的政府治理能力也仍存在较大差距。从聚类分析的结果来看，被并入第一类的市州政府仅有 1 个，被并入第二类的市州政府仅有 1 个，数量均偏少，而得分较低（代表治理能力最低的类别）的第三类却有 7 个市州政府，表明治理能力较低的市州政府大量聚集在第三类。三个类别之间呈现的政府治理能力差异性很大，同质性很小，贵阳与其他 8 个市州政府之间的治理能力呈两极分化的结果。此外，从实证分析的结果来看，无论是综合评价的结果还是聚类分析的结果，都具有高度的一致性；从评价指标的设置来看，由于贵州是全国贫困程度最深、贫困范围最广、脱贫难度最大的省份，贫困是贵州省最大的省情，贫困治理应该是贵州省市州政府治理内容的最重要构成。因此，这里的评价指标较多地集中在农村治理以及贫困治理层面，如农村治理能力发生率、农村居民人均纯收入、农村合作医疗参合率等指标都集中于农村这个层面，尤其是在精准扶贫的这个大背景下，表明贵州省除贵阳外的其他 8 个市州政府在农村治理方面存在治理能力普遍偏低的现象。此外，该指标体系的设置还集中在公共财政方面，由于贵州属于经济欠发达的内陆省份，财政收支严重不平衡，地方债务风险较高。根据贵州省财政厅发布的《2017 年贵州省财政收支情况》，2017年贵州省一般公共预算收入完成 1613.64 亿元，全省一般公共预算支出完成 4604.57 亿元，收支缺口严重。由此表明，这 8 个市州政府在公共财政方面的治理能力也明显不足。因此，在精准扶贫背景下如何有效推进脱贫攻坚战略，显著提高脱贫攻坚效率，以及如何在提高公共财政收入的基础上动态平衡公共财政收支，是当前在提升治理能力方面迫切需要解决的现实问题。

二　9 个市州政府之间治理能力发展极不均衡

将 9 个市州政府划分为 3 类，其中，第一类和第二类所包含的市州政府个数为 1，第三类所包含的市州政府个数为 7。结合前面的聚类分析的结果来看，9 个市州政府治理能力的聚类结果分布为 1∶1∶7，该比例分布的结果表明，9 个市州政府之间治理能力发展极不均衡，贵阳市在政府治理能力方面"一支独大"的现象十分突出。这种分布格局不利于市州政府之间良性竞争，同时容易吸引公共资源过度往贵阳市配置，进一步拉大贵阳与其他 8 个市州之间的治理能力鸿沟。概括而言，这种发展不均衡可以概括为两种类型：一是发展数量上的不均衡，从综合评价的数量来看，9 个市州政府，即贵阳、六盘水、遵义、黔南、黔西南、黔东南、安顺、铜仁、毕节的得分之比分别为：9.2、3.3、2.3、1.6、1.4、1.4、1.1、1.0、1.0（这里假定铜仁市的得分为参照标准 1），这种高落差梯度式的得分分布同样也说明 9个市州政府之间治理能力的发展不均衡。二是发展质量上的不均衡，课题组还结合已有关于贵州省市州政府治理能力的研究报告和相关结论，可以看出，9 个市州政府在提升自身治理能力的过程中面临诸多困难和问题。首先，长期约束贵州省市州政府发展的体制性矛盾、结构性矛盾还十分突出，没有从根本上予以破解，内生动力明显不足，在守住生态与发展两根底线的同时，还没有找到一条治理的新路。其次，省会城市（贵阳）与非省会城市（其他 8 个市州）之间，因政治优势、资源优势、人才优势、政策优势以及区位优势等因素的交织影响，使得省会城市与非省会城市，以及非省会城市内部之间的治理能力非均衡不协调提升慢的现象仍比较突出；经济与社会发展还不够协调，影响社会和谐的因素仍然存在。总之，无论是治理能力的数量分布还是治理能力的质量分布，9 个市州政府之间治理能力的发展都极不均衡。

三　市州政府整体上提升治理能力的手段落后

治理能力是一个基于"治理"和"能力"两个词语所派生出的复合词。首先，按照治理本身应有的内涵来看，多主体多元化是治理一词应有的内涵。在现实中，除政府之外的基金会、社会团体、民办非企业单位、非营利组织，以及民营企业等数量均偏少，同时，这些政府之外的组织协同政府参与治理的途径、内容还是效果等，无论从深度、广度而言，都与治理本身所要求的标准还存在相当大的距离。具体而言，当前，贵州省各市州政府的大扶贫战略、大数据战略、大健康战略等省级战略的实施主要是由政府来主导和推动，而政府之外的组织，如企业，非营利组织等其他非政府组织较少参与到具体的公共管理事务中。以大扶贫为例，当前，贵州省各市州的脱贫攻坚的主要模式有：由省直机关选派机关优秀干部到村任"第一书记"实施党建扶贫，东西部扶贫协作和对口帮扶困县，国有企业结对帮扶贫困县，39 个中央直属单位帮扶省内重点贫困县，37 位省委、省人大、省政府、省政协领导，每人负责牵头联系开发重点县，将全省党政机关、高等院校、科研院所、军队、大中型国有企业等扶贫资源进行有效整合。这些扶贫模式的共同特点是由政府主导，政府推动，政府实施，而政府之外的其他组织，如公益组织、社会团体、基金会、民办非企业单位，以及企业等深度参与市州脱贫攻坚的数量偏少。以企业参与精准扶贫为例，目前，贵州境内企业层面实施精准扶贫的规模较大，有一定影响力的仅有3个典型案例，即万达集团帮扶贵州省黔东南州丹寨县，恒大集团帮扶贵州省毕节市大方县，贵州兴伟集团结对帮扶安顺市普定县秀水村。统计数据表明，自2015年底至2016年10月，到贵州启动民营企业"千企帮千村"精准扶贫行动以来，共有1772家民营企业、148家商会参与结对帮扶2014个贫困村，带动近4万人就业。显然，假定已就业的4万人全部脱贫，也仅占2016年全省建档立卡贫困人口总人数372.2万人的1.07%。这表明，包括民营企业、社会团体、基金会以及民办非企业单位等非政府组织对脱贫攻坚的贡献作用是十分有限的，从而说明在实施大扶贫战略过程中，脱贫攻坚的任务仍旧是政府主导，不是真正意义上的贫困治理。

从能力提升的角度来看，能力是完成一项目标或者任务所体现出来的综合素质，直接影响活动效率，治理能力显然是影响治理成效的重要因素，而能力的提升与治理工具高度相关。对贵州省市州政府而言，最有效的治理工具非大数据技术莫属。当前贵州省大数据战略的实施主要由省会城市贵阳在推动，如贵阳通过实施"数据铁笼"、数据开放等战略极大地提升了治理能力。由复旦大学和提升政府治理能力大数据应用技术国家工程实验室发布的报告《2017中国地方政府数据开放平台报告》，首次对地方政府数据开放指数进行评估。评估结果显示，贵阳名列前茅，排名全国第二。因此，贵阳市政府治理能力在大数据技术的驱动下有了显著提升，而全省其他8个市州由于缺乏大数据产业的带动，在实现大数据技术与政府治理融合方面，程度还比较低。这一点可以从图3-2中看出，在呈现的大数据7个应用场景中，目前贵州省政府治理能力与大数据技术的融合是不充分的，主要原因是其他8个市州在应用大数据技术提升政府治理能力方面相对滞后。《贵州社会发展报告（2017）》进一步指出，贵州省仍是全国贫困面宽、贫困人口最多的省份，全省贫困发生率比全国平均水平高 8.2 个百分点，区域性整体贫困攻坚难度较大，贫困群众就业增收不稳定，农村基本公共服务水平有待提高。就业资金缺口较大，全省就业创业形势依然严峻；经济下行给社会保险扩面征缴带来诸多不确定因素，失业保险覆盖面较窄，保障范围有限，保障水平偏低；人才投入不足，高层次创新创业型人才缺乏，人才公共服务体系尚不健全。公立医院改革还不到位，分级诊疗制度还未完全建立，公立医院负债过重，深化医改的任务更为艰巨；医疗人才总量严重不足、质量明显偏低是制约贵州省医疗卫生事业发展的最大瓶颈；医疗卫生资源总量不足、分布不均的矛盾依然十分突出。① 由此可知，贵州省市州政府整体提升和优化治理能力的手段仍相对落后。

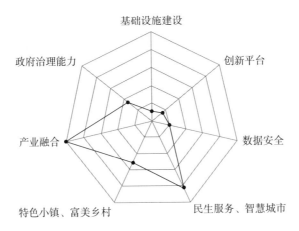

图 3 - 2　"100 个大数据应用场景"领域分类梳理

资料来源：《贵州贵阳大数据走上高质量发展之路综述（2013 - 2018）》。

第七节　对策建议

结合前面的综合评价的定量结果以及聚类分析的定量结果，可以看出，市州政府作为一级特殊的地方政府，其治理能力的内容构成与评价是一个

---

① 王兴骥主编《贵州社会发展报告（2017）》，社会科学文献出版社，2017。

多目标多维度多层级的系统工程。根据前面第五节提炼出的具体问题，这里给出相关的对策建议。

一　借助大数据战略驱动市州政府治理能力提升

贵州省市州政府治理是涉及经济、民生、生态以及脱贫攻坚等内容的系统工程，内容多、范围广、治理难度大。由前面的分析可知，当前贵州省市州级地方政府的治理能力面临着相互发展差异大，资源配置不科学，能力提升不均衡等现实困境，尤其是在当下大力推动大数据战略的情形下，大数据技术并没有成为市州政府提升治理能力的有效抓手，无论是发展经济、保障民生、保护生态还是脱贫攻坚等，都存在政府部门数据烟囱化、信息孤岛化等特征，职能部门之间的信息不对称，职能碎片化等阻碍了市州级地方政府治理能力的提升路径。当前，贵州正在实施大数据战略，但在具体的实施过程中，由于贵阳作为省会城市，具有其他 8 个市州不可比拟的政治优势、政策优势、资源优势、区位优势等，大数据战略的具体实施主要是贵阳，而其他市州在大数据应用和实施方面相对较弱，各市州政府治理能力还有很大的提升空间。因此，在此背景下，贵州其他 8 个市州政府应该结合大数据战略，加快大数据与政府治理的有机融合，构建大数据与公安、民政、交通、卫计等政府职能部门的融合机制，实现各职能部门之间的数据融合，打破不同职能部门之间的信息壁垒，构建服务民生的大数据信息共享平台，加快大数据与社会治理的融合，推动实体经济转型升级。在权力运行制约方面，以"数据铁笼"为主要推手，实现对权力运行的有效监督，提高政府治理能力和水平。具体而言，要不断深化"云上贵州"系统平台建设，强化政府数据"聚通用"，推进多"云"融合，积极推动大数据技术在脱贫攻坚、交通运输、远程医疗、国土信息、环境监测、国资监管等领域的广泛应用，通过消除不同职能部门之间的数据碎片化，信息孤岛化，构建基于大数据应用平台的贵州省市州政府治理平台，利用大数据的平台优势驱动各市州政府治理能力的内生发展。

二 引入多元主体不断优化市州政府协同治理

市州政府是治理的主体，提高市州政府治理能力，首先应充分发挥市州政府在社会治理中的引导和统筹作用。该由政府负责的，由政府负责管理好，市州政府在治理过程中要正确处理好与上级政府省级政府、下级政府县级政府之间的关系，清晰界定自己的边界，不能缺位、错位、越位，不能将管理不好或者不愿管理的任务盲目地推给市场或县级政府。不该政府负责管理的，绝不能大包大揽，而应交由市场来进行解决，真正发挥市场机制在配置资源中的决定性作用。通过精准施策，重点解决好人民群众最关心、最直接的利益诉求，落实政府治理维护最广大人民根本利益的目标。应坚持系统治理，发挥党委领导核心作用、政府主导作用、社会参与作用，形成社会治理整体合力；坚持依法治理，加强法制保障，实现社会治理法治化；坚持综合治理，强化道德约束，规范社会行为，调节利益关系，协调社会关系，解决社会问题；坚持源头治理、标本兼治、重在治本，实现从事后处置、被动应付向事前预防、主动掌控转变。

社会治理是包括政府在内的全社会共同参与的协同治理过程。首先，在提升政府治理能力现代化的进程中，贵州省需要健全市州政府各职能部门的权力清单、责任清单以及负面清单，明确不同政府职能部门的治理边界，充分发挥政府和市场两只手的作用，提高市州级政府部门的运行效率，通过机制体制创新推动跨部门协同机制，加强提升市州级政府部门运行效率的顶层设计。其次，应该推动政府多元主体之间合作能力。在市州政府社会治理体系中，政府并非唯一治理主体，要广泛发动企业、社会组织以及其他团体承担起相应的社会治理责任，尤其是基层治理能力，发挥不同参与主体的主体优势，引导和促进多元主体在经济、文化、社会、生态以及教育、医疗、卫生等领域的社会治理中协同配合、高效合作，建立稳定和谐互惠的信任关系，同时应该通过法律和政策手段，鼓励和支持各社会主体参与社会治理，实现政府治理和社会自我调节、居民自治良性互动。

三　发挥制度技术双重优势提升市州政府治理成效

随着人类社会进入信息时代，信息技术对提升政府治理能力发挥着不可替代的作用，多数学者认为治理能力现代化必然离不开治理工具的现代化。[①] 制度与技术是人类文明的两个重要维度，当技术进步给政府治理带来变革契机和推动力量的同时，政府自身核心特质"权力结构"的调适是否与技术发展相耦合，决定了治理的未来走向。实际上，制度层面的治理能力提升偏宏观，内容偏抽象，体系较分散，属于治理体系的范畴，属于治理能力的软件建设；而技术层面的治理能力提升偏微观，内容偏具体，体系较集中，属于治理能力的范畴，属于治理能力的硬件建设。二者之间具有很强的互补性，同时又不可或缺。因此，将制度和技术作为权力监督的两个维度具有逻辑上的合理性（二者之间的差异见表3-5）。在此背景下，贵州省市州政府治理能力的提升需要发挥制度和技术的双重优势。借助制度优势和技术优势，激活市场工具、社会工具、舆论工具和网络工具等一系列工具的优势，逐步简政放权，做到市场的归市场，社会的归社会，特别是要充分利用现代信息技术和网络技术，增强政府的透明度、开放度，提高行政效率。概括而言，市州政府治理能力提升要"一手硬、一手软"，构建"制度+技术"的综合提升模式。尤其是要借助大数据技术，消除政府职能部门之间的制度壁垒、信息鸿沟、数据烟囱等不足，实现经济结构转型，激发经济动能，守住生态和发展底线等，发挥巨大优势。

表3-5　制度维度与技术维度的差异性比较

维度	视角	内容	性质	体系	对象	约束	信息	过程
制度	宏观	抽象	软件	碎片化	模糊	弹性	不对称	事前/事后
技术	微观	具体	硬件	系统化	精确	刚性	对称	事中

① 刘建伟：《国家治理能力现代化研究述评》，《上海行政学院学报》2015年第1期。

第四章

贵州省基层政府服务体系与
服务能力建设*

第一节　研究背景

当代中国社会正处在全面转型的变革时期，各种各样的问题与矛盾迸发，成为社会和谐发展面临的主要阻碍和挑战。应对这些发展中的阻碍和挑战需要多维而立体的制度手段和政策措施，其中之一就是建立、完善现代化的各级政府服务体系与服务能力。

首先，中国是一个拥有近 14 亿人口的大国，经济结构、社会结构急剧变动，巨大发展潜力、动力与各种困难、风险并存。其次，多年来经济发展的同时也面临着社会发展不全面、城乡二元经济结构不完善、地区之间发展很不平衡、经济增长对资源环境的压力加大等矛盾。最后，随着改革的深入，政府面临的社会利益主体更多，领域更广，利益关系也更加复杂，统筹兼顾各方而利益的难度加大。种种矛盾与问题，亟待具有现代化的治理体系和强大治理能力的各级政府来处理和协调。为此，各级地方政府更

---

* 杨璨、魏德伟和尤瑜等同学参与了本研究的社会调查过程，并参与了写作。

是责无旁贷，直接面对社会、面对百姓的基层政府尤为重要。

当前中国各级政府围绕着解决政府和社会、市场、企业的关系的基础上，重新确定政府的角色和职能，在政府体制改革中选择服务型政府的取向已成为一种共识，各级政府都更加重视履行社会管理和公共服务职能，把财力物力等公共资源更多地向社会管理和公共服务倾斜。然而，城乡有别的公共服务体制和财税分配不平衡的财政体制，虚化和弱化了基层政府的服务体系和服务能力，这也成了制约中国经济持续发展的瓶颈。

具体到贵州省而言，在宏微观层面，公共服务的供给都取得了长足进步。在交通基础设施的建设和发展方面，2016 年贵州成为第九个"县县通高速"的省份。在山地和丘陵占全省面积 90% 以上的贵州，高速公路的建设尤具划时代的意义。2017 年，贵州高速公路总里程超过 5800 公里。贵州全省共有 88 个县级行政区划单位，其中 7 个县级市、56 个县、11 个自治县、13 个市辖区、1 个特区；88 个县级行政区划单位管辖 1379 个乡（含民族乡 253 个、697 个镇、82 个街道办事处）。"地无三分平，天无三日晴，人无三分银"，这是反映贵州地形地貌、气候人文的一句俗语。据 2017 年贵州统计年鉴数据，山地和丘陵占 92.5% 的 17.6167 平方公里的贵州省国土面积承载着这 88 个县、1572 个乡、镇和街道。[①] 拥有如此地形地貌特征的贵州省，"县县通高速"极大地促进了贵州全省人、资源与信息的流动，同时也让贵州的人、资源与信息更便捷地融入全国市场。在"县县通高速"的基础上，贵州省进一步扩展和优化贵州高速网络，完善村村通路网，推进组组通工程。道路网络的修建、扩展与完善为基层政府服务体系与服务能力的建设提供了坚实的基础。

另一个对贵州有"开门户"意义的交通基础设施是高铁网的建设。林树森担任贵州省长期间力主加快贵州铁路建设，积极融入全国铁路大提速

---

① 《2017 年〈贵州省统计年鉴〉第一部分综合：1 - 1 续表》，贵州省统计局网站，http://www.gz.stats.gov.cn/tjsj_35719/sjcx_35720/gztjnj_40112/2017/201711/t20171110_2966112.html，最后访问日期：2018 年 5 月 2 日。

的洪流中，力争修建"贵广高铁"，积极争取有利于贵州的"沪昆高铁"线路规划。① 2008 年 10 月 13 日，贵广高铁开工以来，贵州省进入了高速铁路快速发展时期。以贵阳为中心的西南高铁网络逐渐开建，东出湖南接京沪，北接重庆，西接四川连成都，西南接云南到昆明。2014 年 12 月 26 日，贵广高铁通车。林树森高度评价并热盼贵阳成为西南地区的高铁网络中心，"贵广、长昆客专在贵阳交汇，不但构造了贵阳作为西南铁路中心枢纽的基础格局，而且也造就了一条广州到东南亚的大通道"。② 2017 年，贵州高铁网络总里程超过 1100 公里。2018 年到重庆的高铁通车，直达成都的高铁预计 2019 年建成通车。届时，以贵阳为中心的西南"米"字形高铁网络逐渐形成。

在微观层面，贵州省各级政府着力建设、完善公共服务体系，努力提高公共服务供给能力。2014 年 12 月 17 日贵州省政府政务服务中心正式建成运行。自此，贵州省构建了"以省级为引领、市级为纽带、县级为重点"的三级政务服务体系。以省政府政务服务中心成立运行为契机，贵州省加大力度推进三级政务服务中心的规范化建设。2016 年 2 月，中共中央办公厅和国务院办公厅联合发文要求推进政务服务中心标准化建设。为了贯彻执行中共中央和国务院关于推进政务服务中心标准化建设、全面推进政务公开的精神和要求，贵州省以省级政府政务服务中心为龙头全面带动、提升原有的政务服务中心规范化建设，大力推进政务中心的标准化建设。

依据贵州省政府政务服务中心的调研可知③，贵州省主要从以下几个方面推进政府政务服务中心的标准化建设。

第一，优化升级扩容政务服务中心的服务能力。2016 年全省政务中心的办公面积呈爆发式增长。例如，毕节市所辖 9 个县（区）共计 10 个中

---

① 《贵广高铁改变广州受自然地理局限经济腹地有限的格局》，《广州日报》2014 年 12 月 26 日。
② 《贵广高铁改变广州受自然地理局限经济腹地有限的格局》，《广州日报》2014 年 12 月 26 日。
③ 贵州省政府政务服务中心：《市县级政务服务中心标准化建设调研报告》，2016 年。

心，2016 年在建或装修的有 9 个，全市政务服务大厅总面积由原有的 7518 平方米扩容到 76300 平方米。

第二，利用互联网思维，建设"互联网 + 政务服务"平台。贵州省承接国务院关于建设"互联网 + 政务服务"平台试点任务后，以"省级一点统筹建设、全省各级接入运用"的思路，以实现"进一张网、办全省事"为目的推进平台建设。截至 2016 年，贵州全省各级共 109 个站点全部使用贵州省网上办事大厅，其中纳入县级以上共 3528 个部门的 47889 个政务服务事项，以及 1464 个乡（镇、街道、社区）、7270 个村（居委会）的 88106 个政务服务事项。

第三，政府政务服务中心向乡村延伸，为群众办事提供就近便利。贵州省针对本省地形地貌特征和群众居住格局，着力推动政务服务中心向乡村延伸，创新乡镇政务服务体制。贵州全省各乡镇（街道）① 已建成政务服务中心 1412 个，覆盖率为 92%，除安顺市、铜仁市、黔东南州外，其他市（州）已实现乡镇（街道）政务服务中心全覆盖。贵州全省 18478 个村（居、社区），共建成 12373 个村（居、社区）便民服务点，覆盖率为 67%，其中贵安新区、贵阳市和遵义市村级便民服务点覆盖率均达 90% 以上。政府政务服务中心向乡村延伸的形式因地制宜，多种多样，有些乡镇集中七站八所工作人员到一个统一的办理场所，各办其事。有些乡镇则在场地集中的基础上，由编制部门批准成立乡镇政务服务中心，中心有相应的行政授权和人员编制，并整合七站八所的工作业务，一窗可办多事。

在推进政府政务服务中心在乡村延伸的同时，贵州省也力推网上办事大厅向乡村延伸。在 2016 年贵州省政府政务服务中心调研时，全省已有 1464 个乡镇（街道）政务服务中心、7270 个村（居、社区）便民服务点接入贵州省网上办事大厅，分别占 95% 和 39%。

---

① 依据《贵州统计年鉴》的数据，2016 年贵州全省的乡、镇和街道总数为 1572 个，2015 的数据是 1564 个，2014 年的数据为 1604 个，2013 年的数据为 1722 个。

学界专家、学者们提出大量关于如何提升政府公共服务能力的理论、意见和措施，但关注基层政府公共服务体系和公共服务能力的则相对较少。由此看来，要提高基层政府公共服务能力，需要深入基层，对基层政府的公共服务体系与服务能力的方方面面不断进行调查、分析和探讨。

（一）研究目的与意义

本研究旨在通过调查贵州省基层政府公共服务能力的现状，结合现行的基层公共服务供给制度，了解并明确基层政府服务的质量和效率，从不同研究的角度进行调查并分析基层政府服务范围、服务内容以及服务流程，剖析基本公共服务领域的薄弱环节，提出提高基层政府组织服务能力及效率的政策建议。

理论意义：对基层政府公共服务能力的建设现状及影响因素的探究有利于促进中国行政管理体制的改革和政府职能的转变。向基层社会供给公共服务是基层政府主要职能。然而，受传统文化、社会环境和政治体制的影响，基层政府职能存在许多问题，尤其对公共服务的职能认识不够，存在职能越位、错位和缺位的情况。这也导致基层政府改革成为中国行政管理体制改革的重点和难点。本研究通过调查基层政府的公共服务现状，获得第一手资料，探讨现存公共服务供给体系存在的问题，提供理论依据，寻找突破口。

现实意义：有利于统筹城乡经济发展，更好地实现社会的公平、正义，促进中国基层的民主建设。基层政府作为农村公共服务供给不可或缺的主体之一，其公共服务供给能力直接关系到城乡统筹发展和广大基层群众利益的实现。基层政府公共服务能力的建设离不开群众的支持和参与，这将进一步促进基层政府和群众的沟通、互动和合作。

（二）研究方法及内容

1. 本研究方法的科学性

本次调研采取问卷法、访谈法等研究方法。在问卷设计上，问题设计紧扣调研主题，考虑到问卷对象的复杂性，问卷设计通俗易懂，涉及教育、交通、基础设施等各方面情况，加之结合当地政府部门提供的资料，使结果更为科学。本次调研分两地同时进行，其一为贵州省六盘水市水城县人民政府政务中心，其二为安龙县人民政府政务服务中心，一方面使数据更具科学性，也能起到对比的效果。除此之外，本次调研采用访谈法，对前来政务服务中心办理事务的群众除进行问卷调查以外，为使研究更加深入，还进行了访谈，这使得课题组能第一时间了解和熟悉群众办理事务后的直接感受和真实评价，为期5天的蹲点调研使结果更具普遍性。最后，对政府部分部门的工作人员也进行了访谈，通过向他们了解到前来政务中心办理事务的群众的流量、办理成功率、办结率、办理失败的原因、工作中遇到的问题，能够与问卷所呈现的问题进行很好对接，从而对基层政府公共服务能力形成更为客观的评价。

2. 本课题研究结果的可靠性

（1）问卷设计科学、回收率高、对象针对性强、数据准确真实。

（2）访谈结合了政府工作部门工作人员以及群众办事状况、群众提供的基础设施建设情况，二者对比后容易看到问题所在，结果更具信度。

（3）访谈政务中心领导以及收集县交通局、县教育局所提供的交通建设、教育状况等第一手资料，能够很好地从政府部门角度了解到进行公共服务的规划、进程、工作瓶颈等情况，从而有针对性提出解决建议。

（4）课题组分为两个调查小组分别前往两地，在调查点进行调研访谈、观察，从而使数据更具广泛性和可靠性。

（三）案例选择

贵州全省设有88个县级行政单位。如何选取有代表性的案例，这是必须考虑的问题。综合权衡地域区位、经济发展、人口结构和可进入性等因素，本研究选择了水城县和安龙县作为调研点。在地理区位上，水城县属于贵州省北部地区，而安龙县则属于贵州省南部地区。就经济发展水平而言，2014年水城县的国民生产总值为181.11亿元，在全省处于中等水平；

安龙县 2014 年的国民生产总值为 73.05 亿元，在全省处于中下水平。[①] 从人口结构上看，水城县和安龙县都具有多民族聚居的结构特征。水城县境内居住着汉族、苗族、彝族、布依族、水族、回族、仡佬族等，安龙县境内居住着汉族、布依族、苗族、土家族、侗族、彝族、仡佬族、水族等。两县少数民族占全县人口的比例大体相当，均不到 50%。

从地理区位、经济发展和人口结构等方面考虑，水城县和安龙县具有一定的代表性，能在一定程度上体现贵州全省各区县在公共服务体系和公共服务能力方面存在的普遍性问题。从进入调查现场的角度来看，本研究组织的两个调查小组成员可以相对容易进入调查地开展调研事务。在选择、确定调查点时就考虑了调查小组成员的招募原则和条件。招募调查小组成员的原则之一是，每个调查小组至少有一名熟悉当地情况的成员。

选择确定调研点的标准是能够更好地为本研究探讨公共服务体系和公共服务能力提供扎实的材料支撑。

第二节　关键概念

概念是探讨和理解社会现象的核心工具。在本研究中，有一些概念是关键性的，是探讨和理解基层政府公共服务体系和服务能力的钥匙。在本研究中，关键概念主要有基层政府、公共服务体系和服务能力、县乡体制等。

一　基层政府

按层次，一个国家的政府体系一般由中央政府和地方政府构成。在中

[①] 《2015 年〈贵州省统计年鉴〉第二十七部分》，贵州省统计局网站，http://www.gz.stats.gov.cn/tjsj_35719/sjcx_35720/gztjnj_40112/2015n/201610/t20161019_1144888.html。2015 年两县的国民生产总值数据分别为：水城县 206.29 亿元，安龙县 88.19 亿元。

国，地方政府包括省级政府、县级政府和乡镇政府等。① 一般而言，乡镇政府被称为基层政府。在本研究中，县、乡两级政府被统称为基层政府。近年来，随着农业税取消，乡镇政府职能缩减和调整，以及县乡体制的不断调整，县级政府越来越直接面向基层社会。因此，县级政府越来越具有基层政府的属性和特质。

在本研究中，基层政府是指直接面对基层社会和人民群众，直接处理各种公共事务和面对人民群众诉求的政府层级。

二　公共服务体系和公共服务能力

公共服务体系和公共服务能力是国家治理体系和治理能力的重要组成要素。治理体系是指政府、社会组织和人民群众等主体共同应对、协商处理和妥善安排国家事务、社会事务、经济事务和文化事务等问题的制度和法律。治理能力是指政府、社会组织和人民群众等主体协同应对、处理国家事务、社会事务、经济事务和文化事务等公共问题的效能。概而言之，治理体系和治理能力是指政府、社会组织和人民群众等主体在制度和法律范围内运行政治权力协同应对、处理公共问题的效能。

公共服务体系和公共服务能力是指政府向社会、向人民群众供给公共服务的制度体系和法律规范，以及政府向社会、向人民群众供给公共服务的效能。

三　县乡体制

县乡体制是行政制度的关键环节之一，它是国家与社会的枢纽。县和乡镇的关系是县乡体制的主要内容。在现代国家兴起之前，中国的国家权

---

① 在中国，地方政府体系由省级政府、县级政府和乡级政府构成。在中国的地方政府体系中还设有直辖市和民族自治地方。民族自治地方的政府体系由自治区、自治州（盟）、自治县（旗）构成。在中国的地方政府体系中，还设置有民族乡，需要特别指出的是，民族乡并不是民族自治地方。在中国地方政府体系中，"市政府"有三个级别——中央直辖的省级市、设区辖县的地级市和县级市。

力正式设置的最低层次为县，即常说的"皇权止于县政"。近代以来，现代国家的思想和制度设置逐渐在全球范围内传播，中国亦不例外。清末，国家权力正式设置开始向县以下渗透和扩张，设置乡一级政府，经民国时期，到新中国成立后乡政府终成一级完备政府。

乡级政府的主要职能是社会整合和社会动员，以及资源汲取。在后农业税时代，乡级政府最主要的资源汲取职能随着农业税取消而消失。由此，乡级政府的机构设置开始随职能消失而转变，县乡关系亦在调整之中。

县乡体制是指为了使县乡两级政府为合理承担、有效履行其主要职能而把权力在两级政府间恰当配置，其内容主要包括县级政府拥有的权力，乡级政府拥有的权力，以及两者之间的权力关系。在农业税时代，县乡体制是以资源汲取为核心；在后农业税时代，县乡体制则以公共服务为核心。目前，县乡体制的权力关系仍在重新配置的过程之中。

第三节　文献综述

一　国家治理体系与治理能力现代化的重要性

自从习近平总书记提出国家治理体系和治理能力现代化命题，党的十八届三中全会正式提出全面改革的目标以来，关于国家治理体系与治理能力现代化的研究文献蔚为大观。总体而言，现有国家治理体系与治理能力现代化研究文献都集中于治理体系与治理能力现代化的必要性和重要性、主要内容与路径选择等方面的宏观理论阐释。

郑言、李猛和欧阳康等学者从公共治理理论发展角度阐述治理体系与治理能力现代化的必要性和重要性。郑言、李猛认为，要解决"公共需求的日益多样化与政府组织的有限容量之间的矛盾"，"经济高速发展与改革目标全面性之间的矛盾"，"威胁国家安全稳定的因素越来越多与责任主体的相对单一之间的矛盾"和"国际'软实力'竞争的日趋激烈与中国制度优势尚未完全彰显之间的矛盾"，就必须"推进国家治理体系与国家治理能力的现代化"。① 欧阳康认为，推进国家治理体系和治理能力现代化研究，"有利于在学术上厘清与国家治理相关的若干理论问题"，"有利于建构有中国特色的国家治理话语体系"，"为党和国家提供'治国理政'的咨询报告或决策建议"，"为当前中国国家治理提供技术支持"。② 方涛从五个维度论证了国家治理体系和治理能力现代化的重要性，即国家治理体系和治理能力现代化是"马克思主义国家学说中国化的重要成果"，是"中共治国理政思想的新变化"，是"革命党向执政党转型的重要标志"，是"国家现代化发展的客观要求"，是"全面深化各领域改革的必然要求"。③ 此外，有学者在公共治理理论演变的脉络内讨论了治理在中国的表达形式④，以及治理对中国政治达致善治的重要作用。⑤

二　国家治理体系和治理能力现代化的主要内容

李景鹏等学者从理论层面讨论了国家治理体系和治理能力现代化的主要内容。李景鹏认为，国家治理体系和治理能力现代化应该着力民主政治、市场经济、法治、社会发展和现代文化发展五个方面的内容。张贤明、李放在各自的论文中论述了国家治理体系和治理能力现代化的基本内容——国家制度建设，并赋予国家制度建设之于国家治理体系和治理能力现代化的重要意义。⑥ 张贤明认为，需要从六个方面完善和发展制度以实现国家治理体系和治理能力的现代化，即"通过进　步完善和发展制度，提升制度

① 郑言、李猛：《推进国家治理体系与国家治理能力现代化》，《吉林大学社会科学学报》2014 年第 2 期。

② 欧阳康：《推进国家治理体系和治理能力现代化》，《华中科技大学学报》（社会科学版）2015 年第 1 期。

③ 方涛：《国家治理体系和治理能力现代化的五维审视》，《求实》2014 年第 9 期。

④ 李泉：《治理理论的谱系与转型中国》，《复旦学报》（社会科学版）2012 年第 6 期。

⑤ 俞可平：《治理与善治》，社会科学文献出版社，2000。

⑥ 李景鹏：《关于推进国家治理体系和治理能力现代化——"四个现代化"之后的第五个"现代化"》，《天津社会科学》2014 年第 2 期。

体系的认同度和整合力",“通过实现制度的法治化、规范化、程序化充分保障其权威性与执行力",“通过优化制度体系的内部结构、提升制度结构的科学性与运行效能",“通过增强制度自信,凝聚共识并坚守社会主义核心价值观",“通过循序渐进变革的过程推进国家治理体系与国家治理能力现代化"和“通过适应时代变化与实践发展不断创新体制机制,推进国家治理体系和国家治理能力的现代化"。①

李放在其论文中指出,“优良的现代国家制度体系是现代国家治理体系的基本构成要素",因此,加强中国的制度建设有助于中国国家治理能力现代化。② 张长东从分析国家能力的内涵和分类切入,指出国家治理能力现代化应该包含四个特征,即国家汲取“能力强大"“国家、市场、社会共治且相互赋权"“国家能力的多元化及各种能力间的协调"“制度化和法治化"。换言之,张长东认为应该从上述四个方面提升国家治理能力。③ 与前述学者在一般意义上论述国家治理体系与治理能力现代化的内容不同,谢建平选择了具体的“权力清单制度"建设切入讨论国家治理体系和治理能力现代化的内容,认为权力清单制度建设有利于推进国家治理体系和治理能力的现代化。④

三 国家治理体系和治理能力现代化的实现途径

“如何实现国家治理体系与治理能力现代化"也是现有文献关注的重点,即前文提到的国家治理体系与治理能力现代化的路径选择问题。辛向阳等学者从不同角度探讨了国家治理体系和治理能力现代化的路径选择。

---

① 张贤明:《以完善和发展制度推进国家治理体系和治理能力现代化》,《政治学研究》2014年第2期。
② 李放:《现代国家制度建设:中国国家治理能力现代化的战略选择》,《新疆师范大学学报》(哲学社会科学版)2014年第4期。
③ 张长东:《国家治理能力现代化研究——基于国家能力理论视角》,《法学评论》2014年第3期。
④ 谢建平:《权力清单制度:国家治理体系和治理能力现代化的制度性回应》,《华东师范大学学报》(哲学社会科学版)2014年第6期。

辛向阳提出，国家治理体系和治理能力现代化应该从以下三个方面展开，即国家制度的"定型和强体"，党政关系、政府和市场关系、政府和社会关系的"统筹和协调"，"推进法治建设，培育和践行社会主义核心价值观"。① 李放从现代国家制度建设的角度指出，中国的国家治理体系和治理能力现代化的路径应该是"着力提高中国共产党的执政能力"，"大力加强五大方面②的现代国家制度建设"和"培养社会多元主体的参与能力"。③

谢建平在"权力清单制度建设"的视野下阐述了提升国家治理体系和治理能力现代化的四个路径——"强化权力配置制度建设，加强顶层设计，提高国家治理的制度化水平"；"强化权力运行制度建设，确保照单履权，提高国家治理的规范化水平"；"强化群众权利制度建设，突出制衡意识，提高国家治理的民主化水平"；"强化权力监督制度建设，构建问责机制，提高国家治理的科学化水平"。④ 郑言、李猛认为："实现国家治理体系与治理能力现代化的着力点分别是以下四个方面——（一）加强党的领导，转变党治国理政的方式；（二）注重国家治理的法制化和制度化，明确各治理主体的责任；（三）发挥党和政府的引导功能，培育各治理主体按制度办事、依法办事的意识与能力；（四）推动全面性目标的国家治理，提高国家治理的实际效果。"⑤

四 国家治理体系和治理能力现代化的区域表达

有一些学者在理论层面论述了民族自治地方及县域治理体系和治理能

---

① 辛向阳：《推进国家治理体系和治理能力现代化的三大路径》，《江西社会科学》2014年第2期。
② 根据李放的界定，五大方面的现代国家制度具体指"现代化的经济制度、政治制度、文化制度、社会制度和生态制度"。
③ 李放：《现代国家制度建设：中国国家治理能力现代化的战略选择》，《新疆师范大学学报》（哲学社会科学版）2014年第4期。
④ 谢建平：《权力清单制度：国家治理体系和治理能力现代化的制度性回应》，《华东师范大学学报》（哲学社会科学版）2014年第6期。
⑤ 郑言、李猛：《推进国家治理体系与国家治理能力现代化》，《吉林大学社会科学学报》2014年第2期。

力的现代化问题。贺金瑞认为，应该在族际治理模式转向区域治理模式的背景下结合现代性治理资源、族群性治理资源和本土性资源推动少数民族地区的治理体系和治理能力现代化。他分析了造成当前少数民族自治地方治理能力不足的影响因素，并在此基础上提出了民族自治地方治理能力现代化的方向、内容和路径。[①] 米恩广等分析、总结了推进县域治理体系和治理能力现代化存在的五个方面现实挑战，之后提出了推进县域治理体系和治理能力现代的六条路径。[②] 张佐等探讨了城乡治理体系现代化背景下乡村治理能力塑造的必要性和路径。[③]

概言之，既有文献多从政府施政的有效性与合法性两个维度，在理论层面探讨国家治理体系和治理能力现代的必要性、重要性、主要内容和路径选择。在理论探讨之外，国家治理体系和治理能力现代化需要更多的实证研究。为此，本课题选择研究县乡两级基层政府的服务体系与服务能力建设，进而探讨如何在县域政治范围内推进国家治理体系与治理能力的现代化，用鲜活的实践经验丰富县域国家治理体系与治理能力的现代化过程和研究。

第四节　调研概况

一　概况

本次对基层政府服务能力的调研以县级政府为单位，选取了贵州省六

---

① 贺金瑞：《当代中国民族问题治理体系和治理能力现代化初探》，《中央民族大学学报》（哲学社会科学版）2014 年第 4 期。

② 米恩广、权迎：《治理能力现代化——民族自治地方政府能力建设之关键》，《西北民族大学学报》（哲学社会科学版）2015 年第 1 期；张佐、陈楠：《推进县域治理体系和治理能力现代化的路径选择》，《学术探索》2014 年第 11 期。

③ 张佐、陈楠：《推进县域治理体系和治理能力现代化的路径选择》，《学术探索》2014 年第 11 期；罗光华：《城乡治理体系的现代化与乡村治理能力塑造》，《当代世界与社会主义》2014 年第 6 期。

盘水市水城、黔西南布依族苗族自治州安龙两个县级政府为调研对象。

水城县位于贵州省西部，与云南省接壤，隶属于贵州省六盘水市，地处乌江和北盘江的分水岭地带，境内气候温和，凉爽宜人，素有"凉都"之称。

截至 2015 年，水城县共有 4 个街道、13 个镇、13 个民族乡，县人民政府驻双水街道。水城县政务服务中心是隶属于政府办公室的一个综合性单位，于 2006 年 12 月 20 日正式挂牌成立，办公地点位于双水开发区广场。政务中心是政府四大班子集中办公的地方，也就是政府各部门的办事窗口集中的地方。其业务范围主要是：依法行政，统一受理行政许可申请；统一送达行政许可决定；政策法规咨询与服务；协调、监督相关事项的办理等。"中心"人员编制 10 名，内设综合股、受理咨询股、协调督办股。

安龙县位于贵州省西南部，地处南盘江上游的黔、桂、滇三省区接合部，是贵州南下出海、西进云南的重要交通枢纽和商品物资流通聚散重地。

安龙县政务服务中心于 2011 年 4 月开始筹建，中心位于安龙县西城区迎宾大道，办事大厅设在县国土资源局发展和改革局综合办公大楼一楼、二楼，总面积为 3280 平方米。目前，中心有主任 1 名，副主任 1 名，工作人员 3 名，平均年龄 30 岁。该中心进驻事项 156 项。其中，行政许可 61 项、非行政许可审批 40 项、便民服务 55 项；常驻制单位 19 个，共 49 名窗口工作人员，联络制单位 15 个，分厅 2 个（县人社局、县交警大队）。

本研究主要搜集群众对政府提供公共服务能力的客观现状反馈以及主观方面的满意程度，因此调研地点主要选取在水城县政务服务中心，通过调查人员的实地观察、对前来办事群众的问卷调查以及对政务中心负责人和部分工作人员的访谈调查，获取政务中心的服务现状及群众满意度的一手数据。同时，调查两县在教育与交通两个板块的现状及其未来规划，用数据展现基层政府在教育和交通等公共服务方面的供给能力及存在的问题。

二　政务大厅基本情况介绍

（一）安龙县政务大厅具体有以下办理业务的窗口

1. 一楼分布

A 区，国地税办公区柜台，总计 14 个，实际使用 14 个。

B 区，综合办公区，（1）金融缴费；（2）市监局（5 个实际使用窗口）：a. 个体工商户受理窗口，b. 个体工商户核准颁证窗口，c. 颁证窗口，d. 核准窗口，e. 受理窗口；（3）环保局；（4）发改局、交运局；（5）文广局、教育局；（6）卫计局；（7）残联、水务局；（8）林业局；（9）农业局。

C 区，公安局（5 个办事窗口）：（1）临时身份证窗口；（2）居住证窗口；（3）公章备案窗口；（4）危爆品处理；（5）出入境管理。

D 区，住建局（7 个窗口），民政局（4 个窗口，实际办事 3 个窗口）

2. 二楼分布

（1）安龙县民意调查中心；（2）安龙县不动产事务登记中心：总计 20 个窗口，1 - 5 为申请登记，6 为预留窗口，7 为收费发证窗口，8 为缮证窗口，9 - 12 为咨询服务，13 为矿权用地业务受理窗口，14 - 17 为预留窗口，18 - 20 为权籍测绘。

（二）水城县政务大厅具体有以下办理业务的窗口

1. 负一楼窗口分布

（1）司法局：1 个；（2）民政局：1 个；（3）卫计局：2 个；（4）财政局：2 个；（4）残联：2 个；（5）安监局：1 个；（6）企业信用服务：1 个；（7）旅游局：1 个；（8）文广局：1 个；（9）住建局：1 个；（10）消防大队：1 个；（11）公安局：2 个；（12）交警大队：2 个；（13）交通局：4 个；（14）林业局：1 个；（15）水务局：1 个；（16）农业局：2 个；（17）综合窗口人防办：1 个；（18）综合窗口档案局：1 个；（19）信用社入驻窗口：1 个，取款机 1 个；（20）邮政、燃气、供水、供电等设柜台办理，预留窗口：6个。

负一楼窗口一共36个，其中前来办理事务的群众以缴纳交通罚款为主，有群众反映过于麻烦，很多不能在代办点进行罚款缴费。其次，负一楼设网上办事大厅自助申报区，有电脑4台，但通过调研我们发现，大部分群众都没有选择利用这一工具。我们了解到，前来办事的群众文化程度不一，加之潜意识里觉得还是直接通过窗口办事踏实。

2. 一楼窗口分布

（1）税务综合服务：13个，（2）市场监管局：4个，（3）国土局：2个，（4）城规局：2个，（5）发改局：1个，（6）经信局：1个，（7）环保局：1个，（8）住建局：3个，（9）组织部：1个，（10）预留窗口：1个，设咨询导办台1个并由当日轮班人员值班，设自助申报区网上办事大厅，电脑共计11台，设文印中心，但收费偏高。

一楼窗口共计29个，前来办理业务的以税务、住建为主。此外，我们还了解到，为了更好地服务百姓，政务大厅实行AB岗制度：A岗早上9点上班，11点50分下班；B岗下午1点30分上班，下午5点钟下班。整个政务大厅环境较好，相关宣传、办事流程手册分类整齐摆放，座椅较多，以供办事群众休息等候，并有饮水机等。

第五节　数据分析与讨论

一　调查对象基本情况

（一）安龙县

安龙县此次调查共回收71份有效问卷，调查对象的性别比例合理。如表4-1所示，男性占43.7%，女性占56.3%。据分析，调查对象的年龄分布也比较均衡，但是文化程度参差不齐。由表4-2可知，调查对象来自农村与城镇各行各业的居民，农村为60.6%，城镇为39.4%。

表 4 - 1　安龙县调查对象的性别比例

单位：人，%

性别	频次	占比	有效占比	累计占比
男	31	43.7	43.7	43.7
女	40	56.3	56.3	100.0
合计	71	100.0	100.0	—

表 4 - 2　安龙县调查对象的来源地

单位：人，%

来源	频次	占比	有效占比	累计占比
城镇	28	39.4	39.4	39.4
农村	43	60.6	60.6	100.0
合计	71	100.0	100.0	—

（二）水城县

在水城县政务中心回收了 65 份有效问卷。表 4 - 3 是来政务中心办事并接受问卷调查人员的性别比例。对比表 4 - 1，水城县调查对象的性别分布与安龙县的分布有较大差异。来水城县政务中心办理各类事务问卷对象的性别分布的比例差距较大，男性占 75.4%，女性占 24.6%。由于调查数据的限制，两地前来政务中心办事的性别差异无法做更细致的分析。

表 4 - 3　水城县调查对象性别比例

单位：人，%

性别	频次	占比	有效占比	累计占比
男	49	75.4	75.4	75.4
女	16	24.6	24.6	100.0
合计	65	100.0	100.0	—

　　表 4－4 为问卷对象的年龄分布情况，可以看出，35～45 岁的比例最高，达到 35.4%，17～25 岁的比例最低，为 13.8%。两个调查地调查对象的年龄分布基本一致，青壮年是办事的主力军。

表 4－4　水城县调查对象年龄分布

单位：人，%

年龄	频次	占比	有效占比	累计占比
17～25 岁	9	13.8	13.8	13.8
25～35 岁	16	24.6	24.6	38.5
35～45 岁	23	35.4	35.4	73.8
45 岁以上	17	26.2	26.2	100.0
合计	65	100.0	100.0	—

　　县城的政务大厅直接面对社会基层的群众，特别是来自农村的群众。这一点直接体现在前来办事群众的结构特征之中。表 4－5 是调查对象的文化程度分布情况，可以看出，问卷对象的整体文化水平很低，初中及以下的占 56.9%，高中、大专和大学及以上分别占 12.3%、10.8% 和 20.0%。

表 4－5　水城县调查对象文化程度

单位：人，%

文化程度	频次	占比	有效占比	累计占比
初中及以下	37	56.9	56.9	56.9
高中	8	12.3	12.3	69.2
大专	7	10.8	10.8	80.0
大学及以上	13	20.0	20.0	100.0
合计	65	100.0	100.0	—

　　由表 4－6 可知，来政务大厅办事的群众主要来自农村，占 80%。

表4-6 水城县调查对象来源地

单位：人，%

来源	频次	占比	有效占比	累计占比
城镇	13	20.0	20.0	20.0
农村	52	80.0	80.0	100.0
合计	65	100.0	100.0	—

由表4-2和表4-6可知，位于县城的政务大厅，其业务主要面向农村地区。而表4-7的"职业分布"进一步验证，政务大厅办事接待的主要办事人群是农民。前来政务中心办事的城乡分布和职业分布，安龙县和水城县两地呈现相同的特征。表4-7显示，来政务大厅办事的人员中，农民所占比例达到44%。类似政务大厅的公共服务供给机制一方面解决了"多部门跑断腿"的问题，同时也遗留了农民办事难、办事成本高的问题。据调查，除了居住在城郊的农民离政务大厅距离比较近之外，绝大多数进城办事的农民往返至少有20~40公里的路程。

表4-7 水城县调查对象职业分布

单位：人，%

职业	频次	占比	有效占比	累计占比
农民	29	44.6	44.6	44.6
个体户	10	15.4	15.4	60.0
企业员工	4	6.2	6.2	66.2
事业单位人员或公务员	12	18.5	18.5	84.6
离退休人员	2	3.1	3.1	87.7
学生	3	4.6	4.6	92.3
无业或失业人员	1	1.5	1.5	93.8
其他	4	6.2	6.2	100.0
合计	65	100.0	100.0	—

农民进城办事的空间距离远和时间成本高是公共服务体系和公共服务能力现代化必须面对的主要问题之一，也是促使有效推进现有公共服务体

系改革和创新的动力之一。要通过改革和创新县乡公共服务体系，合理优化现有政务中心的机构设置、功能和职能配置，从而更便捷地为人民群众提供公共服务。

二　基础设施建设情况

（一）基础建设现状

1. 安龙县交通现状

至 2015 年底，全县共有公路总里程 2243.9 公里（其中高速公路 45.2 公里，国道 69.7 公里，省道 84.96 公里，专用公路 37.57 公里，农村公路 2006.47 公里），公路密度为 100.3 公里/百平方公里，农村公路里程占公里总里程的 89.42%；全县 6 镇 3 街道办均通柏油路。

2. 水城县交通现状

截至 2014 年底，水城县公路总里程达到了 4565.95 公里，高速公路总里程达到了 153.45 公里，建制村通硬化路比例为 70.51%。高速公路平均路面使用性能指数（PQI）为 80，普通国省道总体技术状况（MQI）为 80。建制村通客率为 86.6%。建制村通邮率为 100%。2014 年底，水城县农村公路总里程达到 3695.5 公里，其中县道 806.5 公里，乡道（含专用公路）581.5 公里，村道有 2307.4 公里。按技术等级划分，全县农村公路中二级以上公里里程为 91.8 公里，占公路里程的 2.5%。四级公路为 3147.2 公里，所占比重最大，达到了 85.2%。到 2015 年底，30 个乡镇全部通硬化路，100% 建制村实现了通公路，完成建制村通村油路 1358.6 公里，实现 78.55% 建制村道路通畅。

综合分析安龙县和水城县两地的访谈资料和公路发展里程可知，两地现有道路网络大致可以满足农村群众出行的基本要求。相比道路硬化之前，农村群众的出行时间成本减少了许多，这为农村群众到县城提供了便捷条件。然而，加入办成一件事所需次数的影响因素就可发现，交通基础设施的改善可以缩减农村群众的出行成本，但是依然无法明显降低农村群众到县城政务中心办事的综合成本。

3. 安龙县教育现状

2015 年，全县共有中小学、幼儿园 162 所，其中普通高级中学 2 所、职业技术学校 1 所、初级中学 14 所（民办 1 所）、九年一贯制学校 1 所、完小 41 所（民办 2 所）、教学点 76 个、特殊教育学校 1 所、幼儿园 26 所（民办 11 所）。在校学生 55636 人，其中学前教育 9874 人，小学 25128 人，初中 13488 人，普通高中 7049 人，职校 4785 人，特校 97 人。教职工有 3353 人，其中高中 342 人、初中 980 人、小学 1676 人、特殊教育 16 人、学前教育 369 人、职教 49 人。小学、初中辍学率分别为 0 和 0.32%，九年义务教育巩固率为 86.79%，学前三年毛入园率为 81.47%，高中阶段毛入学率达 91.6%。

4. 水城县教育现状

全县各级各类学校共计 402 所，其中幼儿园 60 所、小学 203 所、教学点 72 个、初级中学 35 所、九年一贯制学校 22 所、完全中学 2 所、高级中学 2 所、职业学校 6 所。在校学生有 137992 人，其中幼儿园 553 人、小学 3725 人、初中 2271 人、普通高中 909 人。学校占地面积为 3109661 平方米，其中幼儿园 192757 平方米、小学 1271408 平方米、初中 1228428 平方米、普通高中 417068 平方米。校舍建筑总面积为 1014763 平方米，其中幼儿园 80442 平方米、小学 442927 平方米、初中 375743 平方米、普通高中 115651 平方米。

目前，水城县的教育还相对比较滞后，表现为：一是学前教育资源严重不足，不能满足适龄儿童入园需求；二是基础设施建设不完善，距标准化建设差距较大，义务教育发展不均衡；三是双水城区公办教育存在择校热，大班现象突出，进城务工人员子女入学难；四是教育信息化建设滞后；五是职业教育办学水平不高，服务区域经济发展和地方产业结构调整能力弱；六是学前教育、高中教育、职业教育专业教师紧缺，管理队伍、专任教师总体水平不高，激励机制不健全，教育教学质量处于全省倒数位置。

教育是一项非常重要的公共服务，它不仅有利于保护未成年的利益，而且有利于提高个人文化素质和社会整体教育水平。然而，调查数据显示，两地的教育发展水平难以满足人民群众的需要。特别是在贵州省社会经济水平发展较低的地区，教育发展难以保障青少年的受教育权益。

（二）发展规划

1. 道路交通发展规划

安龙县就全县道路发展制定了细致的规则。

第一，做好交通"十三五"规则的编制。紧紧围绕"大扶贫"的工作思路，结合上级交通主管部门的要求，将高速公路连接线建设、国省道连接线建设、省县乡村公路的提等改造及城北、城东客运站纳入交通"十三五"规划，完善安龙县的公路网络，为群众提供一个安全、便捷的出行环境，为安龙脱贫攻坚、同步小康打下坚实基础。

第二，全力以赴，加大项目建设力度。确保 313 省道安龙双山至温家坡过境线改建工程项目、招堤景区慢行系统以及续建的通村沥青（水泥）路建设项目在 2016 年全部建成投用；剩余通村沥青（水泥）路建设项目按法定程序完成相关手续后，在 2016 年全部启动建设，力争在 2017 年实现 100% 行政村通沥青（水泥）路。

水城县也对其未来的交通基础设施发展做出了详细的规则：到 2020 年，全县交通基础设施总量进一步增加，基础设施网络结构更加完善。建成广泛的公路基础设施网络，全县公路网总里程达到 4369 公里，高速公路达到 224 公里。实现所有建制村和人口集聚的撤并建制村通硬化路，公路等级水平明显提高，农村公路服务水平明显提升，农村公路网络覆盖 30 个乡镇节点。扩大城市公交。

2. 基础教育发展规划

为了满足全县群众对教育发展的需求，安龙县认真查找摆出教育发展工作中存在的问题和不足之处，尤其是加大整改力度，对未开工建设的项目，多方筹集项目资金，想方设法开工建设；对已开工的项目，在保证质量的前提下，抢抓工程进度，确保完成既定任务。

2016 年教育重点工作主要围绕实现 "新两基"（义务教育基本均衡发展、基本普及 15 年教育）、接受省 "两项督查"（暂定）、落实 "两个责任" 的方向进行。

水城县对未来几年全县各类教育发展做了细致的规则。

（1）各级各类教育普及水平全面提高。到 2020 年，基本普及学前教育，学前三年毛入园率达到 70%；巩固提高九年义务教育水平，基本实现区域内均衡发展；普及高中阶段教育；义务教育巩固率达到 95% 以上；扫除青壮年文盲。

（2）教育质量与教育服务能力显著提高。到 2020 年，各级各类学校办学水平整体提高，优质教学资源总量进一步扩大；学生的职业能力、就业能力全面提高。

（3）师资配置与办学条件保障水平明显提高。努力造就一支师德高尚、业务精湛、结构合理、充满活力的高素质专业化教师队伍。到 2020 年，小学、初中、普通高中、中等职业技术学校的师生比符合国家或省的教职工编制标准，并达到全省平均水平。

三 政务中心涵盖的服务项目

基本公共服务的内容包括三个基本点。

（1）保障人类的基本生存权（或生存的基本需要）。为了实现这个目标，需要政府及社会为每个人提供基本就业保障、基本养老保障、基本生活保障等。

（2）满足基本尊严（或体面）和基本能力的需要，需要政府及社会为每个人提供基本的教育和文化服务。

（3）满足基本健康的需要，需要政府及社会为每个人提供基本的健康保障。随着经济的发展和人民生活水平的提高，基本公共服务的范围会逐步扩展，水平也会逐步提高。

在实地调查过程中我们了解到，安龙县的政务大厅主要办理的项目有社会保障类、办理证件类、行政审批类及其他等几大类，这包括基本公共服务的各种内容。表4-8的数据显示，群众到政务服务中心办理的事情主要是社会保障类，所占比例为43.7%；办理证件的调研对象占18.3%，行政审批类占16.9%，还有其他类占21.1%。比较特殊的是，安龙县设有县政务服务中心大厅、人力资源与社会保障和公安交通管理两个分厅。人社分厅的调研结果显示，人社厅办理的业务主要是社会保险、医疗保险、就业保险等。

表4-8　办理事务类别（安龙）

单位：人，%

事务类别	频次	占比	有效占比	累计占比
社会保障类	31	43.7	43.7	43.7
办理证件类	13	18.3	18.3	62.0
行政审批类	12	16.9	16.9	78.9
其他	15	21.1	21.1	100.0
合计	71	100.0	100.0	—

表4-9的数据是水城县政务大厅办理事务的分布情况。由表4-9可以看出，办理社会保障类的有效占比为14.3%，办理证件类的为25.4%，行政审批类为12.7%，其他为47.6%。表4-8和表4-9显示，政务大厅承办的各类业务在量上存在区域间的差异。在同一时期，水城县政务大厅办理社会保障类的业务量明显低于安龙县政务大厅，前者为13.8%，而后者高达43.7%。政务大厅的业务量直接体现了地方的施政内容。调研期间，安龙县正在推进与社会保障相关的工作。

表4-9　办理事务类别（水城）

单位：人，%

事务类别		频次	占比	有效占比	累计占比
有效	社会保障类	9	13.8	14.3	14.3
	办理证件类	16	24.6	25.4	39.7

事务类别		频次	占比	有效占比	累计占比
有效	行政审批类	8	12.3	12.7	52.4
	其他	30	46.2	47.6	100.0
	合计	63	96.9	100.0	—
缺失	系统	2	3.1	—	—
合计		65	100.0	—	—

由前文分析得知，政务大厅服务的对象主要来自农村。空间结构特征决定来自农村的办事人员的综合成本比较高。事情能否一次办好则直接决定办事者对政务大厅的主客观评价。办事是否顺利直接和办事程序相关。在调研中，课题组设计了相关的问题，用来评价办事程序的规范程度及群众的满意度。

四　政务服务中心的服务过程

建设政务大厅的目的是把分散在各政府部门的窗口业务集中起来。这个模式缓解了办事"满世界"跑的现象，从而为人民群众到政府办事提供了一定的方便。安龙县的调查数据显示，有93%的受访人员认为，业务集中是合理的（见表4-10）。

表4-10　业务集中是否合理（安龙）

单位：人，%

选项	频次	占比	有效占比	累计占比
是	66	93.0	93.0	93.0
否	5	7.0	7.0	100.0
合计	71	100.0	100.0	—

表4-11显示的是水城受访者对业务集中是否合理的态度。数据显示，绝大多数人认为集中办理是合理的，占比为92.3%，7.7%的人认为业务集中办理是不够合理的。对于政务中心的业务集中，安龙县和水

城县两县的办事群众态度是一致的，都认为业务集中为办事带来了便利。

表 4-11   业务集中是否合理（水城）

单位：人，%

选项	频次	占比	有效占比	累计占比
是	60	92.3	92.3	92.3
否	5	7.7	7.7	100.0
合计	65	100.0	100.0	—

然而，政务服务中心的业务集中仅仅解决了部分问题。首先，政务大厅现有的业务并没有集中所有部门的窗口业务。这就导致办事过程中仍然会出现来回跑的现象，特别是在同一事情涉及不同业务部门的情形下。与业务集中相关的且影响办事群众主客观评价的另一环节是业务办理程序的规范性问题。

安龙的调查数据（见表 4-12）显示，对于政务大厅办理业务的办理程序，47.9% 的受访者觉得非常满意，38.0% 的受访者觉得满意，9.9% 的受访者说不清满意不满意，而只有 4.2% 的受访者觉得不满意。据观察，安龙县政务大厅内设有取票处/询问处，前来办事的群众可以按政务大厅提供的办事流程进行办理，每种业务的办理流程相对来说是比较规范的。

表 4-12   办理程序规范性（安龙）

单位：人，%

选项	频次	占比	有效占比	累计占比
非常满意	34	47.9	47.9	47.9
满意	27	38.0	38.0	85.9
说不清满意不满意	7	9.9	9.9	95.8
不满意	3	4.2	4.2	100.0
合计	71	100.0	100.0	—

表 4 – 13 是水城受访对象对办理过程规范性的评价。在所有受访者中有 20 的表示非常不满意，有 55.4% 态度为不满意，有 21.5% 的受访者选择了"说不清楚满不满意"，满意的占比为 3.1%。关于办理程序规范程度评价，安龙县和水城县两地的评价呈现了明显的差异——安龙的受访群众认为政务大厅的办事程序比较规范，而水城的受访群众则对政务大厅的办事程序表达了强烈的不满。水城受访群众的这种不满不仅表现在办事程序的规范性方面，也体现在办事过程的其他环节。

表 4 – 13 办理程序规范性（水城）

单位：人，%

选项	频次	占比	有效占比	累计占比
非常不满意	13	20.0	20.0	20.0
不满意	36	55.4	55.4	75.4
说不清满意不满意	14	21.5	21.5	96.9
满意	2	3.1	3.1	100.0
合计	65	100.0	100.0	—

表 4 – 14 是水城县受访者关于本次办事是否成功的数据。从中可以看出，被调查对象成功办理事件的有效占比为 69.2%，失败率为 30.8%。这个数据与表 4 – 13 的办事程序规范性评价数据是一致的。

业务办理的便捷性也是影响办事群众主观评价的主要因素之一。依据前文的调查数据可知，前来办事的群众的文化水平普遍不高，熟悉和清楚办事程序的设置便成了群众办理事情过程中需要费时费力的事情。表 4 – 15 反映了水城县政务大厅成功办理事情所用的时间情况。由表 4 – 15 数据可知，成功办理事情所耗时间基本上在 30 分钟以内。耗时 30 分钟以内的有效占比为 80.9%，30 分钟到 1 小时的有效占比为 17.0%，1~2 个小时的为 2.1%。由于这项数据的缺失值较大，因此，数据并不能很好地反映政务大厅办理事情的所耗时间。每次办事所耗时间的数据结合每件事办好所耗次数的数据更具有说服力。

表 4-14 本次是否成功（水城）

单位：人，%

选项	频次	占比	有效占比	累计占比
成功	45	69.2	69.2	69.2
失败	20	30.8	30.8	100.0
合计	65	100.0	100.0	—

表 4-15 本次成功办理用时多久（水城）

单位：人，%

	时间	频次	占比	有效占比	累计占比
有效	0~30 分钟	38	58.5	80.9	80.9
	30 分钟到 1 小时	8	12.3	17.0	97.9
	1~2 小时	1	1.5	2.1	100.0
	合计	47	72.3	100.0	—
缺失	系统	18	27.7	—	—
合计		65	100.0	—	—

表 4-16 是每件办理成功所需要次数的数据。从表 4-16 可以看出，在所有接受访问的群众中，一次办理成功的达 35 人，有效占比为 59.3%。两次办理成功的占 23.7%；三次办理成功的占 6.8%，四次以上的为 10.2%。综合而言，一次办理成功的占 59.3%，同一件事需要二次及二次以上的占比为 40.7%。"来回跑"的现象使得办事群众对政务大厅仍然存在相当程度的不满意。

表 4-16 一件事所需办理次数（水城）

单位：人，%

	次数	频次	占比	有效占比	累计占比
有效	一次	35	53.8	59.3	59.3
	两次	14	21.5	23.7	83.1
	三次	4	6.2	6.8	89.8

	次数	频次	占比	有效占比	累计占比
有效	四次及以上	6	9.2	10.2	100.0
	合计	59	90.8	100.0	
缺失	系统	6	9.2		
合计		65	100.0		

五 办事群众对政务服务中心的评价

由前述数据分析可知安龙县和水城县两地政府向基层社会和人民群众提供公共服务的基本概况。数据分析结果亦呈现了人民群众对两地政府提供公共服务能力的一般性评价。

表4－17、表4－18为受访对象对服务态度的评价。就水城县而言，有1.5%的人不满意，非常满意的为50.8%，说不清楚满意不满意和满意的分别占20.0%和27.7%。表4－19、表4－20为受访对象对工作人员服务效率的评价数据。在水城县，50.8%的人认为效率非常高，30.8%的人认为效率高，16.9%的人认为一般，1.5%的人认为非常高。办事群众对于服务效率的评价数据与水城县的数据类似。在安龙，认为服务效率非常高的数据为64.8%。

表4－17 对服务态度的评价（安龙）

单位：人，%

选项	频次	占比	有效占比	累计占比
非常不满意	2	2.8	2.8	2.8
不满意	2	2.8	2.8	5.6
说不清满意不满意	11	15.5	15.5	21.1
满意	10	14.1	14.1	35.2
非常满意	46	64.8	64.8	100.0
合计	71	100.0	100.0	—

表4-18　对服务态度的评价（水城）

单位：人，%

选项	频次	占比	有效占比	累计占比
不满意	1	1.5	1.5	1.5
说不清满意不满意	13	20.0	20.0	21.5
满意	18	27.7	27.7	49.2
非常满意	33	50.8	50.8	100.0
合计	65	100.0	100.0	—

从服务态度和办事效率来看，安龙、水城县两地政务大厅基本能满足办事群众的要求。然而，在办事过程中仍然存在一定程度的不足。概言之，不论是服务态度还是办事效率，办事群众的一般及较评价比例都在20%左右。这表明，两地政务大厅提供公共服务的体系和能力仍然需要改善与提高。

表4-19　对服务效率的评价（水城）

单位：人，%

选项	频次	占比	有效占比	累计占比
非常低	1	1.5	1.5	1.5
一般	11	16.9	16.9	18.5
高	20	30.8	30.8	49.2
非常高	33	50.8	50.8	100.0
合计	65	100.0	100.0	—

表4-20　对服务效率的评价（安龙）

单位：人，%

选项	频次	占比	有效占比	累计占比
非常低	2	2.8	2.8	2.8
低	7	9.9	9.9	12.7
一般	9	12.7	12.7	25.4
高	7	9.9	9.9	35.2
非常高	46	64.8	64.8	100.0
合计	71	100.0	100.0	—

通过前文的数据分析，我们用数据细致地呈现了安龙县和水城县两地政务服务中心办事群众的结构特征、基础设施发展现状与规则、人民群众到政务大厅办事事项的分类情况和办事群众对政务大厅的服务体系和服务能力的各类评价。

数据分析所展示的安龙、水城两县政务大厅的情况，呈现了贵州省基层政府的公共服务供给体系与供给能力的整体情况，为摸清现存的问题提供了一个有效样本。

六　小结

通过实地调研和数据分析，我们发现政务大厅在各项业务的办理方面分得很明确，每个相应的窗口都有自己的办事人员。据了解，安龙县的政务服务大厅主要分为县政务服务中心大厅，以及人力资源与社会保障、公安交通管理两个分厅。一个政务中心大厅、两个政务分厅把很多业务都细化了，从而能更好地为辖区内人民群众服务。

大厅内的每个岗位都实行 A、B 岗轮班制，在整个大厅能办的业务，在网上同样能办理，这也使大厅的许多业务转到了后台办理，效率比以前提高了许多。二楼的不动产登记中心，现在是全省做得比较好的一块，把所涉及的农、林、木、国土等事项整合在一起。比如，房产、土地、山林等整合后形成一个大厅，对很多事项进行统一办理，老百姓办事方便。

但是，在调研的过程中，我们也发现了一些问题，其中主要是基层政府公共服务体系尚有不完善的地方，基层政府的公共服务能力仍有不足。调研中，我们发现有人因盖房需进行宅基地测量，多次前来办理，政务中心依旧未能派人下去测量。据我们了解，当下是他们县里改造期间，房产与建房这一块，不动产登记安龙全县只有一个测绘公司，全县的测绘都由这个公司负责，人手有限，忙不过来。另一个影响评价的因素是不动产中心 2014 年才成立。新的部门，人员对工作的熟悉程度，人员与事项之间的对接，很多工作对接还有一定的问题，如办理房产证、土地使用这一块，可能会有偏差，需要更多的时间。服务中心了解过，也是因为测绘公司人少，跑全县的业务比较困难。

公共服务体系能力不足的另一个表现在乡、镇政府的服务能力严重短缺。虽然贵州省在建立与完善全省三级政务服务中心体系时就积极推进县级政务服务中心向乡村下沉，但是现有的服务体系建设和服务能力培养尚不能满足人民群众的办事需求。如表4-21和表4-22所示，由于当地乡镇政府没法办理相应事情，安龙县和水城县的农村群众不得不到县城政务大厅办事。这导致生活在农村的群众进城办事把大量精力耗费在路上。结合表4-24、表4-25和表4-26的数据可知，有些事情要来回好几次才能办好。于是，办事群众需要花费更多的时间、精力和金钱，即办事的综合成本非常高。

表4-21　是否由于乡镇不能办理（安龙）

单位：人，%

选项	频次	占比	有效占比	累计占比
是	51	71.8	71.8	71.8
否	20	28.2	28.2	100.0
合计	71	100.0	100.0	—

表4-22　是否由于乡镇不能办理（水城）

单位：人，%

选项	频次	占比	有效占比	累计占比
是	55	84.6	84.6	84.6
否	10	15.4	15.4	100.0
合计	65	100.0	100.0	—

表4-23　车程（安龙）

单位：人，%

选项	频次	占比	有效占比	累计占比
0～10公里	41	57.7	57.7	57.7

续表

选项	频次	占比	有效占比	累计占比
10~25 公里	21	29.6	29.6	87.3
25~40 公里	1	1.4	1.4	88.7
40 公里以上	8	11.3	11.3	100.0
合计	71	100.0	100.0	—

表 4－24　所需时间（安龙）

单位：人，%

选项	频次	占比	有效占比	累计占比
0~1 小时	56	78.9	78.9	78.9
1~2 小时	14	19.7	19.7	98.6
2~4 小时	1	1.4	1.4	100.0
合计	71	100.0	100.0	—

表 4－25　车程（水城）

单位：人，%

选项	频次	占比	有效占比	累计占比
0~10 公里	22	33.8	33.8	33.8
10~25 公里	12	18.5	18.5	52.3
25~40 公里	9	13.8	13.8	66.2
40 公里以上	22	33.8	33.8	100.0
合计	65	100.0	100.0	—

表 4－26　所需时间（水城）

单位：人，%

选项	频次	占比	有效占比	累计占比
0~1 小时	29	44.6	44.6	44.6
1~2 小时	24	36.9	36.9	81.5
2~4 小时	12	18.5	18.5	100.0
合计	65	100.0	100.0	—

概言之，通过调查研究可以看到，基层政府的公共服务体系在提供公共服务的过程中存在以下问题：

——老百姓办事难，路程远，花钱多；

——责任不明确，流程不清晰，互相推责，个别人员工作态度不好；

——不了解业务的过程；

——有些材料未能一步安排到位；

——电脑交流有时受影响（无网络），信用社交费有时等人，要花不少时间。

其中隐藏一个极为重要的问题，就是政务服务中心体系在县乡两级之间没有形成合理的配置。

据贵州省政府政务服务中心 2016 年的调查，全省在政府政务中心体系建设和能力培养方面尚存在以下一些主要问题。[①]

第一，配套改革与体系建设不足。政府政务中心三级体系的标准化建设与当前"放管服"简政放权改革配套不足。在推进政务服务中心标准化建设过程中存在清单不一致的现象。政府部门的权力清单是由政府法制部门负责梳理，而政务服务中心的事项清单由政务服务中心梳理。这种各自梳理的做法难免造成两个清单内容不一致的现象。同时，政府政务服务中心自身存在的体系建设问题仍然影响政务中心功能发挥。进驻政务服务中心的工作人员素质参差不齐，业务能力不足，此外，办事存在延用废止政策法规的现象。

第二，政府政务服务中心的基础保障能力不强。这个问题主要表现在以下三个方面。一是政务服务中心的办公场所，特别是服务大厅难以满足政务服务事项全面进驻的需要。二是各地政府对政务服务中心的职能配置各异。各地各级政府在定位政务服务中心的机构性质上各不统一，有的定位为行政机关，有的定位为参公事业单位，有的定位为事业单位。政务服

---

① 贵州省政府政务服务中心：《市县级政务服务中心标准化建设调研报告》，2016。

务中心的隶属单位也存在差异，有的由政府或管委会直接管理，有的地方则由政府办公室管理。

第三，人员编制、经费支撑力度弱。依据贵州省政府政务服务中心2016年的调查，"10个市州级中心基本编制在15人左右，其中最少的黔西南州仅为9人。在97个县区级中心中，编制不足10人的占41.24%，其中，遵义市、黔西南州所属县区分别占比为73.33%和100%"。尤其值得注意的现象是，"有编无人"，如西秀区人员编制16人，在编只有7人。"占编不在岗"，如镇宁县在编10人，在岗7人，抽调到其他部门工作的3人。在财政经费保障上，政务服务中心处于弱势地位。普遍现象是财政编列的预算经费是不足的，甚至有些地方没有把政务服务中心的办公经费列入财政预算。

第四，政府各部门进驻、授权政务服务中心不彻底，制度刚性不强。据调查，市县级政务服务中心普遍存在"截留"现象，即部门和事项进驻不彻底。另一个问题则是政府部门对进驻政务服务中心的窗口授权不充分。在进驻、授权不彻底的同时，政务服务中心本身的管理亦存在问题。主要表现为管理制度繁复、考核指标不合理、考核缺乏制度保障等。

第五，全省统一行政审批系统推广应用难。"各系统独立存在、相互隔离，数据不互通共享，更难以统一监管"，"进一张网，办全省事"的平台建设困难重重，推进有限。

第六节 结论及讨论

一 结论

正如我们所知道的那样，当代中国社会正处在全面转型的变革时期，各种各样的问题与矛盾成为社会和谐发展的主要阻碍。首先，在一个拥有近14亿人口的大国，经济结构、社会结构急剧变动，巨大发展潜力和动力与各种困难与风险并存。其次，多年来经济发展的同时也面临着社会发展不全面、城乡二元经济结构不完善、地区之间发展很不平衡、经济增长对资源环境的压力加大等矛盾。最后，随着改革的深入，政府面临的社会利益主体更多，领域更广，利益关系也更加复杂，统筹兼顾各方利益的难度加大。种种矛盾与问题，亟待具有强大治理能力的政府来处理和协调，对此，基层政府更是责无旁贷。

当前中国各级政府在解决政府和社会、市场、企业关系的基础上，重新确定政府的角色和职能，在政府体制改革中选择服务型政府的取向已成为一种共识，各级政府都更加重视履行社会管理和公共服务职能，把财力物力等公共资源更多地向社会管理和公共服务领域倾斜，各级领导干部的精力也更多地放在推进社会发展和解决人民生活问题上。但是，从总体上看，中国地方政府职能转变仍没有到位，服务型政府的建设与完善社会主义市场经济体制的目标尚有较大的距离。

公共服务体系与公共服务能力是政府用以解决公共问题，维护社会经济秩序的主要手段，也是一种资源配置，其基本目的是解决每一个独立的市场主体所不能单独解决的许多公共问题。改革开放以来，中国的基层政府公共服务的能力与水平得到了明显提高，但是由于各种原因，基层政府公共服务体系不完善、公共服务职能不到位的问题仍然比较突出。因此，基层政府仍然面临着严峻的挑战。

县、乡等基层政府在中国当前的政府层级体系中处于一个比较特殊的位置，它是宏观与微观、国家与社会的衔接点、中继站，也是各种矛盾的直接面对者和处理者。在中国政府主导型发展战略中，基层政府发挥着十分重要的作用。加强对基层政府公共服务能力的研究既具有重大的现实意义，也有重大的理论意义。从现实来说，加强基层政府公共服务能力研究，不仅是中国和谐社会、民主政治建设进程中的一件有意义的事情，是加快推进社会基层政府直接服务的对象地区——农村进行社会主义新农村建设的必然举措，也是完成精准扶贫推进乡村振兴战略任务的重要环节。从理论上来讲，研究基层政府公共服务体系与公共服务能力问题不仅有助于推进国内外先进公共服务理念在中国基层政府的应用，还将有助于促进政府服务能力研究的具象化、多样化和丰富化。

本研究主要搜集群众对政府提供公共服务能力的客观现状反馈以及主观方面的满意程度，因此调研地点主要选取在水城县政务服务中心和安龙县政务服务中心，通过调查人员的实地观察、对前来办事群众的问卷调查以及对政务中心负责人和部分工作人员的访谈调查，获取政务中心的服务现状及群众满意度的一手数据。同时，前往其教育局和交通局获取教育与交通两个板块的现状及其未来规划，获取政府在教育和交通方面服务能力的数据。

为了客观地认识存在的问题，本研究通过问卷等形式获取翔实的数据，并对数据进行了细致分析。根据数据分析的结果，本研究主要从基层政府服务意识的强弱、服务体系和服务措施的完善程度、公众对政府的满意程度三个方面呈现了基层政府公共服务体系和公共服务能力的现状。首先，在政府服务中心我们可以看到，各类办理事务的窗口较为齐全。其次，基层政府的公共服务意识也有了很大的提高，政府办事机构的服务态度有了很大的改善，质量有了很大提高。最后，随着经济的发展和经济状况的改善，基层政府对公共产品供给和公共服务的投入占了很大的比例。但是，从城乡之间的差异来看，中国基层政府的公共服务能力水平亟待提高。这主要体现在服务意识较弱、服务体系和服务措施不完善、公共产品供给不足、公众对政府的满意程度不高四个方面。

二 完善基层政府政务服务中心体系和服务能力建设的对策

随着社会的发展，中国基层政府提供公共服务中存在的问题将会愈加严重。因此，为了提高基层政府的公共服务能力，我们必须对基层政府提供公共服务方面存在的问题及其原因有一个明晰、客观的认识。

农村基础设施落后，基层基础性公共服务滞后于社会经济发展水平。

当前城乡发展的差距和城乡居民生活水平的差距，主要集中体现在城乡居民在享受基础设施上的不平等。用水、用电、道路等基础设施远远不能满足人民日益增长的生产与生活需要。此外，基层地区大多数属于农村，农民就医、受教育等公共事业也远远不能适应经济发展的需要。

树立以公众为导向、以提高效率和效能为原则的服务理念，是建立服务型政府的前提，也是提高基层政府公共服务能力的先导。在调查中发现，询问台没有服务人员，很多群众到达办事处后，找不到相应人员处理。这不利于缓解文化水平低的办事群众办事难的问题。在对工作人员的访谈中发现，政务大厅的人手不够，所以也就没有给问询处设置人员。当问到为什么不安排志愿者之类的人时，工作人说由于办理事务需要专业的人员，每个环节的办理的内容都不一样，一般群众会直接来到窗口来询问办理人员进行处理。基层政府在建设服务型府的过程中，服务理念欠缺，不能从观念上把为民服务放在首位，没有以公众为服务导向。

应根据社会公共需求的变化，加快公共服务体制建设的步伐。在加大政府的社会管理和公共服务职能方面，要深入思考的是当地的经济发展对政府的职能转变有哪些现实的需求，当地的老百姓又确实需要政府提供哪些办得到的公共服务。在这个方面，一个突出的问题，就是要围绕公众需求建立公共服务体制，重构公共服务体系，加强政府在社会管理和公共服务领域的职责。因此，促进政府由传统管制型政府向服务型政府转变，由单一的经济建设型政府向公共治理型政府转变，由主要靠手工作业的政府向信息化政府转变，就成为基层政府行政管理体制改革的重要使命。

具体而言，加强基层政府公共服务体系和服务能力建设可以从以下几个方面着力，扎实推进基层政府的公共服务能力建设。

第一，进一步厘清政务大厅业务范围，规范和精简业务程序。

依靠权力清单的梳理，剥离各政府部门的窗口业务，划归政务大厅。在厘清政务大厅业务范围的基础上，要对业务程序，特别是涉及群众的办事程序进行规范和精简。基层政府的政务大厅直接面向人民群众，特别是农村群众。据前文的数据分析显示，到政务大厅办理各类事情的群众的文化水平并不高。办事程序精简有利于人民群众更方便地办理。同时，政务大厅要加强引导和咨询业务，为办事群众提供前置服务，让办事群众了解办事程序，清楚办事要求。

同时，要推进政府政务服务中心自身建设。一是要理顺政务服务中心的体制机制，二是要加强人员队伍建设，强化工作人员的法律意识、政策水平和服务宗旨，三是确保政务服务中心的财政预算保障。

第二，细分细化业务程序，下沉办事程序。

政务大厅应该在精简业务程序的基础上加强对业务程序的梳理，细分细化业务程序。在此基础上，明确哪些环节必须放在窗口，哪些程序可以放在后台处理。这样可以避免办事群众和工作人员重复操作。城乡的空间结构特征使得农村离县城政务大厅有相当远的距离，这在前文的数据分析中有清晰展示。通过细分细化政务大厅的业务程序，把面向办事群众的业务程序下沉到乡镇一级政府。由乡镇一级政府和政务大厅共同合作，一个负责窗口业务、一个负责后台处理。通过"乡镇 + 政务大厅"的公共服务供给模式缓解办事群众费时费力的现象。

第三，加快县乡两级政府体制改革。加强乡镇一级政府的服务功能。

"'乡镇 + 政务大厅'的公共服务供给模式"运行的前提是改革现行县乡两级政府体制。后农业税时代的乡镇一级政府何去何从，应该承担何种职能？这一直是基层政府体制改革的一大问题。"汲取"功能的消失迫使基层政府必须转型。加强乡镇一级政府的服务职能从而提升其社会整合能力，变革县级政府的机构设置，加强其直接服务社会和人民群众的职能，这是基层政府体制改革的方向。在建设"'乡镇 + 政务大厅'的公共服务供给模式"过程中推进基层政府体制改革，既可以完成基层政府再造的任务，又可以为人民群众提供便利。同时，"'乡镇 + 政务大厅'的公共服务供给模式"也是加强基层政府公共服务体系建设，提升基层政府公共服务能力的有效选择。如前文所述，贵州省在以"乡镇＋政务大厅"的公共服务供给模式引领基层政府体制改革方面做了很好的探索。在推进县乡体制改革的系统工程中，贵州省可以进一步尝试整合互联网、大数据和"乡镇＋政务大厅"等要素，以期发展和完善公共服务体系向乡村延伸的制度和机制，从而提高基层政府的公共服务能力。

第五章

贵州省社会治理机制创新促进地方政府治理能力提升研究

第一节 社会治理机制创新与地方政府治理能力提升的基本理论

一 社会治理机制与政府治理能力的文献综述

目前，学术界对"社会治理机制"和"政府治理能力"的研究相对较多，而有关"社会治理机制创新"和"政府治理能力提升"方面的研究较少（见图5-1）。以"社会治理机制"为题名在中国知网数据库进行检索，有580余篇文献资料，而以"社会治理机制创新"为题名的期刊文章仅有108篇；以"政府治理能力"为题名在中国知网数据库检索出460多篇文献资料，而有关"政府治理能力提升"的期刊文献资料只有109篇。从图5-1可以看出，自2014年起对于"社会治理机制创新"和"政府治理能力提升"的研究量都有较大的增长，学术研究成果的增加在一定程度上说明近年来实践中对相关领域的重视。

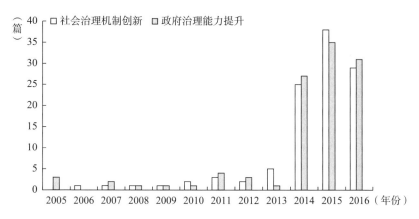

图 5 - 1 "社会治理机制创新"与"政府治理能力提升"研究文献分布

（一）有关社会治理机制创新的研究

近年来，国内学者对社会治理机制创新的研究日渐增多，但大多是从地区（省级以下）政府和民族地区的社会治理机制进行研究。例如，宋国恺认为，政府购买服务中涉及的公共服务、社会组织、社会工作、社会本位等内涵，标志着政府购买服务是一项创新的社会治理机制。这种机制的形成表现在培育社会组织、引入社会工作、推动社会倡导、公众受益、公众参与社会治理的若干层面和方面。[①] 刘东杰认为，社会治理机制创新是实现"善治"的重要途径，有助于增强政府公共管理能力，降低社会治理成本。他指出，目前地方政府社会治理机制普遍存在形式单一、机制僵化、运作后劲不足等问题。需从确立多中心的社会治理格局，弱化社会治理中的权力驱动，丰富社会化治理工具等方面来优化这一机制，进而实现创新并获得良好的社会治理效果。[②] 王卫认为，社会治理说到底是对人的服务和管理，并以福建省华安县新圩村为例，在"以人为本"的理念下，从建立利益表达的"输入—反馈"机制，保证利益表达渠道的畅通，防止信息反

---

① 宋国恺：《政府购买服务：一项社会治理机制创新》，《北京工业大学学报》2013 年第 6 期。
② 刘东杰：《我国地方政府社会治理机制创新研究》，《安徽商贸职业技术学院学报》2014 年第 13 期。

馈的失真，实现基层利益表达机制的创新；建立"两委主导，多元参与"的决策模式实现民主决策机制的创新；通过多元利益主体平等、理性的协商以达成共识，实现基层社会矛盾化解机制的创新等方面，对农村社会治理机制创新进行了实证研究。① 林海颖、张银花从治理主体单一、治理手段强制、治理绩效"缺考"等反面分析了内蒙古草原牧区社会建设方面存在的问题。他们认为，内蒙古草原牧区仍在延续传统的一元化社会管理体制，这在新时期社会发展条件下已表现出明显的不适应性。他们还从诉求吸纳机制、多元主体共治机制、牧民自治机制、牧民自治机制、绩效管理机制等多方面着手提出创新社会治理机制。② 李储学认为，机制创新是社会治理创新的突破点，而社会治理机制创新是一个互动的过程，它离不开利益分析法，应保证公民权利，以获取群众的价值认同。因此，需从四个维度进行社会治理机制创新。权利维度：以公民权利为前提，推动社会组织及公民依法参与治理；利益维度：以公共利益为出发点，引导社会组织及公民进行利益表达和维护；互动维度：以互动协商为基础，构建多元主体合作治理秩序；价值维度：以培育法治文化为目标，增强群众对依法治理的认同和支持。③

（二）有关政府治理能力提升的研究

关于政府治理能力的提升，学者们大多从分析其构成要素、发展现状及其对策入手进行研究。例如，邱志强认为，政府治理能力是由一系列相辅相成、相互支撑的能力组成的系统。基于中国国家治理体系的特定内涵，可以将地方政府的治理能力细化为协同治理能力、创新治理能力、依法治理能力、高效治理能力和危机治理能力。他还从创新治理方式、重视大数据处理在地方政府治理中的重要作用、突出应急能力建设掌握危机治理主

---

① 王卫：《农村基层社会治理机制创新研究——基于对福建"新圩经验"的分析》，《西华大学学报》2015 年第 4 期。
② 林海颖、张银花：《内蒙古草原牧区社会治理机制创新研究》，《学理论》2014 年第 48 期。
③ 李储学：《法治视角下社会治理机制创新的四个维度》，《领导科学》2016 年第 12 期。

动权、加强人才队伍建设等方便提出进一步提升中国地方政府治理能力的对策。① 易学志将政府治理能力的要素框架看成一个系统，认为它包含政府获得合法性能力、透明能力、承担责任的能力、法治能力、回应能力和高效管理能力六个子集，而每个子集还可以包含自己的要素。以此为基础，他分析了中国政府治理能力的基本现状，并从尽可能在各方面约束政府机构及其工作人员的不当利益冲动、不与民争利，扩大公民民主参与的范围和程度、增加公民的共识和政治认同，进一步从制度和技术上提高自身的透明能力，健全和完善行政责任制度以及政治法律制度并使这些法律能获得社会包括政府自身普遍、完全尊重，及时、正确对待公民表达出来的要求，合理编制管理机构和工作人员，实行目标管理等方面提出了改进和提高政府治理能力的对策建议。② 高峰、刘丽在分析中国地方政府治理能力现状的基础上，提出中国地方政府治理能力存在治理理念尚未真正确立、地方保护问题依然存在、政务公开机制不完善、公民参与程度不高等问题，进而提出树立服务型政府治理理念、开展跨区域合作治理、完善政务信息公开及鼓励公民参与等地方政府治理能力提升的对策建议。③ 蒋云根认为，提升基层政府公共服务供给能力不是一个孤立的课题，它涉及一系列相关要素，包括政府自身的职能定位、价值导向、动力机制、供给模式、所能动用或支配的政治经济和社会资源以及在供给体系、供给过程方面相关的制度安排。就中国目前公共服务供给体系发展现状分析，提升基层政府公共服务供给能力，应抓好公共财政制度改革、合理规范央地公共服务事权关系、完善基本公共服务多元化供给体系、建立公众对基层政府公共服务的绩效评估机制、加强对基层政府公共服务供给的监管等重要环节。④ 靳永

① 邱志强：《多元治理＋机制创新：地方政府治理能力提升的路径选择》，《江海学刊》2015年第6期。
② 易学志：《论我国政府治理能力的现状及提高途径》，《时代人物》2008年第10期。
③ 高峰、刘丽：《提升我国地方政府治理能力的对策》，《经济研究导刊》2012年第11期。
④ 蒋云根：《提升基层政府公共服务供给能力的路径思考》，《甘肃行政学院学报》2008年第3期。

蒉认为，新的治理理念的引入对当代中国行政管理产生了巨大冲击，传统的行政管理方式已跟不上时代发展的需要，地方政府需克服惰性、转变观念、完成组织再造、培养并提高治理能力，才能增强其社会公信力，构建起合法性基础。在当代中国，地方政府须从强化法治意识以培育地方政府依法治理社会的能力，倡导公共精神以培育地方政府以德治理社会的能力，退让部分权力以培育地方政府基本公共产品的供给能力，引入市场经营理念以培育地方政府治理方式的选择能力，壮大基层自治组织和志愿团体以培育地方政府抵御风险、化解公共危机的能力，增强忧患意识以培育地方政府公共决策周延和后果预判的能力等方面培育其社会治理能力，才能应对治理转型的挑战。[①]

目前，对于"社会治理机制创新"和"政府治理能力提升"的研究在理论界都取得了一定成效，在实践中也日益受到重视。但是，将社会治理机制创新应用于提升政府治理能力的研究相对较少，邱志强虽有提出"多元治理＋机制创新：进一步提升我国地方政府治理能力"，但也仅提到明确政府治理主体、完善多元合作治理架构、优化治理规则与流程、改进和创新治理方式、强化治理监督与效果评价、全面提升政府治理效能，并未对其进行详细阐述。

二　地方政府治理能力的构成要素

中国在实现经济腾飞的同时，随之而来的是社会不稳定、社会不信任等诸多问题，房屋拆迁导致的官民冲突、"邻避冲突"引发的社会抗争等问题的不断出现，引发了我们对地方政府如何实现地方公共事务的有效治理问题的思考。当前地方政府公共事务纷繁复杂，并呈现出动态化的局面，这赋予了地方政府治理能力新的内涵与要求。对于地方政府治理能力的构成要素问题，不同的学者有不同的看法，各自分析都有其合理之处，且在

---

① 靳永翥：《治理转型中我国地方政府社会治理能力的培育》，《贵州社会科学》2004 年第 6 期。

具体的研究与实践中都有利用。依据地方政府治理地方公共事务实践过程中的各个阶段，可以将地方政府治理能力的构成要素分为五大类：治理问题诊断与决策能力、公共资源汲取与整合能力、治理活动实施与过程监管能力、利益冲突协调与回应能力、群众满意度调查与治理绩效提升能力。

（一）治理问题诊断与决策能力

面对高度复杂且日趋动态化的社会公共事务，地方政府的资源、精力有限，不能面面俱到，解决所有的社会问题，且社会发展有其自身的规律与路径，有些社会问题不需要政府的介入，随着时间的推移其自身也能克服弊端，减少对社会的危害，甚至转危为安。因此，政府要对社会问题进行诊断，将有限的资源与精力用在正确的社会问题的治理上。何为正确的社会治理问题？有学者提出了政策问题来源于社会问题，社会问题来源于个人需求的命题，厘清了政策问题形成的脉络和发生机理：从差异性个人需求偏好走向相似性个人需求偏好；从相似性个人需求偏好走向交织复杂性社会问题；从交织复杂性社会问题走向相似性社会问题；从相似性社会问题走向共同性社会问题；政策问题就是从大量共同性社会问题中提炼出的。① 据此，地方政府要放下架子，到群众中去，摸清群众的实际情况，了解他们的需求与心声，提高准确把握实际情况的能力，通过严密的诊断、筛选、过滤，从大量的共同性社会问题中界定出民众最迫切且社会无法自行消化和解决的问题。

地方政府的决策能力主要指地方政府对某件事拿主意、做决断、定方向的综合性能力，主要包括人事决策能力、战术与战略决策能力等。界定出正确的社会治理问题后，地方政府要对社会问题的相关要素进行全面考量，如社会问题的公共性、因果关系、各种力量的作用、民众的关注度等，还要对自身的能力进行衡量，最后决定进入政府政策议程的社会治理问题。

---

① 靳永翥、刘强强：《政策问题源流论：一个发生学的建构逻辑》，《中国行政管理》2016 年第 8 期。

根据"治理情境—治理目标—治理工具"框架，社会治理问题进入政策议程后，地方政府要根据政策问题情境的不同演化阶段提出多重治理目标，同时地方政府要对治理工具做出选择，以实现多重治理目标。整个过程充斥着地方政府的决策，因此，地方政府要培养基本的决策素养、构建健全的决策系统和决策体制[①]，提高自身的决策能力。

（二）公共资源汲取与整合能力

资源汲取能力是地方政府进行社会公共事务治理的基础与必要前提。要实现社会治理的多重目标，地方政府首先要投入一定的资源作为治理活动的现实基础。同时，作为治理主体之一的地方政府，其自身的维持与发展也需要资源的投入，没有足够的资源支撑，地方政府治理公共事务的潜能会受到制约，组织自身的正常运作也无法维持。地方政府资源汲取能力指地方政府在治理目标的引导下，为有效地开展治理活动，通过各种方式与渠道依法合理地从政府组织内部和外部获取资源的能力。治理目标确定后，地方政府要依靠组织内部的人员执行各项决策，否则所有的决议都只不过是一纸空文，同时执行人员的思想道德、能力素质的高低都会对治理目标的实现产生巨大的影响，因此，地方政府要构建健全的人力资源开发机制，最大限度地利用组织内部的人力资源。除了组织内部，地方政府从组织外部（主要是市场、社会、公民）则可以汲取更多，如有形的自然资源、政治资源、社会资源、市场资源，无形的政府权威、民众认可等。地方政府可以向上级政府申请或者和其他政府合作共享获取政治资源，也可以通过征收、购买等手段从市场和社会获取资源。

在汲取组织内外的公共资源后，如何把这些分散的、以不同原则与方式运作的资源整合起来是地方政府面临的严肃能力考验[②]，也关乎着地方政

---

① 靳永翥：《乡（镇）政府公共服务能力：理论基础与要素构建》，《中共贵州省委党校学报》2013 年第 6 期。
② 楼苏萍：《地方治理的能力挑战：治理能力的分析框架及其关键要素》，《中国行政管理》2010 年第 9 期。

府多重治理目标的实现。地方政府资源整合能力指地方政府汲取资源后，在政府内部机构以及与其他治理主体有效共享资源，使各类治理主体在治理公共事务中形成有效合力，优化治理结构的能力。中国地方政府内部的资源分布存在"条块分割"的问题，处于条块不同位置的机构掌握着不同的资源，资源的分散导致无法产生集聚效应和规模经济效应。[①] 因此，地方政府要打破机构之间的条块分割，促进地方政府各部门之间以及政府不同层级之间的协调，实现资源共享，形成有效合力。在市场起决定作用的治理时代，虽然政府掌握了庞大的资源，但越来越多的资源分散在市场、各种社会组织以及公民手中，这时地方政府要促成社会治理主体之间的合作与集体行动，充分发挥市场、各种社会组织以及公民手中资源的作用。为了实现地方政府内外资源的整合，地方政府说服、讨价还价、协调关系等手段必不可少。因此，地方政府要重视提升自身的交流、沟通协调能力。

（三）治理活动实施与过程监管能力

治理活动实施是整个治理流程中最重要的环节，相比于资源汲取与整合能力，其直接影响着居民的生活，关乎着多重治理目标的实现。地方政府在治理活动实施过程中的治理理念、治理效率及治理结果是地方政府治理能力的直接体现。因此，地方政府要协同其他社会治理主体（市场、各种社会组织、公民等），依照法律，高效率地实施治理活动，最大限度地完成治理目标。首先，地方政府要始终坚信权力来自人民、受人民委托，在法定权限范围内依照法定程序实施治理活动。其次，地方政府必须高度重视治理的协同性，即强调治理主体的多元合作。在治理过程中，地方政府要与企业、社会组织、公民等多元主体，运用对话、谈判、协商等机制，针对不同治理事项，以不同主体为中心，建立网络化治理格局，妥善处理好协调性、匹配性等问题，将多元主体核心优势经过主动优化、合理搭配，

---

① 瞿磊：《服务于区域资源整合能力提升的地方政府职能转变研究——基于项目组合管理理论》，《天津社会科学》2012 年第 6 期。

相互之间以最完善结构形式结合而形成一个优势互补、相互匹配的有机体，最终达成"1+1＞2"的整体协作效应。① 最后，地方政府要高效地实施治理活动。高效治理包括两层含义，一是治理的高效率，即治理成本的最小化和收益的最大化，二是指实现高效益，即尽可能地实现治理目标。②

客观上，完全实现治理目标有很大的困难，治理活动的实施面临多种因素的制约，多元治理主体的有限理性使得治理活动无法尽善实施，许多治理实践会偏离其预设的轨道，而地方政府治理实践的偏离给社会带来的影响具有更大的危害性、辐射性和广泛性。因此，地方政府要对治理活动实施过程进行全面监管，约束自身与其他行为主体的行为，同时适时检测治理实践是否偏离原设的治理轨道，确保多重治理目标的实现。地方政府要时刻监督各级政府部门及相应的政府官员的行为，规范使用公共权力，同时着眼于整个网络化治理格局，看自身是否有"缺位""越位""错位"等行为，及时纠正自身的行为偏差。对参与治理实践的企业、社会组织、公民等多元主体，地方政府在最大限度地发挥其优势的同时，也要适时约束其行为，纠正其行为偏差。另外，在治理活动实施过程中，地方政府要始终以实现治理目标为核心，提高治理实践的效率与效益，尽可能降低治理效果与治理目标的偏差。

（四）利益冲突协调与回应能力

在地方政府治理公共事务的整个网络化治理格局中，多元参与主体呈现出多样化的利益需求。在治理公共事务的过程中，作为核心主体的地方政府可以划分为地方政府整体、政府各部门以及相应的各级政府官员。地方政府、政府部门、政府官员虽然在利益上具有较大的重合性，如地方政府部门、政府官员与地方政府整体利益保持内在一致的部分，但也存在各不相同的利益需求，如地方政府、政府部门、政府官员作为独立主体生存

---

① 龙献忠、谢彦欣：《地方政府治理能力现代化：概念比较、要素定位与路径选择》，《河南社会科学》2015年第6期。

② 易学志：《论我国政府治理能力的现状及提高途径》，《理论探讨》2008年第10期。

发展所需的利益。同样，企业、社会组织、公民等其他主体在利益上既有较大的一致性，相互之间又有很大的区别。另外，地方政府与其他多元主体虽然在整体利益上也有保持一致的部分，但各治理主体在治理公共事务过程中扮演角色的不同与不断转换，其呈现出多样化的利益需求，势必造成利益冲突。因此，地方政府要建立健全包括利益引导机制、利益约束机制、利益调节机制和利益补偿机制在内的利益协调机制，引导各治理主体以理性合法的形式表达利益需求、解决利益矛盾，妥善处理各治理主体之间的利益关系。①

回应能力指地方政府在治理公共事务过程中对群众的需求做出及时而负责任的反应，以让群众满意的能力，主要包括透明能力与责任承担能力。透明能力是地方政府向群众公开政务信息的能力。目前，中国地方政府由于受到传统观念的影响，不太愿意将自己的行为置于阳光之下，经验与方法的缺乏也制约了政务信息的公开，这阻碍了群众政务信息需求的满足，因此，地方政府要及时准确地公布地方政府政策制定、财政开支、公共危机等信息，提高群众对地方政府政策信息与政治信息的掌握程度，尽可能减少无故拖延、搁置甚至对群众的信息需求置之不理现象的发生。地方政府责任承担能力指地方政府在治理公共事务过程中出现"失位""缺位"等状况时承担责任的能力。责任是任何治理过程的基础②，这要求地方政府及其工作人员在职责未能履行或者出现偏差时能够运用法律、纪律和道德来追究责任，并准确确定责任承担者以及其应当承担责任的程度，同时地方政府运行不会因为出现责任事故而中断或产生危机。因此，地方政府首先要健全和完善责任追究和承担的规章制度和程序，防止出现"大责化小、小责化了"的局面，然后严格执行行政责任制度，健全和完善诸如辞职、究责回避等法律制度，最后制定追究、承担责任后的配套措施，以保障政府自身的稳定性和连续性，避免因承担责任而自乱阵脚甚至降低政府治理

---

① 肖文涛：《构建和谐社会与地方政府治理模式创新》，《中国行政管理》2006 年第 11 期。
② 王沪宁：《行政生态分析》，复旦大学出版社，1989。

能力局面的出现。

（五）群众满意度调查与治理绩效提升能力

政府的价值，在于它可以增进人民的整体福祉、满足民众的需求。换言之，政府是因人民而存在的，地方政府治理的愿景必须能够反映群众的需求，得到群众的认可。① 温家宝也曾提出："最能评价政府工作好坏的是群众，最能反映政府工作情况的是基层。群众的意见使我们知道政策贯彻落实情况，知道群众的困难和问题所在。我们的政府是人民的政府，我们的权力是人民赋予的，我们应该为人民谋利益并自觉接受人民的监督。群众满意不满意、高兴不高兴、答应不答应是衡量政府工作好坏的唯一标准。"② 因此，地方政府在治理公共事务过程中要始终以群众满意作为衡量政府治理工作的唯一标准。群众满意度调查指地方政府在实施公共事务治理实践后制定衡量指标，评估群众需求的被满足程度，衡量指标必须能够反映群众满意度。地方政府在进行群众满意度调查时要始终坚持从群众中来，到群众中去，根据具体的治理事项制定恰当的评估标准，寻找合理的调查对象，科学地运用问卷、访谈等调研方法，尽可能客观、准确地呈现群众的真实想法与感受。

治理绩效指地方政府治理政策被落实的程度，治理目标的实现程度以及群众需求被满足的程度。一方面，治理绩效的提升需要地方政府对治理活动实施过程进行全面监管，约束自身与其他行为主体的行为，以实现治理目标为核心，提高治理实践的效率与效益，尽可能降低治理效果与治理目标的偏差。另一方面，地方政府要对其治理实践进行科学合理的评估，根据评估结果找出治理实践中的不足与偏差，并及时改进以提升治理绩效。地方政府要制定科学的评估指标，合理配置评估指标的权重，完善以民众本位为价值导向的绩效评估体系，进行治理实践的长期利益和长远绩效的

---

① 廖益兴：《地方政府治理指标建构之初探》，《中华行政学报》2011 年第 8 期。

② 《温家宝：群众满意不满意是衡量政府工作的唯一标准》，中国网，http://www.china.com.cn/news/local/2011 - 02/14/content_21911827.htm，最后访问日期：2018 年 5 月 2 日。

短期化、阶段化考核，将自我评估、上下级评估、群众评估、专家评估等有机结合起来，确保评估的客观性与真实性。与此同时，地方政府要重视并合理利用评估结果，发现治理实践的不足与偏差，正视自身的错误或不足，及时采取措施进行补救或纠偏，确保实现治理目标。绩效评估是治理实践中不可缺少、循环往复的阶段，地方政府要充分重视评估工作的重要性，充分利用评估结果，不可为了评估而评估。

三　社会治理机制创新促进地方政府治理能力提升

如何提升地方政府治理能力？我们既可以从地方政府组织结构调整优化、地方政府治理工具创新、地方政府人才队伍建设等方面着手，也可以从地方政府治理行为和过程着手，通过地方政府社会治理机制的创新优化来为地方政府治理能力的提升提供动力。社会治理作为地方政府公共管理职能的重要维度，其机制的优化创新必将提升地方政府治理能力。

目前，中国社会治理机制创新的实践主要集中在以下几个方面：建立多中心的社会治理格局、弱化社会治理中的权力驱动、丰富社会治理工具。[①]

（一）建立多中心的社会治理格局

为了打破政府在面对社会问题时优先考虑公共权力治理的态势，地方政府要建立包括政府、市场、社会多元主体在内的社会治理格局。第一，向社会适度分权，缩减干预社会的权力，将政府无力承担或者承担成本过高的社会事务交给市场与社会，充分运用市场的效率驱动机制与社会的自治机制解决社会问题。第二，充分利用市场机制，通过政府服务外包、公共服务购买等手段，运用市场运作来进行社会治理，同时通过立法等手段有效促进政府与市场资源流动。第三，积极培育第三部门，降低社会组织

---

① 周海生、刘东杰、张长立：《过渡状态下的社会治理机制优化研究》，《广西社会科学》2014 年第 5 期。

的注册标准，给予一定的政策与财政支持，并培育公民的自治意识。

（二）弱化社会治理中的权力驱动

在多中心的社会治理格局下，社会治理存在公共权力治理机制、市场效率治理机制、社会自治机制等多种机制。为了增强社会治理机制的活力与效力，地方政府应弱化社会治理中的公共权力驱动机制，给予市场效率治理机制、社会自治机制等其他驱动机制运作的空间。为此，地方政府应建立社会治理的协商机制，政府公共权力驱动机制不再是社会治理的必要选择，而是备选之一，根据治理情境的不同，以不同的机制为核心，合理搭配，形成优势互补的有机体。

（三）丰富社会治理工具

社会治理必定要借助一定的治理工具。在建立多中心的社会治理格局过程中，地方政府应积极建构多元治理工具。除了带有权力色彩的直接管制、行政命令等管制性工具，地方政府应积极运用公共服务外包、使用者付费、民营化等市场化工具与志愿者服务、第三部门、自治等社会化工具，同时根据治理情境的变换进行多种治理工具组合，将政府工具、市场化工具、社会化工具有机匹配，将社会治理机制的优化真正落到实处，确保社会治理效果。综上所述，中国社会治理机制创新的实质就是政府、市场、社会等多元主体平等合作，共同进行社会治理。

政府与社会是互嵌互构的，政府所有的行为都嵌入社会结构之中，社会活动也离不开政府的身影。[1] 从将地方政府治理能力分为治理问题诊断与决策能力、公共资源汲取与整合能力、治理活动实施与过程监管能力、利益冲突协调与回应能力、群众满意度调查与治理绩效提升能力五大要素的分类中可以得出地方政府治理能力的内涵：第一，由管制转向服务。政府对社会问题越发谨慎，社会自身能解决的问题，地方政府不再干预；地方政府协调利益冲突、回应群众需求以提升群众满意度体现了政府逐渐从管

---

[1] 沈荣华：《提升地方政府治理能力的三重逻辑》，《中共福建省委党校学报》2015 年第 1 期。

制为主转向以服务群众为主。第二，由单一主体转向多元主体协作。地方政府汲取组织内外资源进行整合以形成合力，与企业、社会组织、公民等多元主体对话、谈判、协商，共同治理社会公共事务，说明政府不再是社会治理的单一主体，多元主体协作的局面正在形成。第三，由"硬"政府转向"软"政府。地方政府不再单纯地依靠控制力、支配力治理社会公共事务，而是与其他多元主体合作，充分重视并满足群众的利益需求，提升自身的公信力，扩大影响力与感染力。第四，由治他转向自治。地方政府强化自我约束、弱化社会控制，与企业、社会组织、公民等多元主体平等对话、谈判、协商，共同治理社会公共事务，规范社会发展，防范社会任意，引导社会方向，真正实现责任政府的转身，是还权于社会，让社会自治的重要举措。

综合审视中国社会治理机制创新的实践与地方政府治理能力的内涵，可以发现建立多中心的社会治理格局、弱化社会治理中的权力驱动、丰富社会治理工具等可以促进地方政府由管制转向服务、由单一主体转向多元主体协作、由"硬"政府转向"软"政府、由治他转向自治，从而促进政府治理能力的提升。

第二节 贵州省社会治理机制创新提升地方政府治理能力的案例

一 贵州省地方政府社会治理的创新实践

（一）安顺市经济技术开发区社区治理创新的基本实践

1. 安顺市经济技术开发区社区基本情况

安顺经济技术开发区位于安顺市城区西部，是 1992 年贵州省首批成立的省级经济技术开发区之一，全国 26 个通用航空产业综合示范区之一，安顺民用航空产业国家高技术产业基地核心区，总面积为 170 平方公里，常住人口 23 万人，辖"两镇一办"（也就是两个乡镇一个街道办事处），有 47 个农村社区、24 个城市社区。

安顺开发区按照"四个全面"战略布局，大力实施大扶贫、大数据两大战略，全面深化改革、扩大开放，经济社会呈现出"发展快、活力强、社会稳、百姓富"的良好局面。2016 年 GDP、规模以上工业总产值两项主要经济指标分别突破百亿元大关，农村居民人均可支配收入突破万元。区党工委将 2017 年确定为农村基层组织能力提升年，将农村社区治理纳入全区经济社区发展总体规划。

近年来，安顺经济技术开发区坚持以加强农村社区自我管理、自我发展、自我服务的能力建设为抓手，大力推进社区管理和服务创新，进一步完善社会工作机制，夯实基层建设基础，为创建全国农村社区治理试验区奠定了良好基础。目前，全部农村社区建成了社区服务站，实现区、镇（街）、村（居）三级社区服务网络全覆盖，社区干部逐步走向职业化。

2. 安顺市经济技术开发区社区治理的创新做法

第一，安顺开发区按照"135"工作思路推进城市社区建设。

"135"指的是围绕"一个目标"，强化"三个引领"，推进"五心"社区建设。

首先是围绕"一个目标"：认真贯彻落实党的十八届五中全会精神，以增强社区服务功能和推进社区治理体系和治理能力现代化为目标，实现社区党组织领导，社区居委会主导，社区各类服务机构、社会组织、驻区单位等社会力量和社区居民多元参与、共同治理的良好格局。

其次是强化"三个引领"：一是强化党建引领。投入 800 万元建设星光、春雷 2 个新型社区，投入 900 万元完成 15 个社区居委会活动场所，为社区党建工作夯实了基础。成立党工委书记为组长的社区建设工作领导机构，制订社区建设工作方案，挂帮领导定期到社区上党课。建立社区党委、网格党支部、楼栋党小组、住宅单元党员中心户"四位一体"的纵向网络管理层级。在居民小区成立了 72 个网格党支部，在企业成立了 293 个非公党组织，设立了 16 个流动党支部。

二是强化典型引领。按照"品牌 + 特色"的建设思路，重点打造特色示范社区，双阳社区"三线"作风服务地方居民的军地融合服务模式、南新社区老旧小区规范管理的"大物业"模式、西航社区禁毒基地为平台的平安无毒管理模式等成为开发区特色，得到上级部门的肯定。南马社区党支部书记杨松福、北航社区党支部书记朱仲凯分别荣获"十佳党组织书记"称号，西王山社区 2016 年被评为省级"先进基层党组织"。

三是强化市场引领。将军岩、玉龙、南新等社区开设了便民食堂、便民超市、打字复印店等，提供便民服务，引入了"美团外卖"服务；南星社区与民营企业合作成立公司，撬动社会资本办社会服务事业，星光社区下辖的 5 个社区全部成立公司。以市场引领提供完善的社区服务，引导社区通过市场化道路发展集体经济，助力脱贫攻坚。

最后是推进"五心"社区建设。

一是建设同心社区。实施社区与单位共驻共建、资源共享，各社区与辖区 100 多家企事业单位建立共驻共建友好关系，819 名机关党员到社区开展志愿服务，实现共驻共建"五个一"：订一份共建活动计划、建一个社区活动中心、献一策社区发展建议、为社区群众办一件好事、帮一户特困家庭。出台了《安顺开发区城乡社区民主协商议事制度（试行）》，推行"三事分流"议事协商模式，实施"五字法"网格管理工作法，做到干部与居民问题协商同心、服务调处同心、发展目标同心。

二是建设爱心社区。成立志愿者服务部和各社区服务点，2 万余名志愿者组建了志愿者服务队，开展志愿服务 80 余次，参与服务志愿者 3 万人次，为 6 万余名群众提供了志愿服务，极大地满足了群众的多元化服务需求；组织法律咨询、心理咨询、民事调解、扶贫帮困、孤儿照料等志愿服务专项行动 23 场次；在全国首创禁毒爱心银行，市民在志愿服务中存储爱心，以积分形式兑换社会服务。志愿服务让社会充满了爱心。

三是建设贴心社区。社区组织医疗机构为特殊群体上门进行健康体检、义诊。社区设立便民服务站，对群众申请办理的事项实行"群众动嘴、干部跑腿"，100 余名社区干部深入困难群众家中提供服务，为居民开辟了一条方便快捷的办事"绿色通道"。在 10 个社区设置了日间照料中心、健康小屋、儿童托管中心、文化活动室等功能区，为居民提供贴心服务。

四是建设安心社区。深入开展"平安细胞工程"建设，积极开展综治宣传月、矛盾纠纷排查化解等专项整治行动，组建专兼职结合的巡逻队，维护社区安全稳定。建设车城片区综合治理指挥平台，为老旧小区服务，共享开发区数据平台指挥中心资源。加强对社区矫正对象、刑释解教人员、吸毒人员等特定对象的管控，并帮助他们寻找就业岗位，实现自身价值。在西航社区投入 30 万元建成禁毒教育基地，常年面向社会免费开放，自建成以来，已接待关岭、西秀等县区社区的考察观摩，3000 余名辖区学校师生到基地开展了禁毒教育活动。

五是建设开心社区。组织辖区居民成立老年合唱团、老年文艺队，开展社区文化表演活动，老年合唱团向市民表演自编音乐剧《夕阳红》等节目，星光社区居民参加的黄果树合唱团在第三届中国民歌合唱节上荣获铜奖；组建 28 支广场舞队，西航代表队在全省第三届广场舞大赛安顺选拔赛中获优秀奖。开展重阳节"敬老爱老"、万人共享端午节、千家万户过中秋、金婚钻石婚照相、关爱环卫工人、老年人运动会等主题活动 30 余场次。通过各项文化活动的开展，让居民生活开心。

第二，军地共建，共享发展，建设军民和谐社区。

中航贵州飞机有限责任公司（以下简称贵飞公司）是按照中航工业专业化整合战略要求，于 2011 年 5 月 28 日正式挂牌成立，从事无人机/教练机研制、生产的国有大型军工企业，是中航工业集团直管的重点主机单位之一。公司坐落于安顺市经济技术开发区，"强军富民"是中航工业集团按照党的十七大战略部署，深入落实科学发展观，服从、服务于集团公司"两融、三新、五化、万亿"的发展战略而提出的文化宣言。"强军富民"是中航工业集团"履行社会责任"的价值追求。国有企业的本质，决定了中航工业集团不仅是社会价值的创造者，也是社会责任的承担者。积极履行社会责任是实现中航工业集团健康发展、保障广大职工最根本利益的必然选择。"强军富民"表达了中航工业集团坚持"以人为本"的发展理念，通过不断提升企业价值，实现"惠民""富民"的目标，并积极履行社会责任，承担社会义务，为建设社会主义和谐社会做出贡献的价值追求。

安顺市经济技术开发区党工委、管委会高度重视社区建设工作，在2017年的城市社区改革建设工作中，多次与贵飞公司协商，共同推进社区建设，并先后共投入了130余万元对双阳社区的办公活动用房、室内外环境、设施设备等进行全面升级改造。改造后，办公服务用房设为社会事务服务、离退休人员服务、文体活动服务三大服务区域，为社区居民提供了方便。

结合双阳社区属于工矿型居委会的实际情况，实行一个部门两块牌子，有效融合政企管理模式，做到外来人员、企业职工家属以及离退休人员的服务与管理工作齐肩同步。同时，社区工作人员将企业秉承的"自强不息、艰苦奋斗、团结拼搏，开拓奉献"的奉献精神以及"制度完善、管理规范"的管理要求融入社区的服务管理工作中，引导外来人员逐步适应工矿型居委会的管理方式，提升了服务效率，提高了服务水平，得到了群众的高度评价。

首先是依托党建的引领，在服务居民方面做到无缝服务。双阳社区隶属贵飞分党委第一党总支，党员管理规范，组织机构建设完善，下设7个党支部，支部委员按社区管理实际需要，在各居民小区均设有党员活动室，依托离退休支部党建工作、支部活动，将居委会工作延伸至各居民小区，实施阵地占领、思想教育、文化引领，及时落实公司及政府的各项管理政策，了解并解决居民管理中的各种问题和需求。各支部在开展离退休服务管理的同时实施居民服务管理，开展治安巡逻、综合治理、创建活动，推动平安社区建设。

其次是崇敬孝老，突出特色。三线军工企业到贵州已有50多年，当年的三线建设者已进入老龄阶段，社区居民年龄结构也进入老龄化。根据实际需要，在社区全面开展敬老孝老活动。

一是开展社区"三老"组织活动。以老同志的需求为主要目标，定期开展老年人研讨活动。例如，重阳节与幼儿园共同开展"敬老爱老"主题活动。认真做好老干部管理工作，在落实各项待遇的同时，发挥老同志的正能量；开展丰富多彩的社区广场文化活动，如健身球、柔力球、门球、象棋、广场舞等，组建相对固定的文艺体操队参加省、市、区及行业比赛。通过开展活动，即愉悦了老同志的身心，又丰富了社区文化；关心辖区范围内青少年的教育成长，如组织开展对双阳小学、幼儿园及公司驻村干部联系点的小学"六一"慰问活动。到烈士陵园开展以爱国主义、革命传统为主题的少先队队会。

二是开展慰问走访活动。重阳节开展系列活动、组织金婚钻石婚照相，走访慰问当年满 80 岁及 90 岁以上老年人，重阳节组织开展老年人游戏活动并给老年人发放慰问品。

走访慰问生病住院的老年人，"七一"慰问生活困难及失能党员，"八一"慰问老退伍军人，"春节"慰问老干部、老劳模、离退休职工困难遗孀，下一步将逐步在慰问群体上实行全覆盖，按照上级要求开展好居委会的居民关爱活动。

随着社会经济的发展，按照国家关于社会管理的要求，双阳居委会将继续结合军工企业的特点和传统，积极探索社区居民服务管理的新模式，打造平安、和谐的社区环境，推动企业转型升级，支持地方经济发展，让人民共享发展成果，使人民共同安居乐业。

第三，践行"七个一"的工作方式。

安顺市经济技术开发区自 2016 第十届村（居）换届选举工作结束后，在村（居）推行每天一次民情汇集、每周一次村民议事会、每旬一次公益活动、每月一次理财会、每季度一次考核、每半年一次谈心谈话、每年一次述职述廉的"七个一"工作，全面提升了基层社会的治理能力，村容居貌焕然一新，社区满意率不断提高。

每天一次民意汇集。要求各村（居）专门设置民意汇集室、汇集箱、民情电话，每天从"同步小康"驻村工作组成员、村（居）"两委"班子中安排2名以上人员到民意汇集室上班值守，接待群众，调处群众反映的困难问题，做好情况登记。能当场解决的，及时给当事人进行答复、解决、办理，且须当事人签字认可；对现场不能处理的，向前来反映的村（居）民开具"民情议事告知单"，明确告知其集中研究讨论时间、地点、参加人员，通过集体讨论研究解决。

每周一次民情议事会。要求每周召开村民议事会，由村（居）"两委"主要负责人组织村（居）班子成员、部分党员代表、村民代表、利益当事人等，对群众反映的问题就"是否符合国家政策规定、是否符合本村（居）实际、需要为反映群众解决什么问题"等进行集中讨论，最后形成共同决议。对需要由相关政府部门解决的，明确由村（居）"两委"有关人员"一对一"跟踪办理，确保当事人安心、放心。

每旬一次公益活动。从治理本村（居）环境卫生入手，村（居）"两委"督促本村群众认真落实好环境卫生"门前三包"责任制，着力整治村级污水乱排、垃圾乱倒、柴草乱烧、牲畜乱放等不文明行为。同时，大力倡导开展村级"环境治理我参与""鳏寡孤独我关心""扶贫济困我帮助""乡风文明我带头"等为主题的公益性活动，结合本村（居）人口总数、区域面积、重要节点等实际，按照有力出力、有钱出钱、小手拉大手等方式，积极组织本村（居）群众每旬参与一次公益活动，增强群众主人翁意识，树立农村文明新风。

每月一次理财会。按照"村级财务我监督，村级发展我共享"的思想，在督促各村（居）认真落实"四议两公开"制度，每月村（居）"两委"向本村群众做好村务、财务、政务公开，在向本村交出清楚账、明白账的同时，坚持每月组织村（居）"两委"班子成员、驻村"第一书记"、帮村书记、村民代表、本村党员代表、致富带头人等召开民主理财会，共同商讨本村产业发展规划、重大项目建设、征地拆迁补偿等重大事项，共同为本村发展出谋划策。

每季度一次绩效考核。制定《开发区村居干部绩效考核实施办法》，把村级民主管理、社会和谐、集体经济发展、公益活动等作为"7个1"工作绩效考核主要内容。从 2017 年起，将村（居）"两委"干部每月报酬中的一部分工资作为绩效奖励，以季度为单位，前两个月由镇（办）组织考核，对合格的发放基础工资；第三个月由区级统筹对每个村居考核，并兑现季度绩效奖励。

每半年一次集体谈心谈话。采取"半年集中必谈"和"日常随时交谈"相结合的方式，积极推行"四必谈"：帮村书记、"第一书记"与村（居）两委班子成员、党员必谈；党支部书记分别与"两委"成员、党员、村民小组长必谈；村（居）委会主任与班子成员、村民小组长、村民代表必谈；村民小组长与信访人员、困难群众、家风不好对象等必谈；以谈心谈话察民情、解民怨，消除干群"隔离带"，搭建干部群众"连心桥"，着力打通化解基层矛盾"最后一公里"。

每年一次述职述廉。由镇（办）、新型社区党委主持，各村（居）"两委"在每年 12 月上旬召开一次年度工作总结会和述职述廉会，围绕当年"社情民意"收集、评定、落实情况和德、能、勤、绩、廉进行述职，并将述职问题落实清单向社会公布。在述职会上，镇（办）、新型社区党委要对村（居）"两委"进行民意测评，对认真负责、民意测评结果较好的，给予表彰；对履职不负责、民意测评满意度较低的，由镇（办）、新型社区党委按照相关规定进行处理。

第四，应用大数据建立信息共享平台。

"大数据"是继互联网、物联网、云计算之后，又一新的技术革命，标志着人类社会正在从信息时代、知识时代向智能时代迈进。尤其是在当今的"互联网＋"时代，随着移动互联网、物联网、社交网络、云计算、4G网络的快速发展，网上购物、网络发言、网络信息传输等行为产生了惊人的非结构化的数据量。大数据同过去传统结构化数据有所区别，主要表现在海量性、多样性、高速性、价值性。据互联网数据中心（IDC）预测，未来 10 年全球数据量将以 40% 的速度增长，2020 年全球数据量将达到 35ZB。大数据正在深度改变人们的生活、工作和思维方式，而数据已经成为一种新的经济资产类别，就像货币或黄金一样。

因此，安顺市经济技术开发区也结合大数据这个契机，合理利用大数据所带来的优势，结合政府自身实际，建立了适合安顺市经济技术开发区城市管理的相关机制。

首先，安顺市经济技术开发区自 2016 年以来投入 600 万元，建立了大数据指挥平台。在开发区的城区和城市社区基本上可以实现监控的全覆盖，在农村社区的一些重要的地段和关键的一些进出口也安装了监控摄像头。大数据指挥平台建立以来，安顺市经济技术开发区在城市管理和交通管理方面都取得了很好的成效。据统计，大数据指挥平台建立之后，暴力事件的处理速度提高了 1 倍，交警队违章车辆的查处数量也提高了 1.5 倍。同时在这个过程了实现理信息的共享，城管、交警以及运管等各个部门之间能够在第一时间相互共享信息，不在自己管辖的范围的事件及时移交相关部门。各个部门之间还定期召开部门联席会议来讨论和解决已经移交但是相关部门不能及时妥善解决的问题。

其次，安顺市经济技术开发区还建立了对外举报电话系统，每天 24 小时有相关部门的人员坐班接电话，当电话打进来就会根据当事人的要求和他要咨询或需要解决的问题将其电话转接到相关的部门。这样一来，不仅可以使得群众反映问题有一个有效的渠道，可以让他们也根据自己的问题找到能够解决问题的部门，在安顺市经济技术开发区党工委齐抓共管的要求下，各部门之间也实行了联动机制，在完成好自己部门工作的同时也协助其他部门共同解决民众反映的其他问题。

党的十八届三中全会提出"推进国家治理体系和治理能力现代化"，它具有催生管理革命和服务模式创新的效果，必将给政府职能转变和机构改革带来新气象。不得不承认，大数据管理是提升政府管理能力的一条有效技术路径，其迅速发展必然对公共管理与公共服务领域的变革提出新的要求。从政府层面来说，大数据的包容性将打开政府各部门之间、政府与市民之间的边界，信息孤岛现象将大幅削减，数据共享成为可能。同时，大数据信息平台，使数据资料更加全面，政府部门之间的数据信息调用将更加方便快捷，可以有效地提高工作效率，也可以极大地提升政府社会治理能力和公共服务能力。大数据在社会治安管理、维持社会秩序、形成立体社会管理网络、消防救灾、智能交通管理、能源动态监测、食品安全监管、加强流动人口管理等方面发挥巨大作用，通过数据整合和运用提高管理能力。此外，大数据通过提升行政服务效率、整合政府开放信息、推动智能化办公，创新公民政务办理方式，在社会保障、科技教育、文化卫生等方面都大有作为。大数据的广泛应用，能够利用数据融合、数学模型、仿真技术等一系列手段，实行数据驱动的管理模式，让数据说话，尊重客观事实，提升科学决策能力。

（二）麻江县社区治理创新的基本实践

1. 麻江县社区基本情况

麻江县地处贵州省中部，清水江上游，是黔东南苗族侗族自治州的西大门。县境地势西高东低、南高北低，处于云贵高原向湘桂丘陵过渡的斜坡地带。全县以山地为主，低山、低中山、丘陵、河谷及盆地占全县总面积的78.4%。全县面积为957平方公里，辖4镇、1乡、2街道、2社区服务中心，全县总人口为17.66万人。①

为适应城镇化发展和为社区居民提供更便捷、更优质的服务，按照麻江经济社会建设的总体布局，麻江县高度重视社区建设，以探索建立新型城镇化社区服务管理体制机制为目标。截至2016年7月，麻江县共有城东、

---

① 《麻江县情简介》，麻江县人民政府网，http://www.majiang.gov.cn/zjmj/tzjj/201607/t20160731_1122851.html，最后访问日期：2018年5月2日。

城西两个社区服务中心，管理四个社区，分别是凤凰社区、新型社区、群英社区和城江社区。

麻江县以"大党建引领，大团队服务"为载体，按照社区建设的要求和思路，建立健全了社区建设志愿、专职、兼职三支服务队伍，大网格化管理和数据服务平台，提升了大家园形象，全面推进社区扁平化、精细化、信息化和网格化管理新模式。

2. 麻江县社区治理的创新做法

第一，"三到社区"社区管理机制。

为切实解决服务群众"最后一公里"问题，减少管理层级，强化居民自治，保障居民享有各种基本权益和方便快捷的公共服务，不断提升社区服务功能，麻江县创新城镇社区管理体制机制，实施"三到社区"管理机制改革，实现"公共服务力量汇聚到社区、公共财政资金保障到社区、公共基础上设施完善到社区"。

一是改革目标的设定。按照"完善设施、提升服务、凝聚人心、构建和谐"的总要求，以探索建立新型城镇社区服务管理体制机制为目标，推进城镇社区扁平化、精细化、信息化和网格化管理。把社区工作人员纳入编制、经费纳入预算、建设纳入城镇经济社会发展规划和城镇规划，实现政府职能与居民自我管理、自我约束、自我服务的有机结合和互补，推动城镇和谐发展。

二是机构设置和人员编制。首先，实行区域化管理。综合考虑到地域面积、服务半径、人口数量、居民认同感、治安管理和市政管理等因素，设立 2 个社区服务中心（以迎宾路为界划分）。同时，按照任务相当、方便管理、界限清晰的原则，划分网格。在城东社区服务中心设 2 个网格站，16 个网格，主要服务凤凰社区、新兴社区、杏山村和 2 个社区内的行政企事业单位，服务人口为 11653 人。在城西社区服务中心设 2 个网格站，28 个网格，主要服务群英社区、城江社区、城关村和 2 个社区内的行政企事业单位，服务人口为 12718 人。其次，规范管理层级。建立社区服务中心、社区网格化服务管理工作站、网格的三级管理模式。建立城东、城西 2 个社区服务中心，为正乡级事业单位；社区服务中心下设凤凰社区、新兴社区、城江社区、群英社区 4 个社区网格化服务管理工作站，加挂便民服务站牌子；4 个社区网格化服务管理站下设网格，由网格长进行管理并组织开展各项工作。从其他单位划拨了 44 个编制，对社区服务中心、网格站、协管人员、社区居委会以及城关村和杏山村的人员进行合理配置。

三是社区服务中心经费预算的设定，对社区工作运转经费、补助专项经费、协管员工资、居委会成员报酬、村委会成员报酬、公共基础设施经费及维修费、环境卫生管理费、社区培训、体育文化活动经费、综治和其他经费，进行详细规划。

四是制定了详细的实施步骤和工作要求。麻江县"三到社区"管理机制的实施分为四个阶段，从 2014 年底制订方案开始分阶段推进，到 2015 年底进行总结评估。为确保"三到社区"管理体制改革的实践，成立了麻江县"三到社区"管理体制改革工作领导小组，上下联动发挥好各主体单位的作用，谋划、实施好每个阶段的工作，同时建立领导小组联席会议制度，按时、按要求推进工作，确保目标的实现。

第二，社区党建"五大创优工程"。

麻江县积极探索实施"1 城 2 镇 30 个中心城"建设经验，加快推进全县城乡统筹发展，为实现党建引领提高社区服务能力，制订社区党建"五大创优工程"实施方案。

目标要求：坚持党政领导、部门联动，坚持深化自治、共建共享，坚持循序渐进、注重实现。在社区实施"大党建引领，大团队服务"，逐步形成城镇机关、企事业单位、社区组织及社会团体之间"党建共商、服务共做、问题共解、资源共享、文明共创"的工作格局，力争"一年打基础、二年上台阶、三年见成效"，提升社区管理服务水平，提高社区居民幸福指数，基本建成一套较为成熟的新型城镇化发展机制。

工作内容及措施：通过实施"大党建""大团队""大网格""大数据"

"大品牌"等"五大创优工程"，促进城镇社区管理服务水平不断提升，满足城镇化快速发展的需要。

一是探索"大党建"，构建大服务格局。以社区工委为核心，整合社区党组织资源组建"大党建"，驻区机关企事业单位党组织、"两新"组织党组织以及辖区内村（社区）党组织负责兼任"大党委"副书记或委员。建立社区党组织＋社区居委会＋物业管理"三位一体"的社区管理模式。建立县级党员领导干部联系社区党建工作制度，建立社区党组织、社区居民委员会与驻区单位联席会议制度和"大党委"月碰头会议制度。探索建立驻区单位责任评价体系，构筑以社区党组织为核心、区域内各党组织和驻区部门共同参与的大服务格局。

二是组建"大团队"，形成大服务合力。整合驻区单位党员、社区工作人员、社区志愿者等资源，选派新进事业单位人员充实社区工作力量，组建社区服务"大团队"。建立社区流动党员服务站，发挥流动党员服务社区的积极作用。建立社区服务团队花名册和工作台账，推进社区服务团队管理规范化。同时创新服务载体、健全管理体制，共同发挥服务合力。

三是健全"大网格"，搭建大服务平台。全面推进社区网格化管理，建立社区"服务中心＋网格站＋网格点"三级网格管理框架。以社区党组织为核心，编织"社区党工委＋村（社区）支部＋（网格点、楼栋）党小组"党建网络，试点推行"党小组＋网格员＋业主管理委员会＋楼栋长"管理模式，组建"网格长＋协管员＋网格民警＋法律服务员＋消防员＋群众工作员（兼任民事监督员）"网格点服务团队，实现服务全覆盖和服务零距离，不断完善服务机制、拓展服务功能。

四是建设"大数据"，提高大服务效率。运用"互联网＋"理念，打造社区信息化服务平台。引进"网格化管理信息平台"管理系统，配备移动终端设备，绘制"网络民情地图"，提高网格工作人员服务效率。开设社区网上"民意直通车"、社区居民QQ群，建立社区和居民互动机制，广泛听取居民的意见和建议，增强居民对社区的认同感、归属感。搭建公共服务、医疗服务、居家服务等信息平台，为居民提供便利服务。开展平安建设，发挥综治网格化管理信息平台作用，增强社区社会治理能力。

五是树立"大品牌"，提升大服务品质。整合驻区单位团县委和杏山中心小学资源，针对留守儿童群体，组织青年志愿者和教师志愿服务队伍，推出"四点半"无忧服务和临时免费托送服务，打造儿童的"温馨家园"；针对社区内企业改制、下岗职工多的实际，由人社局牵头，在群英社区开展就业培训、提供就业信息、落实就业帮扶政策，通过增加就业机会，促进社区和谐发展，打造下岗职工的"和谐家园"；针对新兴社区内进城移民规模大、暂不适应城市管理的问题，建立"两室一市"，促进农村移民尽快融入城市，打造进城移民的"安居家园"；结合凤凰社区位于城乡接合部，租住流动人口多的实际，整合社区资源，建立流动人口学习室、服务站和流动党员服务站，增强流动人口的归属感，打造流动人口"乐业家园"。

二 创新实践的举措在社会治理中的成效分析

（一）安顺市经济技术开发区社区治理取得的成效

1. 农村社区取得的成效

一是通过建立"一站式"便民服务平台，设立了便民服务厅（民情汇集室）、计生卫生室、图书阅览室（农家书屋）、警务室（综治调解室）、多功能室（远教室、活动室、道德讲堂）、防灾减灾室等服务功能，稳步推进农村社区健康发展。二是建立健全了村务公开、议事协商会、"两委"联席会、干部评议会等各项民主自治制度，提高了广大群众的知情权、参与权和监督权，激发了农村社区群众的参与热情。三是实现了农村社区办公服务场所用房100%覆盖，面积达到500平方米以上。四是人才队伍有保障，通过高薪引才、面向社会公开招聘的方式，招聘了50名雇员制扶贫主任，吃住在村，参与、指导社区干部工作，为基层自治奠定人才保障。

同时通过实施"七个一"工作法，构建党组织领导、群众参与的农村社区治理机制，实现农村社区干部职业化、基层治理民主化和规范化、农村社区经济发展不断壮大，全面清除"空壳村"问题，助力早日实现全面小康目标。

一是确立了基层党组织的领导核心地位。一是通过建立乡镇、街道和社区两级党组织"七个一"工作责任清单，强化乡镇、街道和社区两级党组织对"七个一"工作的领导，发挥乡镇、街道和社区两级党组织在社区治理工作中总揽全局、协同各方的领导核心作用。二是以每周议事协商会为平台，将居民反映的热点难点问题，以议题形式提交议事会集体讨论协商，居民代表、党员代表、相关驻社区（企业、社会组织）及相关利益人等共同参与，通过平等、公开、协商决策，实现从"为民做主"到"民意做主"，改变以往政府对社区事务大包大揽的做法，激发群众的积极性和创造性。三是建立党组织领导下多元参与的议事协商机制，实现社区党组织有序议事协商，各方力量支持农村社区工作，将政府为民所想与民之所需有机衔接，实现良性互动。

二是确立了农村社区干部职业化目标。一是整合"第一书记"、驻村工作组、计生卫生员、警务助理、社区"两委"干部等人力资源，每天安排2名以上值班人员，确保群众需求及时得到解决、矛盾纠纷第一时间处理；二是推行社区绩效考核。建立农村社区干部待遇与村集体经济发展挂钩机制，社区干部待遇由以往的"大锅饭"变为"大竞争"，为推进社区干部职业化提供保障。

三是确立了基层治理规范化、民主化方向。通过建立健全农村社区民主议事协商会议制度、群众评议制度、谈心谈话制度、监督委员会监督制度、述职述廉制度和考核制度等，切实提升民主自治水平；完善"三务"（党务、居务、财务）公开形式、公开内容、公开程序、公开时间，提高居务管理的透明度，实现基层治理更加民主化。

四是走出了农村集体经济不断壮大的新路子。创建农村社区实验区重在探索发展农村集体经济新路子，切实破解"空壳村"难题，让群众分享实实在在的红利。通过召开议事协商会，一是盘活闲置土地、废旧学校、废旧办公场所等存量资产，采取经营或租赁方式，实现集体资产增值，筑牢农村集体经济发展根基。二是借力国家相关扶贫政策，积极为贫困户争取"特惠贷"资金，贫困户再以"特惠贷"资金或土地入股到村级集体经济，让农民成了股民，增加农民经济收入，壮大社区集体经济。

2. 城市社区取得的主要成效

在推进城市社区建设中，开发区大胆探索、勇于实践，不断积累了一些成功经验，也取得了一定成绩，集中体现在以下几个方面。

一是实现社区管理精细化。建设了 1 个区级服务管理指挥中心、5 个镇（办、新型社区）服务管理中心、23 个社区服务管理工作站和 141 个社区服务基础网格室，配备了 164 名网格管理员，形成城市社区 15 分钟服务圈，实现社区网格化管理。以将军岩社区为试点，建设社区公共服务综合信息平台，实现社区信息数字化管理。一年来，各社区服务站为群众提供各种咨询 8000 多人次，代办社保等事项 6200 余件。

二是实现社区服务联动化。区级投入 120 万元，贵飞公司投入 30 万元，打造了双阳社区军民融合示范点，实现军地共建共享。军工企业居委会的管理模式逐步向自治型居委会方向转变，以党建为抓手，把企业的优质管理整合到居委会的自我管理和自我服务工作中，覆盖至 7 个小区居民，实现了军地共融发展。100 余个驻社区单位企业与社区结对共建，天瑞房开为西航社区免费提供 600 平方米服务场所，兴伟集团每年与西航社区开展文体、创建、帮扶等共建活动，302 医院免费为社区困难群众就诊，实现资源共享。

三是实现社区干部职业化。选派 16 名优秀年轻干部担任社区"第一书记"，每个社区配备 7~9 名优秀年轻干部。全面推行"1+1+7"（1 名第一书记+1 名扶贫主任+7 名社区干部）干部模式，扶贫主任完成扶贫任务后逐步转岗到社区工作。

同时，开发区自 2017 年推行"七个一"工作以来，在硬件设施、治理体系、为民服务、经济发展等方面取得了较好的成效。

（1）硬件设施不断完善。一是先后投入 3000 余万元，通过改扩建或新建的方式，完成了村（居）办公活动场所的建设任务，确保每个城市社区居委会的办公服务面积达到 600 平方米以上，农村社区办公服务面积达到 400 平方米以上；二是在城市社区设立便民服务大厅，开展 "AB 岗＋" 服务，通过 "前台受理、后台分流、网格调处" 的模式为社区居民、单位或企业服务；在农村社区设立便民服务室，便民服务室里面设立两个综合服务岗，整合驻村工作组、社保协管员、计生员、警务助理、村支 "两委" 等人员，每天安排至少 2 人在服务岗值班，负责接待群众来访、解决答复民情民意。

（2）基层治理不断健全。通过推进 "七个一" 工作，进一步厘清了村居干部的服务方向，提升了村居干部的履职能力和解决问题的能力，村居事务治理更加常态化、制度化和群众化，群众的知情权、决策权、管理权、监督权等逐步扩大。截至 2017 年 5 月底，全区共汇集社情民意 6886 条，现场答复（办结）的有 6429 条，通过村民议事会研究解决的有 325 条，上报政府部门处理的有 132 条，化解群众矛盾纠纷 253 起，帮助 364 名群众找到致富门路；全区村（居）公益性志愿服务人数已达 2 万人，各村（居）平均组织环境卫生治理公益活动 4.6 场次，参与人员 2 万余人；开展关爱弱势群体公益活动 125 次，协调解决困难群体资金（物资折合人民币）达 30 万元以上；召开理财会 191 次，涉及项目资金、集体资金 3000 多万元；开展谈心谈话共计 300 余次，涉及 1.5 万余人次。

（3）为民服务意识不断增强。以前村民找村干部反映情况、办点事，到村委会都难见人影，推行 "7 个 1" 工作后，每天有人坐班值守解决问题，处理群众的意见、矛盾纠纷等问题，群众对党委政府的工作理解的多了，埋怨的少了；支持发展的多了，阻工闹事的少了；主动创业的多了，"等、靠、要" 的少了，全区呈现出社会稳、发展快、百姓安的良好局面。通过实施绩效考评，帮助村干部做好长远规划，树立服务意识，改进工作作风，通过工作实绩和群众公认来稳定自己的岗位，实现了工作有人干、党务有人抓，村务有人管，财务有人督。例如，打纸村每周二召开议事会，集体议定关于向每户征收 200 元用于一户一表的安装、维修更换费用及占用农户的土地则用村财支付问题，让村民更多地了解和参与集体的决策，进一步提升了群众参与村级社会事务管理的积极性。

（4）村级经济不断发展。开展"七个一"工作以来，村里"干什么"由村民自己定，"怎么干"由村民自己议，"干得如何"由村民自己评，促使村干部把工作重心从处理一般性日常事务转移到集中精力谋发展，带领村民群众共同奔富裕小康。2017 年 1～5 月，通过村民议事会流转土地 4000 余亩发展种养植业，为 1000 多户贫困户提供了就业岗位，创新村、羊场村、四旗村、新阳村、土桥村、马厂村等十多个村实现了从空壳村到不断壮大集体经济发展的转变。

（二）麻江县社区治理取得的成效

麻江县实施"三到社区"管理体制改革和社区党建"五大创优工程"以来，社区治理能力得到显著提升。一是社区服务平台得到了极大的改善，着力解决以往办公环境较差、服务功能不齐全的问题。同时，给社区居民创造了优越的文娱活动、健身锻炼的悠闲场所，丰富和充实了社区居民精神文化生活。二是社区服务质量和水平有了很大提高，群众满意度大幅度提升，城区背街小巷、住宿小区基础设施得到完善和维护，居民生活的舒适度得到提升。三是城区社会管理得到进一步加强，群众的安全感进一步增强。四是通过认真落实责任，加强人员管理，社区服务队伍的工作责任感有了较大提升。

1. "三到社区"管理机制提升社区服务水平

针对社区管理落后、服务不到位等问题，为切实解决城镇社区治理的死角和盲区，提升社区管理水平和服务群众能力，2014 年麻江县抓机制改革工作，以城东、城西两个社区服务中心为平台，扎实推进"三到社区"管理机制改革。实现了社区从无人办事到有人办事，从无钱办事到有钱办事，从被动办事到主动办事的转变，有效破解社区服务群众"最后一公里"

的问题，进一步提升了城镇社区治理功能和服务功能。

一是公共服务力量汇聚到社区。设立了城东、城西社区服务中心这两个正乡级事业单位，并委托杏山镇党委管理。把社区工作人员纳入编制，增加两个社区服务中心编制 44 名。县委、县政府高度重视社区服务中心领导班子建设，精心选派年轻优秀的干部到社区任职，并派出 2 名社区副书记、副主任到滨江区挂职锻炼，使之成为培养锻炼年轻干部的平台。同时，充实社区队伍，从县公安局下派正式干警、返聘民警、协警，公开招聘公益性岗位人员，选取选聘村居民自治组织人员，县直机关单位下派新进人员到社区"驻区"一年。2016 年，社区常驻干部由原来的 20 名增加到 175 名，人员力量和人员能力素质得到较大提高。

二是公共财政资金保障到社区。将社区经费纳入县级财政预算，在县委、县政府财政较薄弱的情况下每年预算给社区资金达到 240 万元，比过去增长了数十倍，真正让社区有钱干事、有钱解决问题。

三是公共基础设施完善到社区。社区建设纳入城市经济社会发展规划和城市规划，将公共基础设施、公共基础设施维修维护及社区环境卫生管理全部下放到社区，强化社区服务能力建设，不断提高社区服务质量和水平；实现社区管理人员下沉、经费下沉、工作下沉，达到政府职能与居民自治有机结合，进一步推动城市科学发展，促进社会和谐。

2. "五大创优"工程促进社区服务优质高效

2015 年麻江县抓服务创优工作，深入实施"大党建、大团队、大网格、大数据、大品牌"的社区党建"五大创优"工程。

一是整合社区党组织资源，构建"大党建"。建立社区党组织＋辖区单位党组织＋社区居委会＋物业管理"四位一体"的社区党建管理模式，形成城镇机关、企事业单位、社区组织及社会团体之间"党建共商、服务共做、问题共解、资源共享、文明共创"的"大党建"工作格局。

二是凝聚辖区单位党员合力，组建"大团队"。开展机关企事业单位在职党员到社区志愿服务活动，党员到社区"亮身份、领任务、做表率、比

奉献"，直接服务到网格到楼栋到住户，服务居民、奉献社区。截至 2016
年 7 月，全县共有 1500 余名机关企事业单位在职党员到居住地社区报到、
167 名党员加入社区志愿巡逻队，开展慰问、帮扶、调解、义务巡逻等服
务，掀起了大服务的新高潮。

三是建立"管家服务"，健全"大网络"。成立网格化管理服务站，以
楼栋、小区、院落、路界为界线划分 45 个网格，即 45 个"大家庭"，每
"家"由 2 名社区工作人员、4 名机关单位兼职干部、热心居民组成"管家
团队"，将过去"被动式"应对问题转变为"主动式"发现问题和解决
问题。

四是建立民情在线服务，建设"大数据"。在 4 个社区绘制网格民情地
图，实行综治网格化信息管理，开设社区居民 QQ 群、微信群，建立与居民
互动机制，搭建在线投诉、居家服务和民生救济等查询平台，为居民提供
便利服务。

五是打造"大家园"优质服务，树立"大品牌"。结合各个社区的特点，
打造"四园社区"，提供优质服务。在凤凰社区打造"流动人口乐业家园"，
以"亲情服务"为主题，建立了"流动人口学习室"和"流动人口服务
站"，为流动人口提供高质高效的服务；在新兴社区打造"进城移民的安居
乐园"，使 680 户进城移民尽快转变身份认识，融入城市生活，创设"两室
一市"（文化娱乐室、图书阅览室、慈善超市），保障移民户休闲娱乐需求
和生活需要，解决低收入进城移民困难户就业等问题；在城江社区打造
"留守儿童的温馨家园"，推出"四点半"无忧免费托送服务，把社区打造
成为孩子们"学习的园地，交流的平台，娱乐的场所，健身的阵地"；在群
英社区，打造"失业困难职工的和谐家园"，为失业职工提供免费就业咨
询、培训服务、就业扶持和社区文化活动，促进下岗职工再就业，营造了
和谐的邻里关系和良好的创业就业氛围。

三 社会治理机制创新提升了地方政府治理能力

基于上述两个典型案例，可以发现，社会治理机制创新明显提升了地

方政府治理能力。

（一）"大党建""大竞争"提升了基层党组织的领导能力

"大党建"引领基层组织重构是上述两个案例重点社会治理机制创新的重要方面。根据相关方案，两地均以建设"堡垒型＋服务型"党组织为主线，以问题为导向，构建有利于村（居）党组织统筹的组织网络、健全有利于村（居）党组织统筹的运作机制、提升有利于加强村（居）党组织建设的保障水平、建立有利于从严监督管理村（居）干部的制度体系。基层党组织网络优化完善后，党员干部的履职能力如何，在很大程度上就决定了基层党组织领导驾驭能力的大小。围绕提升基层党员干部履职能力，不少地方已从培训、激励、考核三个方面着手开展工作，并通过村级干部薪酬待遇激励机制构建社会治理机制创新的"大竞争"格局。如此一来，通过围绕"大党建""大竞争"优化基层党组织网络，大力推动党组织升格和党组织下延，从而提升了基层党组织的领导能力。

（二）"大市场""大数据"提升了地方政府的公共服务能力

在当前信息时代，充分运用大数据先进理念、技术和资源，并进一步加强对市场主体的服务和监管，是推进地方政府职能转变与提高政府公共服务能力的必要路径。在具体运作中，麻江利用"大数据"并依托"大市场"建立民情在线服务，绘制网格民情地图，实行综治网格化信息管理，开设社区居民 QQ 群、微信群，建立与居民互动机制，搭建在线投诉、居家服务和民生救济等查询平台，在真正意义上推行"群众点单、支部下单、党员接单"的"三单制"服务模式，在广泛征求意见的基础上定期发布服务菜单，让党员自主认领、群众自主选择，从而提供精细化服务。运用现代信息技术手段，引导党员通过 QQ 群、微博、微信等社交网络，提供民事代办、技术培训、市场信息、政策咨询、医疗卫生等便捷高效的网上服务。此外，安顺和麻江等地方也成立了社区服务中心，扎实推进"三到社区"管理机制改革。

（三）"大网格""大团队"提升了地方政府社区治理能力

作为解决社区居民"最后一公里"问题的重要手段，网格化管理是创新社会治理方式和提高社会治理能力的必然选择。近年来，全国多个地方积极实践探索"网格化管理"的社会治理模式，逐步形成了一套行之有效的服务基层群众的社会管理服务模式，大大提高了地方政府社区治理能力。网格化管理模式运用数字以及信息化手段，使群众的诉求与呼声能够"自下而上"及时、准确地被传递与掌握，并通过信息的加工、分析、预测，能够在出现问题的临界点前发现问题，将问题解除在萌芽状态，使社区管理变得更加积极主动。例如，麻江县某社区公共服务中心，在做好入户人口基本信息采集的基础上，对网格内发生的矛盾纠纷隐患、刑事解教人员动态及居民亟须解决的或突发性问题及处理结果每日上报；对人口正常出生、死亡以及商业网点用工信息、低保享保人员动态、流动人口动态等每月进行一次汇报。此外，"大网格"中的网格员也是网格化服务管理机制的关键。他们扎根基层，活跃在每一个社区网格中，与群众零距离接触，扮演着信息采集员、政策宣讲员和便民服务推送员的多重角色，并以网格员为带动，以网格热心居民为主体，培育网格自服务的"大团队"，实现以网格为单位的微观治理。这种网格化管理的创新价值以及社会成效在于：它是以群众满意为目标、以公共需求为导向、以资源整合为基准、以多元协同机制为保障、以机制创新为关键、以精细化管理为支撑的服务型的社区治理的新模式。它以"格"为基础，以"网"为工作依托，通过"小网格"联动内外治理资源，优化社区共治格局，实现了治理理念、治理主体、治理资源、治理流程乃至治理格局的创新，从而提升了地方政府社区治理能力。

第三节　贵州省社会治理现状、治理机制
存在的问题及根源

基层社会治理是社会建设的重大任务，是推进国家治理体系和治理能

力现代化建设的重要内容，也是人民安居乐业的前提和保障。"社会治理"在党的十八届三中全会报告中被首次提出，表明社会治理过程不再仅仅是由政府自上而下单方面管控，维护社会秩序和达成人民的利益诉求也不再是政府一家的事务，政府、社会组织和公民等多元主体必须加强平等协商与共建共享，才能实现社会公共利益得到最大限度的维护和增进、社会公共问题得到最低成本的有效治理、社会步入一种低风险的秩序化发展轨道的"善治"。[①]

当前，随着中国已经逐渐步入社会转型期，旧有的城乡二元结构逐渐瓦解，新的利益群体和阶层不断产生，随之各种新的利益诉求不断涌现，各种矛盾问题易发多发，各种不稳定因素交织叠加。同时，随着经济发展进一步加快，城镇化进程进一步加快，涉法涉诉、征地拆迁、安置补偿、环境污染等问题不断增多，这些矛盾和纠纷涉及人民群众的切身利益，并且难以在短时间内轻易化解，这些都使得基层社会治理面临的形势更加复杂严峻，日益呈现出碎片化、分散化、矛盾化的特点，这给基层社会治理提出了难题，也给社会治安稳定留下了隐患。

一　贵州省社会治理现状扫描

为缓解社会矛盾、维护社会稳定，解决民生问题、保护民众权益，2009年以来，贵州省委省政府在贯彻党的十七大和十八大会议精神的基础上，把加强和社会管理创新作为党委和政府的重要工程来抓，作为维护社会和谐稳定的源头性、根本性、基础性和体制性工作来抓，以建立社会矛盾预防和化解机制为主线，以创新特殊人群（领域）服务管理机制为突破口，以基层社区管体制改革为契机，以责任考核机制为保障，以科学化、系统化、信息化、法制化为引领，着力推进社会管理体制机制创新和实践，取

---

① 刘东杰：《我国地方政府社会治理机制创新研究》，《安徽商贸职业技术学院学报》2014年第1期。

得了明显成效。①

近年来，贵州省的经济持续快速发展，从而也带动了社会发展，推动了贵州省城镇化的进程，居民在物质条件上得到了很大改善，同时，基层政府也十分重视基层社会治理的民生方面的工作，尤其是针对省内仍然未脱贫的广大群众，制定了涉及各方面的助力脱贫、保障民生的精准扶贫政策。数据显示，贵州省养老、医疗等基础保险的参保人数逐年递增，尽管起始的社会保险覆盖率较低，但发展态势稳定，整体呈逐步上升趋势，民生问题逐渐获得更多切实可靠的保障。而且，贵州省的社会保障体系仍然在不断完善中，针对贵州省的新形势将会出台一系列保障体系更科学合理，特别是针对社会基层弱势和贫困群体的兜底保障政策，以真正帮扶城市基层需要帮助的困难群众。

为构筑"防火墙"，将可能发生的矛盾纠纷及民众不稳定情绪化解在萌芽状态，贵州省通过创建省级领导干部"包案督访"机制、人民调解奖励机制、矛盾纠纷排查调出工作协调会议等"七大机制"，坚持做到矛盾纠纷排查、化解、稳控、处置四位一体，确保不同类型的矛盾纠纷有人抓、有人管、有着落。铜仁市的社会稳定风险评估机制被树立为"铜仁经验"大力宣传推广。以"风险评估先行、防范化解联动、建设与调解并进、发展与稳定统筹"为核心的社会稳定风险评估制度，在经过试点实践的证明下，确实成为铜仁经济发展的助推器、社会和谐的稳压器、群众利益的保险阀。② 同时还有余庆县的基层矛盾纠纷化解的"余庆经验"③ 也获得了中央省市各级领导部门的推广。"余庆经验"是指"小事不出村、大事不出镇、难事不出县、问题不上交"的社会治理经验。该经验 2012 年被中央综治办行文向全国推广，并在 2013 年获得了全国社会管理综合治理最高荣誉，这

---

① 谢治菊、姚莉：《贵州社会管理创新：经验、问题与出路》，《贵州民族大学学报》（哲学社会科学版）2014 年第 1 期。

② 董韦：《重大事项社会风险评估机制实证分析——以贵州省铜仁地区社会稳定风险评估为例》，《中共贵州省委党校学报》2012 年第 5 期。

③ 王晓光：《余庆经验：基层社会治理的生动实践》，《中国党政干部论坛》2014 年第 7 期。

与其成功化解基层矛盾、赢得群众口碑是分不开的

为将社会治理的覆盖面延伸到尽可能多的群体与层面，贵州省面对特殊群体也出台了相应的管理治理方案。为解决好社区戒毒和社区康复人员就业安置问题，鼓励巩固戒断、减少复吸，使戒毒工作步入良性循环轨道，贵州省政府高度重视戒毒群体，紧密结合贵州实际，创造了以"就业安置"为核心，以"阳光企业"为载体，"生理脱毒、身心康复、就业安置、融入社会"四位一体的社区戒毒与康复的"阳光工程"新模式①，通过政府推动、政策扶持、企业参与、多措并举，打造一批具有贵州特色的"阳光企业""阳光家园"，最大限度地安置社区戒毒康复人员就业。还有黔南州布依苗族自治州在深入开展社会治安综合治理的工作中，充分运用30年来政法机关保护未成年人合法权益的司法成果，借鉴各地特殊人群管理成功经验，创建了"黔南州起航学校"，作为实施违法犯罪未成年人专门教育"育新工程"的载体②，取得了较好的社会效果和法律效果，深化和拓展了新形势下保护未成年人合法权益的工作，探索了一条具有民族自治地方特色的社会治理新路子。

随着城镇化进程的加深，社区逐渐成为基层治理的关键单位，不论是城市社区还是农村社区都被政府视为社会治理的基本起点。贵阳市是全国社会管理创新综合试点城市和全国从整体上推进社会管理创新的三个大城市之一。贵阳市在社会管理创新工作中，结合发展实际，通过"减转分合""三化并举""三创一强一提升"的创新管理模式，逐步实现了社区管理的"六个转变"——居民自治从"无序"向"有序"转变，基层民主从"虚化"向"实化"转变，社区村居从"衙门"向"家门"转变，社区干部从"领导"向"社工"转变，管理服务从"间接"向"直接"转变，基层基

① 《阳光工程助力戒毒人员回归社会》，网易新闻，http://news.163.com/16/0817/08.html，最后访问日期：2018年5月2日。
② 《黔南州：育新工程守望未成年人健康成长》，人民网，http://expo.people.com.cn/n1/2016/0708/c403808-28536768.htm，最后访问日期：2018年5月2日。

础从"薄弱"向"坚实"转变，真正走出一条服务质量高、社会管理强、群众参与广、执政基础牢的社区建设科学化道路，最终形成了建设"新型社区、温馨家园"的"贵阳经验"。①

同时，强调基层单位治理，提出创新性治理方案的还有纳雍县为实现矿区、库区、工区、林区"四区"的"平安和谐、三步同化、统筹发展"的目标，着力解决源头性、根本性、基础性问题而多措并举开展的推进平安和谐"四区"建设。② 一是强化领导、明确责任，成立以纳雍县县长为组长，相关领导为副组长和27个单位主要领导及有关乡镇主要领导为成员的工作领导小组，进一步明确领导小组和各相关单位及所在乡镇的职责。二是强化制度建设，建立完善联席会议、信息互通、纠纷调处、利益赔（补）偿、当地群众就业指导、生产结构调节、治安联防警务、安全生产监督、法律政策宣传建议和突发事件应急处置十项制度，整合各方资源，加强矛盾纠纷排查，确保把矛盾纠纷化解在基层一线。三是注重矿群关系。注重协调企业、群众之间的关系，正确引导煤矿企业在企业用工、村民就近安置等具体问题上的认识，实现两者之间利益最大化，确保企业生产秩序正常，矿区群众生活水平逐步提高。四是开展风险评估。对涉及"四区"的重大决策、重大项目建设开展风险评估，分析各种可能存在的风险，切实抓好风险的化解，确保"四区"和谐稳定发展。五是关注热点，强化督查。对民用煤供应等热点问题，切实落实一系列政策措施，同时发展农村沼气等替代能源，逐步实现农村能源生态化和多样化。

二 贵州省社会治理机制存在的问题及根源

据有关数据显示，2016年贵州省地区生产总值为11734.43亿元，比上

---

① 连玉明：《中国社会管理创新报告 No. 2：社会改革与城市创新》，社会科学文献出版社，2013，第264～275页。
② 《纳雍县多措并举推进平安和谐"四区"建设》，纳雍县人民政府网，http://www.gznayong.gov.cn/info/show/2012/8/30/19335.html，最后访问日期：2018年5月2日。

年增长 10.5%，增速高于全国 3.8 个百分点，增速连续三年位居全国前列。全省常住居民人均可支配收入为 15121 元，比上年增长 10.4%，居民收入稳步增长，人民生活持续改善。尽管各方面欣欣向荣，贵州经济创造了前所未有的繁荣，人民生活水平得到了极大的提升，但是贫富差距悬殊、社会道德滑坡、食品安全缺位、环境污染严重、贪污腐败频现等问题层出不穷。① 这些问题不仅会激化社会矛盾，加深民众的社会不公正感，也会使一些民众滋长出"被忽视""被民主"的焦虑心态和排斥心理，这再次引发人们对社会公平的关注。因此，对民众而言，公平正义的社会秩序、和谐稳定的社会环境、多层次的社会需求、亟须解决的民生问题等是他们对现有社会治理机制的诉求，要满足这些诉求，社会管理创新就必不可少。

在欠发达地区，受经济社会发展滞后、人口素质差异大等因素的困扰，社会治理的难度较大，社会治理机制发育不良。随着新型城镇化进程的大力推进，贵州省已有的社会管理体制机制在执行与落实中仍有很大的上升空间，存在一系列亟待剖析和解决的问题，需要政府部门引起重视，也需要学界深入探讨，寻求一套符合新环境下要求的社会治理机制。

（一）社会治理机制存在的问题

1. 社会治理创新机制僵化

随着时代变迁和社会经济的发展，社会治理机制需要解放思想、转变观念。然而，在贵州省的基层社会治理问题上，仍然有一部分领导和治理者的理念还局限在老环境下，停留在以往的思想看法上，缺乏与时俱进意识和觉悟，尤其是当前城市的建设大多以政府为主导，政府容易沿袭以往的社会治理思路和经验，最后形成了路径依赖，不思变革，最终地方政府社会治理机制创新的热情与动力逐渐衰退，导致社会治理机制僵化。关于社会治理机制的僵化，刘东杰认为，这是因为地方政府在治理公共问题是未能培育起一种"情景"思维能力，面对不同的公共问题及问题情景的转

---

① 刘爽：《基层社会治理面临哪些突出难题》，《人民论坛》2017 年第 1 期。

换，难以及时改变、调整现有的治理机制，建构、运用新的治理机制，任由原有的治理机制继续运作，从而使治理机制呈现出治理主体之间关系僵化、治理手段僵化、治理过程僵化等现象。[1]

2. 基层治理主体的角色职能不明确

在贵州省部分城市的基层社会治理结构中，仍然存在治理主体职能不明确的问题，存在政社不分、政事合一的现象。尤其是在社区建设的过程中，社区等社会组织的职责不清、角色模糊。源于计划经济体制时期的城市基层"街居制"，街道办事处作为政府派出机构，其职责应是履行政府赋予的公共管理和公共服务职能，但随着街居结构的改革，原来应该由街道办事处承担的社会管理和公共服务的相关职能和任务转交给了社区居委会去完成。社区居委会作为基层群众组织，其职责本应是组织居民开展自治活动，但由于承接了街道办事处的职能，开始大量承担街道办事处安排下达的各项行政事务，造成了街道办的"错位"和居委会的"越位"。为解决这一问题，部分城市推动了城市基层管理体制改革，实行"区直管社区"的新体制，撤销街道办事处，设立新型社区。但是，有些社区则难以摆脱过去"街道办"政府派出机构的"官僚角色"。一方面，社区过多干预本片区的事务，实际中、理论上可以转移给社会组织和市场的事务也都大包大揽，最终导致经办业务繁杂、办事效率低下、居民满意度不高。另一方面，也还有部分社区的社区服务中心以管理机构自居，缺少一切从实际出发的工作理念，公共服务的供给脱离群众的切实需求，甚至借服务的名义对社区事务严加管控，引起了社区居民的反感。

3. 合作治理的各参与主体质量参差不齐

一是贵州省的社会组织发展时间较短且发展不成熟，承接能力差。具有法人地位和较高专业化程度的社会组织还非常少，这些社会组织自身不仅缺乏专业化的管理与服务，还缺乏经验与经费，因此也没有开展工作的

---

[1] 刘东杰：《我国地方政府社会治理机制创新研究——以江苏省淮安市为例》，《厦门特区党校学报》2014 年第 1 期。

平台，更难以承接有关社会事务治理的责任。尤其是目前贵州对社会组织没有明确的具体的扶持措施和扶持办法，使得部分社会组织发育不良、自生自灭。正是由于贵州省社会组织培育机制不健全，贵州规模大、运转良好的社会组织数量较少，结构不合理，业务范围狭窄。社会组织呈现出的这种"营养不良"使得社会组织尚难以成为政府部分职能转移的有效载体，民间组织的作用尚无法有效发挥。二是居民的参与意识淡薄，基层民主虚化。[①] 近年来，中国社区居民自治体系迅速扩展，全国范围内都有社区建设试点，大力落实居民参与社区自治工作。但是，受传统文化和传统体制因素的影响，广大居民群体仍然高度依赖政府，自身缺乏独立性，社区活动的参与意愿也相对较低，居民的自治意识和社区参与都缺乏热度。社会参与的非理性问题较为突出。一些地方在基层选举中程序不规范，拉票贿选等现象时有发生，存在基层民主"虚化"现象；一些地方落实执行民主决策机制不到位，随意变通、流于形式甚至"暗箱"操作。[②] 企业缺乏参与的积极性，与政府合作处于劣势。随着市场竞争环境的健全与市场监督机制的不断完善，中国的私人部门逐渐发展壮大成为可以承接部分政府职能的独立主体。一部分可以由市场进行供应的公共物品，政府可以将权力下沉，利用市场竞争机制为民众提供效率高、质量好的公共物品。但是，就目前私人部门参与社会公共物品供给的情况来看，出于公平性困扰、准入门槛高、经济效益不稳定等原因，私人部门参与公共物品供给的积极性不高。同时，在参与社会多元治理时，公共部门占有的资源优于私人部门，私人部门参与社会多元治理缺乏公众的认可，往往处于被动地位。

（二）社会治理机制问题的根源

1. 地方政府的治理理念落后

一是对基层社会治理的思考不全面。在日常工作中，部分治理者对基

---

① 严强、王心：《社会治理机制的实质、设计与运用》，《江苏行政学院学报》2015 年第 3 期。

② 朱懿：《西南民族地区社会治理创新的实践探索与发展建议——基于贵州、广西和云南的实证研究》，《广东行政学院学报》2015 年第 8 期。

层社会治理的内涵缺乏客观、全面的认识了解，思想意识、行为作风仍然停留在把基层社会治理看成一种"政府管制"，对人民群众采取"强制式管理""家长式管理"，严重忽视了广大基层群众的主体地位，甚至有的治理者把政府与民众的关系放在对立面，完全将人民群众看成管理对象，引起广大群众的不满和抵触情绪。[1] 二是欠发达地区的政府管理理念仍是"GDP至上"，只抓经济建设、不重视社会治理。对经济建设"一手硬"、对社会治理"一手软"的现象依然存在，认为抓好经济建设就是政绩。在这种理念驱使下，那些地区和部门从一开始就一切向 GDP 看齐，他们狂热地追求GDP，甚至产生"GDP崇拜"，最后却把与广大人民群众最现实利益息息相关的社会治理抛到了九霄云外，纵然 GDP 指标上去了，经济发展了，但社会问题依然存在。三是政府部门"管理"与"服务"脱节。基层社会治理并没有将社会管理寓于公共服务之中。缺乏通过增进服务能力来提高管理效果的理念，将管理主观理解为控制，主管部门为将行政权力牢牢握在手中，同时也抗拒将服务职能下放到社区、社会组织或是企业手中，在一定程度上妨碍了服务型政府的建设，增大了民众与政府的距离感，难以实现公平、普惠、均等的基本公共服务供给。

2. 基层政府的治理能力不足

政府的社会管理能力不足，直接导致治理效果大打折扣。一些基层党组织的领导意识薄弱、组织意识涣散，难以起到总领全局、统筹兼顾的核心作用。[2] 在与经济组织和社会组织协商合作的过程中过分自恃、放不下身段，合作方式陈旧刻板，难以激发非政府组织参与社会协同治理的积极性。甚至党内存在个别党员干部的能力素质跟不上社会治理机制的改革，缺乏责任感和事业心、服务意识和大局意识不强，违纪违法、侵害群众权益，使得基层政府的公众形象受损，影响基层政府群众工作的开展。有的基层政府仍然大包大揽，定位不清、职能转变不彻底，最终导致机构内部条条

---

① 孙柏瑛：《基层政府社会管理中的适应性变革》，《中国行政管理》2012 年第 5 期。
② 徐衣显：《基层社会治理所面临的问题及对策》，《中国浦东干部学院学报》2016 年第 1 期。

块块分割过多、资源分散，难以集中力量办大事。基层社会治理决策的非科学民主化，也是阻碍政府治理能力提升的一大障碍。当前在基层社会治理问题上，非科学化、非民主化决策在实践中还时有发生。由于权力过分集中，"一言堂"决策时有发生，在社会治理决策问题上，普遍存在"一把手"领导说了算的情况，甚至还出现领导只凭自己主观臆断或感情用事来决策，拍拍脑袋就一个主意，对程序和规则漠视不理，而且无视民主，不准别人有不同意见。有些地方官员官本位意识严重，只唯官、唯上，态度粗暴，作风蛮横，总是以"官利"为中心，以"欺下瞒上"和"做秀"为基本点，在很多利益面前，背离了我们党"人民公仆"和"全心全意为人民服务"的根本宗旨。[①]

　　3. 社会组织与市民社会的发育不良

　　目前作为主流的复合社会治理模式所倡导的多元社会治理需要由多个治理主体来共同完成。政府、企业、社会组织和个人等治理力量都应该通过合作的方式积极参与到社会治理中来。而政府作为多元治理主体中的引导者需要承担鼓励和促进多方力量发育并引导多方力量有序汇聚的作用。但是，在当前中国的社会治理实践中，政府缺乏积极理性对待社会化管理主体的态度，在推进市民社会良性发育的过程中方式方法仍然有所保留，使得中国市民社会发育不正常，公民意识也尚未完全确立，社会组织、公民等的治理能力不足以承担起共同参与社会治理的重任。另外，政府也在长期的社会治理过程中一如既往地借助于公权力享有着较为丰富的社会资源，因此自然而然在多元社会治理模式中发挥着绝对的主导作用，许多社会组织甚至只有挂靠在政府部门之下才能得以生存运转，不仅无法发挥应有的职能，自主意识也十分淡薄。此外，公民缺乏应有的民主法治意识和政治参与意识，自身也不具备参与社会决策的文化素质和专业知识，民间社会要想发育成熟仍有一大段路需要走。这些情形恰恰与多元化社会治理

---

　　① 　张宇：《我国基层社会治理问题分析》，《黑河学刊》2014 年第 1 期。

所强调的政府引导、多元参与、良性互动的模式特征背道而驰，导致社会治理出现"总体—支配"的困境。① 所以，在社会自组织不成熟与公民主体与政治参与意识相对缺位的情况下，社会治理创新的困境难以避免。

第四节 域外经验借鉴与贵州地方社会治理机制创新提升地方政府治理能力的对策

一 域外经验借鉴

域外地方政府社会治理模式改革的发端，是各国（地区）地方政府在试图解决社会发展面临的现实困境中，为寻求化解社会矛盾、回应公民社会兴起而采取的主动应对策略。这一变革开始于英国，之后又逐渐扩展到其他国家和地区。我们选取比较有代表性的美国，对其在社会治理过程中成功的理论和实践经验集中进行分析，以期为实现中国地方政府社会治理机制创新提供参考。

（一）美国社会治理的主要做法

美国的社会治理理念中，政府往往是"掌舵"者而不是"划桨"者，即通过一系列"以顾客为导向"的措施重塑政府，达到转变政府职能、优化行政流程、实现政府自身"瘦身减肥"的目的。在美国，凡是经济社会组织可以自我约束或有效调节的领域，政府全部退出，政府的主要职责在于保障社会的公平正义和经济社会组织行为的合理合法，打造多元治理主体，构建多方参与的治理网络。

1. 坚持多元参与的网络化治理理念

美国政府实行"小政府、大社会"的治理模式，倡导改变政府一个角色承担社会治理的现状。政府作为"元治理"主体，主要作用在于激活整

① 牛丽：《地方政府社会治理创新路径探索——基于智慧张家港建设的先进经验分析》，苏州大学博士学位论文，2016。

个社会各个方面的因素，并与社会组织、企事业单位、公民等行为主体建立合作治理关系。"依托于政府组织、企业、社会组织和民间的公民组织等各种组织的网络体系，共同完成和实现公共服务和社会事务管理的过程，以达成以公民发展为中心的，面向公民需要服务的，积极回应变化的，使地方富有发展活力的新型社会管理体系。"① 美国政府通过对自我运行机制的创新和完善，变过去对经济社会组织的单向管理为与经济社会组织互动协作，通过多元化的政策工具选择，逐步凸显出经济社会组织在社会治理过程中的重要地位，激发出经济社会组织在规范管理社会事务中的创造活力。经过多年的努力，美国政府和经济社会组织在社会治理过程中共同形成了多元互动、协同合作的关系。

"多元参与的网络化治理"是对"多中心治理"② 的理论提升，即在社会治理中政府与社会不同组织实现共同协商、协同治理的结合。它从地方层面入手，要求政府重新界定其职权边界，优化施政行为，重塑政府与公民的关系，使之从单向的权力运作到双向的互动协作。在这种治理模式中，社会治理主体不是单一的政府，治理体系也不是自上而下，而是由政府与各种形式的社会主体共同组成的开放性、扁平化社会治理系统。政府与不同社会主体之间的合作治理关系，不但包括政府与公民、与社会组织、与各类经济主体之间的关系，还包括政府层级间、不同部门间和非政府组织或个人间的关系。其中，政府与其他社会组织或公民间的互动合作是整个合作共治的核心，公民社会的积极广泛参与是实现合作共治模式的必要前提。美国现行的新区域主义主张建立包括地方政府、企业、非政府组织和公民在内的合作治理网络，通过采取政府间协议、购买服务、公私合作等多种形式来供给公共服务，实现公共服务供给主体和供给方式的多元化。其中，非政府组织和公民个体发挥着越来越重要的作用。

---

① 孙柏瑛：《当代地方治理：面向 21 世纪的挑战》，中国人民大学出版社，2004，第 3 页。
② 王兴伦：《多中心治理：一种新的公共管理理论》，《江苏行政学院学报》2005 年第 1 期。

2. 推行顾客导向的重塑政府改革

20 世纪 80 年代以后，为了适应社会发展的新需要，世界各国都对政府职权、架构、运作机制和施政方式进行了大规模的再造即政府改革运动。"政府再造"理论最初是由美国管理学大师汉默和钱培提出的。他们认为，"政府再造"具有剧烈性、彻底性、流程重新设计的特性。之后美国政府改革借鉴了这一理论。首先提出"改造政府"主张的是《重塑政府》的作者戴维·奥斯本。简单来说，"政府再造"就是为了能够大幅度地提高政府机构效能，通过变革政府机构的目标、激励机制、权力结构以及组织文化等，来实现政府对自身的行政管理体制和内部组织结构的根本变革。"政府再造"实际上是现代意义上的行政改革，是一种政府内部"质"的改变，涉及改变政府与国家、政府与社会、政府与公民、政府与市场等诸多关系的调整，涉及施政理念、运作机制和方式方法的变革。为了打造一个成本更低、效果更好、更能让民众满意的政府，美国也开始实施自下而上的政府再造改革。这次改革主要借鉴私营部门的运作模式，在政府内部实行组织瘦身、流程简化、顾客导向等。为实现这一目标，美国联邦政府确定了四条基本原则："把顾客放在第一位、铲除官样文章（Red Tape）、授权雇员追求成果、确定基本绩效准则。"[①] 主要包括以下三项改革。

（1）顾客第一，民众优先。顾客第一的要求就是联邦政府或州政府各机构都要遵守"顾客服务标准"，并根据纳税人的意见为其提供能够实现的最高质量服务。为此，时任总统克林顿签署第 12862 号行政令，具体措施有：一是改进公共服务标准。美国政府机构中存在 32 个与公众接触最多的部门，被称为"高影响机构"。联邦政府改革先从这些高影响机构入手，在吸取一些大企业公开服务承诺的先进经验基础上，紧密结合服务对象的需求，对 200 多项服务事项进行优化改进，重新研究制定 4000 多项服务标准，充分显示了"顾客第一"的理念。二是强制推行使用清晰语言。为了使政

---

① 吴志华：《20 世纪 90 年代以来的美国联邦政府改革》，《美国研究》2006 年第 1 期。

府机构在提供公共服务的过程中，能够让服务对象更容易地与之进行沟通，克林顿专门发布行政命令，强制推行使用清晰语言与服务对象沟通。另外，为了让服务对象能够更直观明了地阅读政府制定的书面规定，各政府机构共修改了 3.1 万页的服务规则。通过修改，使文字更加简单清楚，方便服务对象理解。三是让顾客评价政府工作人员。政府明确要求政府部门工作人员的工作绩效考核要将顾客满意度评价列为重要指标，以此来督促其工作人员真正将顾客放在第一位。①

（2）精简规则，优化程序。明确政府机构应该做什么和不应该做什么，政府放松对市场的管制，并对行政事项进行重组、裁减和合并，进一步精简政府机构，提高行政效率。具体包括：有效简化预算过程，将联邦政府财政收支改为两年预算；逐步取消烦琐的"联邦人事手册"，简化人事分类制度；简化政府采购方式；精简管制规章，在 3 年内消除了 50% 以上政府机构的各项管制性规章。② 克林顿在 1995 年先后签署了第 12861 号行政令和第 12866 号行政令，要求将联邦政府内部一半的规制予以废除，并对规章制度的制定进行严格审查。两年间，美国先后废除了 65.6 万页影响公共事务有效运作的联邦规则以及各机构内部规则。③ 通过废除不必要的规章制度，大大简化了行政程序，提高了行政效率，也降低了行政成本。

（3）充分授权，追求成果。政府赋予公务人员相应的职责权限，要求权责统一，明确可量化的目标，定期对工作成果进行评估；为保证公务人员完成工作目标，政府部门为公务员提供必要的办公环境和设施，为其创造公平的任职机会，并为其提供相应的训练器材和经费，推进公务人员队伍多元化发展。这一系列措施彰显了政府分权改革，对地方政府充分授权，并积极提供保障，为公务员和所在部门完成目标做好服务。

---

① 汤国风、陈世香：《服务与竞争：新公共管理运动时期美国政府职能改革的基本内容及启示》，《学习与实践》2005 年第 12 期。

② 刘树信：《西方国家的政府再造及其启示》，《理论探索》2003 年第 6 期。

③ 汤国风、陈世香：《服务与竞争：新公共管理运动时期美国政府职能改革的基本内容及启示》，《学习与实践》2005 年第 12 期。

3. 建立政府与非营利组织的伙伴关系

非营利组织是"美国特色"之一，非营利组织既有专业性知识，又具备立足基层社会的优势，是公共服务的重要提供主体，在美国社会治理中发挥了重要的作用。

（1）规模庞大的非营利组织。美国政府特别重视培育和发挥非营利组织的公共服务作用。据统计，非营利组织登记注册在 1946 年约有 20 万个，1974 年达到 110 万个，到 1984 年约为 114.95 万个，10 年间总增长率达到 4.5%；1989 年非营利组织数为 99.2537 万个，到 1990 年约为 134 万个，6 年间总增长率达到 16.6%；1998 年达 160 多万个，占美国各类组织的 6%；2000 年已有 150 万个。① 美国如此庞大规模的非营利组织覆盖了社会管理的广大领域。另外，美国还有 8.48 万个行业协会。② 实践证明，这些组织既有动力又有能力参与社会治理，与地方政府在提供公共服务过程中建立了友好的伙伴关系。

（2）作用显著的非营利组织。在美国，非营利组织被称为第三部门，与政府部门和企业并列，在社会治理中影响巨大。一是非营利组织在美国经营了大部分的社会部门，提供了几乎一半的社会服务。二是非营利组织在公民之间形成了社区组织和社会关系，构建起相互信任的网络。三是非营利组织还培育了公民志愿精神和慈善意识。许多非营利组织实施了一系列志愿行动，极大调动了公民的志愿精神和服务意识。"美国将近一半的成年人都加入了志愿者队伍；仅 1998 年，就有 1.09 亿名志愿者免费提供了 199 亿小时的志愿服务，相当于美国 900 万名全时工一年的工作量，捐赠时间的价值约为 2250 亿美元；志愿者平均每周工作 3.5 小时；41% 的志愿者不定期到非营利组织工作，39% 的志愿者则定期前往社区工作。"③

---

① 戴昌桥：《论美国的非政府组织》，《求索》2009 年第 11 期。

② 丁文：《美国非营利组织发挥社会管理助手功能的做法与启示》，《文史博览》2007 年第 2 期。

③ 侯玉兰：《非营利组织：美国社区建设的主力军——美国非营利组织的调查与思考》，《北京行政学院学报》2005 年第 5 期。

（3）资金多元化的非营利组织。美国非营利组织不仅种类多、数量大、影响广，而且所需的资金来源渠道多元化。①在美国，非营利组织都可以享受到政府的免税政策，因而可以得到一部分资金；②可以申请资助项目，获得政府资助；③通过自主经营获得一部分资金；④获得社会捐赠与资助；⑤向会员收取一定的会费；⑥向服务对象收取低偿服务费。例如，洛杉矶亚裔青少年活动中心成立之初，先是向教会借了一间小房子，后来在政府资助 50 万美元后购置了一套旧房子，作为固定活动场所。该中心每年的活动经费约为 100 万美元，其中 75% 的经费以签订服务项目合同的形式向政府及有关部门申请，其余 25% 通过社会募捐和低偿服务获得。① 政府不仅为非营利组织提供免税政策，有时甚至直接提供财政支持。例如，"纽约市政府一直出资资助乞丐和囚犯救援组织，将与乞丐和囚犯救援相关的公共事务交由此类组织自主处理"。② 应该讲，美国非营利组织有效弥补了政府服务的空白和不足，使美国政府摆脱了烦琐的具体社会事务，架构起了"小政府、大社会"的社会运行模式，有效克服了政府在提供具体服务事务中程序繁杂、效率低下和服务不到位的弊端，同时又激发出了社会和谐因素。

4. 鼓励自治基础上的公众参与

（1）公众自愿组成社会监督组织。公众的民主参与是美国地方政府社会治理最有特色的内容之一。这种特色不仅表现在选民直接选举官员和罢免不称职官员，而且表现为民众自愿参加各种理事会和委员会，时刻参与、关注和监督政府社会治理过程。比如，马里兰州的豪伍德县共有 42 个由普通民众组成的咨询和顾问理事会或委员会，这些组织中共有约 400 人在向政府部门提供制定政策的意见和建议、反映普通民众的呼声、监督政府的运行方面发挥着重要的作用，充分体现了自治基础上的公众社会参与。再如，得克萨斯州的纽艾塞斯具政府也下设了 28 个专业委员会，这些专业委员会大多由社会志愿者组成，自己选举产生委员会的主席和副主席。选举产生

---

① 蒋学基等：《美国社区非政府组织的运行情况及其启示》，《浙江社会科学》2002 年第 7 期。
② 安建增、何晔：《美国城市治理体系中的社会自组织》，《城市问题》2011 年第 10 期。

的主席和副主席大多与上级政府机关的领导联系比较密切，熟悉地方的经济发展方针、政策，能够为本县政府提供政策咨询。①

（2）政府积极引导公众参与监督。美国政府一向重视引导广大公民积极参与社会治理。一是地方政府通过官员走访市民、公共舆论宣传、召开听证会等多种形式，引导广大公民积极参与社会治理。通过充分论证沟通，协调各方利益，最后达成共识。由于公民参与监督充分，决策透明度高，每一位公民都成了社会监督的参与者，大大减少了社会矛盾的发生，降低了治理成本，提高了治理效果。二是由于美国的新闻媒体与政府机构之间不存在隶属关系，所以，新闻媒体普遍坚持媒体是为纳税人服务，而不是为政府部门服务。在这一环境下，出现了一些由新闻媒体组成的社会监督组织，它们在地方政府治理中代表纳税人对政府部门做出的决策进行多角度的监督。

为了更充分地调动美国民众社会参与的积极性，美国许多地方政府都面向有参与地方治理决策愿望的民众开办讲习班。比如，北卡罗来纳州的杜姆市和杜姆县政府就专门为市民开办了一所意在"鼓励和支持市民去建设更好的杜姆市"的"杜姆邻里学院"（Durham Neighborhood College）。学院开设的课程主要是邀请不同的政府部门工作人员来向学员介绍政府部门是怎么运作的，包括以下几个方面。①公民参与社会事务的必要性。学员通过对政府机构设置、职能分工、工作运行机制、与公民的关系等课程的学习，明确自身在社会事务中需要扮演的角色。另外，学院还组织学员就社区事务、突发事件应急处理、养身健康、财政预决算情况、环境治理等问题进行深入探讨。②公民应该如何在社会管理中发挥作用。公民要想在地方政府社会治理中发挥作用，其资格要求必须是本地居民，需要提供本人在本地的缴税证明。学员通过讲习班，参加10个星期中的至少8个星期的专题讨论，并完成每次讨论的评价。② 这些措施帮助公民加深了对政府工

---

① 高新军：《美国地方政府治理中的公众参与》，《中国改革》2006 年第 9 期。
② 高新军：《美国地方政府治理中的公众参与》，《中国改革》2006 年第 9 期。

作的认识程度，也掌握了基本的民主参与程序和途径，极大地提高了公民参与的效果。

二　美国地方政府社会治理机制创新的经验启示

（一）树立多元参与的治理理念，构建服务型政府

近年来，中国社会治理取得了明显的进步，但是与美国相比还存在较大差距。首先，在治理理念方面，应该借鉴美国经验，改变传统的"全能政府"形象，尝试建立"小政府、大社会"的公共治理体系，减少政府对微观具体经济社会事务的管理，集中精力做好宏观调控、政策引导和社会监管等工作。其次，要引导和激发企业、公民和社会组织积极投身社会治理，加快构建政府主导、多元参与的社会治理模式。最后，地方政府要界定和明确自身在社会治理工作过程中的总体目标和具体任务，妥善处理好政府间关系，寓治理于服务之中，广泛接受公民的监督，形成良性互动关系。从美国的治理经验来看，只有牢固树立公共治理理念，才能为构建服务型政府做好铺垫。地方政府作为公共资源的管理者、公共组织的监督者，有责任提高社会参与程度，通过在治理中领导基层来更好地为公民服务。中国在经济取得长足稳定发展的同时，更要注重和维护公民权利和公共利益，地方政府有必要开始转变和优化管理职能，通过充分发掘各社会治理主体的积极性，动员他们共同来参与地方社会治理。

（二）支持非营利组织发展，形成政社互动关系

在美国现阶段的社会治理模式中，非营利组织不仅高效满足了民众的公共服务需要，而且以公共利益为导向促进了社会的公平和均衡发展。非营利组织作为社会治理的桥梁，为政府激发公民参与热情发挥了积极作用。在中国传统的治理模式中，政府通常被认为是治理的唯一主体。然而，社会治理是需要社会各角色共同参与的，不是政府一家之事。改革开放以来，中国在推进社会主义市场经济体制改革进程中，通过一系列行政体制和政府机构改革，已经逐步理顺了政府与市场的关系，与此同时，非政府组织

也开始从起步到快速成长发育。但是，中国非营利组织还面临很多困境，比如，还没有完全脱离政府的干预，仍存在"政社不分"的局面，行政色彩比较浓厚。从表面看，这些组织受到政府的保护，实际上是束缚了自身的发展，压制了成长的空间。另外，由于长期与政府部门捆绑行事、缺乏独立的组织和管理制度、在社会上缺少知名度，使其在组织的规模、绩效、社会影响等许多方面受到限制。为此，一方面今后中国地方政府在社会治理过程中，要大力培育和发展非营利组织，帮助提高其自我管理能力，并进一步完善政府与社会的协作配合机制，实现公共服务的最佳化和公共资源利用的高效化；另一方面，政府要通过委托、授权、承包、合同等形式，把政府的职能外包给各类社会组织，特别是非营利组织，并监督推动社会组织履行好沟通、组织、代表公民参与社会治理决策制定、实施及监督的责任。

（三）培育公民社会，提离公民参与程度

社会治理模式的塑造和地方政府职能的转变不仅取决于政府自身的改革和经济社会组织的发育，还取决于公民意识的强弱，如果不能加快建设成熟的市民社会，仍然由政府包揽一切，那就不利于政府职能的转变，更无法构建新型的政府与社会关系，也就不可避免地陷入政府治理"怪圈"："一收就死，一放就乱，乱了又收，收了又死"。中国地方政府要实现良好的社会治理，就必须建立一个符合中国国情的合理有效的公众参与机制，积极引导公众踊跃参与社会治理，推动市民社会自治能力的进一步提高，为公民更顺畅地参与社会治理奠定基础。

三 贵州地方社会治理机制创新提升地方政府治理能力的对策建议

"善治是公共管理中的帕累托最优。"① "善治"是一种社会治理的理想

---

① 何哲：《善治概念的核心要素分析》，《理论与改革》2011 年第 5 期。

状态，其通常的衡量标准为政府的合法性、法治性、透明性、回应性、责任性、廉洁性，公众的参与性，社会的稳定性和公正性等。在"善治"状态下，社会公共利益得以最大的维护和增进，社会公共问题得到最低成本的有效治理，社会步入一种低风险的秩序化发展轨道。在现实中，要实现"善治"，既要对治理主体进行培育，对治理工具进行创新选择，也需要对治理客体进行适度改造。这一培育、创新和改造的过程中蕴含着对社会治理机制创新的诉求。在这里，社会治理机制创新一方面包括社会治理主体的创新，另一方面包括社会治理工具的创新。从社会治理机制创新的内容来看，它是具有"善治"因子的：社会治理主体的多元化和平等化，可以使政府更具透明性、合法性和回应性，社会参与的效度也会大大提升；从社会治理工具的创新来讲，无论是民营化、社会化抑或是自治化，都能在一定程度上减缩政府的公权范围，减小政府运作成本，使政府的合法性得到一定程度的提升。

社会治理机制的创新是实现"善治"的重要途径，有助于增强政府的治理能力，降低社会治理成本。在历经了古典自由主义、福利国家及新自由主义等思潮后，人们越发地认识到，"执政无能即政府能力弱化和政府公共政策质量走低是导致国家经济发展乏力和国家间经济差距扩大的主要原因之一"。① 因此，一个有效的政府，换句话说，即一个有较强公共管理能力的政府是社会进步不可或缺的重要基础。因此，提升政府公共管理能力也就成为现代化语境下不可回避的话题。如何提升政府治理能力？我们既可以从政府组织机构优化调整、政府公共管理工具选择创新、公共管理者素质培育提升等方面着手，也可以从政府公共管理行为和过程着手，通过研究地方政府社会治理机制的创新，来为政府治理能力的提升提供动力。社会治理作为政府公共管理职能的重要维度，其机制的创新优化，必定成为地方政府治理机制优化的重要内涵，也必将在结果上提升地方政府治理能力。

---

① 　张国庆：《公共行政学》，北京大学出版社，2007，第 496 页。

（一）确立多中心的社会治理格局

1. 政府要适度放权

政府适度放权不仅要作为政府未来改革的目标，还应作为一项重要的行政原则进行法制化。在新公共管理风头正劲的当下，应当积极汲取新公共管理中有益的养分，运用到中国公共行政改革中来。政府的适度分权，不仅包括纵向的政府体制内分权，还包括政府向体制外分权。在这里，建设多中心的社会治理格局，就是要求政府向社会分权，减缩微观干预市场的权力，将政府无力承担，或者承担成本过高的公共事务和公共问题交给社会和市场，运用社会的自治机制和市场的效率驱动机制来进行有效解决。

2. 积极培育社会多元主体

第三部门"常常能够，而且也应当能够以更为有效的方式为我们提供大多数我们在当下仍然以为必须由政府提供的服务"。① 因此，在社会治理主体的多元化方面，必须加大培育以第三部门为主要特征的市民社会。但是，我们不得不承认，经历了一个较为长期的计划体制，中国的市民社会尚未发育成熟，一个积极介入公共问题的社会组织形态还未形成。虽然目前中国已经登记在册的社会组织已近 50 万个，但总体上规模小、公共意识不强和资源有限等问题还较为突出，难以在公共问题的治理中独当一面。未来，中国应当对各类社会组织的注册放低标准，甚至要给予一定的政策和财政上的支持，使各类非政府组织能够迅速发展壮大起来。另外，我们还应积极培育公民的自治意识，逐步祛除"凡事找政府"的惯性思维，强化自我治理能力。

3. 充分利用市场体制

目前，在中国一个逐步健全的社会主义市场经济体制已经确立。市场体制在公民私人物品的需求满足中，已经替代了原来的计划方式。许多公

---

① 〔英〕弗里德利希·冯·哈耶克：《法律、立法与自由》第 1 卷，邓正来等译，中国大百科全书出版社，2000，第 344 页。

共服务和公共问题的治理也通过市场的运作得以进行，如政府公共服务的外包、政府公共服务的购买等，这是可喜的变化。虽然变化趋势令人振奋，但这种变化依然面临重重阻力，特别是来自政府自身的阻力。由于对市场的偏见及对公共权力独享的冲动，许多地方政府并不愿意将更多的公共事务交由市场机制运作。这在很大程度上阻碍了一个更为高效机制介入社会治理事务。因此，在健全市场机制的同时，中国还应通过立法等多种手段，逐步填平政府与市场之间的鸿沟，使政府与市场能进行有效的资源流动。

（二）弱化社会治理中的权力驱动

1. 建立社会治理的协商机制

"20世纪80年代开始，随着社会其他部门与等级制度分道扬镳，新公共管理学派也开始关注公共管理当中'等级制度的没落'问题，提出'集思广益的协商'模式取代'命令控制'模式是一种必然趋势。"[1] 在协商机制下，面对公共问题，公权力驱动机制只能作为政府的备选之一，而不再是必要选择。在这一情况下，政府应淡化"管制者"角色，主动承担起以下几种角色：一是裁判者角色。在独立于政府之外的公共问题上（如地区性水权争议），政府可以担负起公共问题治理的居间权威裁判者，依据相关规范和公平原则，建立公平的谈判机制，使各利益主体能以协商谈判的方式形成各自的意见和建议，再由政府借助权威性裁判方式形成问题治理的措施。二是谈判者角色。在政府成为所涉主体的公共问题上（如城市拆迁问题等），政府应弱化权力思维，以普通谈判者的身份在既定的法制框架内与其他所涉利益主体进行平等协商，以促进相互理解，达致问题的解决。三是诉求者角色。在政府成为利益主体之一的公共问题中，政府也可以与其他所涉主体一起寻求具有社会公信力的第三方裁决主体进行居中裁判。政府与其他利益主体在第三方裁判的规范下，进行利益的诉求。在社会治

---

① 张国庆：《公共行政学》，北京大学出版社，2007，第103页。

理的协商机制下，政府不再作为超脱于公共问题之外，享有公共权力的单向度社会治理者而存在，而变为一种基于公共问题治理"权利"而参与社会治理的"平权"参与者。

2. 收缩地方政府权力范围

弱化权力驱动的最好方法，就是使政府公权作用范围不断缩小。在无政府公权干预的领域，公权驱动机制是不存在的。这需要政府重新审视自己在公共领域中的活动范围、介入深度。在利用市场和社会机制的基础上，不断减缩政府相关职能，使政府活动限定在基本公共服务和公共管理范围。将交由市场和社会治理更为有效和合理的公共事务转交出去，从而使公权相对于民权处于不断减缩的状态。这一点是与政府放权具有一致性的。

3. 建立社会治理机制甄选制度

在现实存在的四类社会治理机制下，具体的微观运作机制数量众多，这是社会治理机制创新需要发掘和重视的。要弱化地方政府社会治理中的权力驱动，就需要对这为数众多的微观运作机制进行甄选，而不是遇到公共问题首选启动"公权"治理机制。建立社会治理机制的甄选制度，召请专家依据客观标准对解决公共问题的适宜管理机制进行预测性评估，寻找效度最强、效率最高、次生问题最少的社会治理机制。执行严格的社会治理机制甄选制度，让公共问题的解决不再惯性地导向政府"公权"治理模式，可有效弱化地方政府的社会治理"公权"驱动。

（三）丰富社会化治理工具

"工欲善其事，必先利其器。"地方政府进行社会治理，必须借助于一定的社会治理工具。在一元管理格局下，政府在选择社会治理工具时，视野通常较为狭窄，且所选择的社会治理工具多数会带有公权色彩，如行政命令、行政管制等，而往往忽视效率更高的市场化的"利益调节"工具、民主程度更高的"志愿者服务"工具等。这也相应带来了社会治理机制的单一、运作僵化和后续乏力的问题。陈振明将政策工具划分为三类："市场化工具、工商管理技术和社会化手段。"① 在这三大类中又可分为若干小类别。社会治理工具的存在形式既受到既定的政治经济和社会背景的影响，也与政府的建构有关，可以说，很多政策工具都是建构设计的结果。在建立多中心的社会治理格局的同时，政府也要积极建构和开发多元社会治理工具。依据社会治理的核心驱动为标准，可以将社会治理工具分为政府工具、社会化工具和市场化工具。在政府工具中，包括政府直接管制、行政命令等，社会化工具中包括志愿者服务、第三部门、自治等，市场化工具包括服务外包、竞争、使用者付费等。三类不同的社会治理工具，需要不同的社会治理机制相匹配。

当然，这些社会治理工具通常并不是单一发挥作用的，更多的是一种多工具的组合。也就是说，在治理公共问题时，政府工具、市场化工具与社会化工具通常是协作并用的，这也必将带来一个多机制的协调组合问题。地方政府进行社会治理，应当不断发掘和建构管理工具，并将工具进行有效组合以匹配多元的社会治理机制，只有这样，社会治理机制的创新才能落到实处，社会治理机制创新提升地方政府治理能力的效果才能得到保证。

---

① 陈振明：《政策科学——公共政策分析导论》，中国人民大学出版社，1998，第 172 页。

后 记

　　写后记是一件很难的事情，因为它不像时下的某些功利性成果，可以"速成"或者言不由衷，它需要发自内心地对研究历程与自身的心路历程进行情景再现，在理性控制与情感宣泄之间找到一个恰当的切入点。这句话出口，已深深刺痛了我的心，当然，也会刺痛不少读者的心。我不怕说真话，这本凝结了科研伙伴们不少汗水的成果，在严格意义上也是我领衔的2015年度贵州省社科规划办重大委托项目"贵州省地方政府治理能力研究"的"功利性"结题成果，同时隶属于"格致丛书"。因为身体状况和繁琐的学院工作，导致结题工作拖延了一些时日，非常愧对省社科规划办蔡中孚主任的信任和委托以及钟西辉老师的精心组织与服务。

　　由于此著作是科研伙伴们共同努力的结晶，因此，今天粗略谈谈"合作"。中国有古谚云："各人自扫门前雪，休管他人瓦上霜。"还有民谚云："一个和尚挑水喝，两个和尚抬水喝，三个和尚没水喝。"这些实际上说的都是中国人的合作困境。大概在20世纪30年代，基于对中国农村的长期跟踪观察，美国学者摩尔提出，中国的农耕社会实际上就是"一盘散沙"。敝人曾于2009年出版的陋作《公共服务提供机制——以欠发达农村地区为研究对象》中对此观点提出过质疑。基于历史文献、大量调研和曾经的山乡生活阅历，我认为，中国的山乡社会有一种独到的以自然村庄为基本单元的民间合作机制，且在民国以前，以乡绅、族长、寨佬等为代表的乡村（村庄）权威在凝聚人心上发挥了重要作用。而自80年代以来，中国经历了改革开放、市场经济和城市化的接踵洗礼，农耕社会逐步向市民社会转型，中国从落后与贫穷走向腾飞与富裕。但是，在经济繁华的背后却呈现着另类镜像：物欲贪婪、潜规则盛行、精神萎靡、血缘疏离和山乡被边沿化，这直接导致村庄权威的消弭、民间有效协调机制缺失的多元利益矛盾冲突以及基于丛林法则的为多多益善的"孔方兄"残酷拼杀的生存模式，其于社会舞台裸奔的就是道德的急速滑坠和文化的荒漠，当然也包括城市陌生人之间的人心猜忌与合作困境。

我们的高校在做出重要的"合作"努力，譬如一些"985 高校"和地方院校的高质量科研团队和成果的有效合作。我们也在路上，做出微乎其微的合作努力，因为我们毕竟是高级知识分子，无论社会承认与否，这都是一个阶层性结构的自我协调机制良性运转的能力塑造问题。这本著作属于"贵州省地方政府治理能力研究"重大委托项目的结题成果，因此著作的调研和写作基本上都由子课题主持人带领参与成员完成。具体分工是：靳永翥教授、段忠贤副教授合作负责撰写"导论"；罗俊松副书记及其团队负责调研及撰写"贵州省县级政府治理基本现状调查研究"；汪磊教授及其团队负责调研及撰写"贵州省 9 个市州政府治理能力评价研究"；胡赣栋博士及其团队负责调研及撰写"贵州省基层政府服务体系与服务能力建设"；靳永翥教授及其团队负责调研及撰写"贵州省社会治理机制创新促进地方政府治理能力提升研究"。个别参与人因为工作繁忙退出了著作的撰写。

作为课题领衔人，我诚惶诚恐，自我感觉难以胜任，而且是首次科研合作，直到交稿付印也难如释重负，不知同行会给出什么样的阅读意见。但时，无论成果的质量如何，我得诚心诚意感谢子课题主持人和积极参与的科研伙伴们，也包括校对订正的在读研究生晏满、冷忠燕和刘正则，正是有你们的努力和大力支持，著作才得以完成。

感谢贵州大学公共管理学院的大部分资助，著作才得以出版。当然，最值得感谢的还有曹义恒副编审和社会科学版文献出版社的工作团队，经历多次合作，可知审稿改稿是一件严肃且非常辛苦的工作。

曹操曾作《龟虽寿》以表志向："神龟虽寿，犹有竟时。螣蛇乘雾，终为土灰。老骥伏枥，志在千里。烈士暮年，壮心不已。盈缩之期，不但在天；养怡之福，可得永年。幸甚至哉，歌以咏志。"在浮华锦绣的泡沫时代，作为保有良知的知识分子，即便不能志存高远，亦应脚踏实地。修身以立德，修道以立业，穷则独善其身，富则兼济天下，应该是追求品质生活的人于漫漫红尘中孜孜以求的不懈动力。

靳永翥

戊戌年清夏　记于贵阳花果园

图书在版编目（CIP）数据

贵州地方政府治理能力研究／靳永翥等著. -- 北京：
社会科学文献出版社,2018.9
（格致丛书）
ISBN 978 - 7 - 5201 - 3162 - 9

Ⅰ.①贵…　Ⅱ.①靳…　Ⅲ.①地方政府 - 行政管理 -
研究 - 贵州　Ⅳ.①D625.73

中国版本图书馆 CIP 数据核字（2018）第 168951 号

格致丛书
贵州地方政府治理能力研究

著　　者／靳永翥 等

出 版 人／谢寿光
项目统筹／曹义恒
责任编辑／曹义恒

出　　版／社会科学文献出版社·社会政法分社（010）59367156
　　　　　　地址：北京市北三环中路甲 29 号院华龙大厦　邮编：100029
　　　　　　网址：www.ssap.com.cn
发　　行／市场营销中心（010）59367081　59367018
印　　装／三河市尚艺印装有限公司

规　　格／开 本：787mm × 1092mm　1/16
　　　　　　印 张：15　字 数：212 千字
版　　次／2018 年 9 月第 1 版　2018 年 9 月第 1 次印刷
书　　号／ISBN 978 - 7 - 5201 - 3162 - 9
定　　价／79.00 元

本书如有印装质量问题，请与读者服务中心（010 - 59367028）联系